# 圖解實用民事法律

游敏傑律師／著

增訂第二版

書泉出版社 印行

# 序

那年冬天，筆者剛通過律師高考，以實習律師的身分臨時被指派到區公所擔任義務諮詢律師。臉上寫著疑惑、不安的幾個民眾，陸續問了有關車禍、租賃、夫妻財產、繼承等問題，筆者都能很迅速找到可以適用的法條（畢竟剛考上，記憶猶新），但是幾乎每個民眾對於「正確條文」都不甚滿意，追問著「那接下來我該怎麼做？」，甚至到了最後，一位民眾還在意見調查表上勾選了「說明不清楚」，令筆者感到挫敗。看著他們失望離去，那一刻才明白我們所學習的法律，在生活中占據著極為重要的部分，超乎想像。

在那之後，筆者開始蒐集一些白話文版的各類法律文宣、簡介及存證信函、離婚協議、遺囑、借據例稿等，以便在接受民眾諮詢時可以直接「秀」出來，或甚至影印給民眾使用，並具體講解、建議究竟應該怎麼處理。果然，大獲好評。

數年後，相關參考資料已經堆積如山，堆疊都成為極困難的事，更不可能隨身攜帶紙本。於是筆者本著執業經驗開始繕打整理、分類一些常見的生活法律問題，作為平常的隨身筆記，並陸續被同事發現進而徵用、生活法律課堂上講授使用，功效卓越。光陰似箭，這些實務參考資料歷經筆者增修改補十年，終於集結成冊，此即本書的由來。

本書以成為一本民事法律實務入門指南為目標，採用圖解方式解析複雜的法律概念，淺顯易懂也跟上流行，尤其各種法律概念拆解辯析、判斷流程，更是筆者百計千心誠摯之作。另外，文到之處隨即檢附各種實用範例文件，讀者可以即印即用，保證便利。同時，筆者更將血淚積攢而成的執業經驗與案件處理的「眉角」，溫馨

而不藏私地寫成 TIPS，提供讀者作為案件處理的參考。在內容方面，本書在架構上從民事法律概念開始介紹，同時挑選簽訂契約、存證信函、和解契約、車禍、本票與支票、租賃、夫妻財產、離婚、遺囑、繼承等常見生活法律問題分類撰寫，經筆者實證已能解決多數生活法律問題。

　　文末，本書的完成要感謝書泉出版社的劉靜芬主編以及設計師的專業和細心，事務所同事提供意見、協助校對，使本書得以從概念到實現。但由於本書所涉及的生活法律問題廣泛、複雜，不免錯漏，仍請讀者及先進賢達不吝指正。


游敏傑 律師 謹誌
106 年 8 月 2 日
Email：attorney980823@gmail.com

# CONTENTS 目錄

# 目錄 CONTENTS

# 目錄 CONTENTS

# 第 1 章

# 民事法律的基本概念

# 1

# 民事法律的「體系」與「請求權基礎」

## 民法

民法是規範私權關係的法律，內容包括有財產法、身分法兩大體系，性質上屬於規範法律關係的實體法。

## 民事訴訟法

由國家設置的司法機關（法院），就民事法律關係而生的私法紛爭，公平地適用法律以解決糾紛的程序法。

## 何謂民事法律體系

民事法律體系是由「民法」和其他「民事特別法」所構成的，其中民法的內容包括兩大體系，「財產法」和「身分法」，而民事特別法則包括勞動基準法、消費者保護法、金融消費者保護法、公司法及銀行法等。所以，要學習如何處理民事案件，就要先了解案件所涉及的法律領域有哪些相關規定，絕不是憑「法感」（對法律的直覺、情感）就可以上法院追求公平正義，一定要在法律上有憑有據才行。

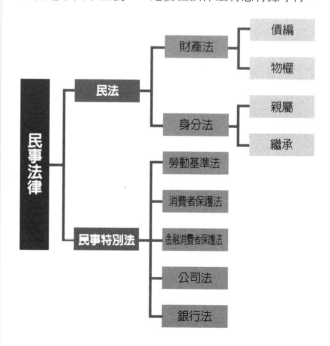

## 按照民事法律關係，使用「請求權基礎」的思考方法

處理民事糾紛，你必須要和法律人一樣思考，使用所謂的「請求權基礎」思考方法，尤其當問到原告請求被告的「依據」是什麼的時候，其實就是指所謂的「請求權基礎」（依據），通常是某個法條，有時契約約定明確的話，也可以直接依據契約條款的約定。

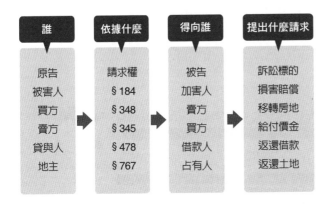

| 誰 | 依據什麼 | 得向誰 | 提出什麼請求 |
|---|---|---|---|
| 原告 | 請求權 | 被告 | 訴訟標的 |
| 被害人 | §184 | 加害人 | 損害賠償 |
| 買方 | §348 | 賣方 | 移轉房地 |
| 賣方 | §345 | 買方 | 給付價金 |
| 貸與人 | §478 | 借款人 | 返還借款 |
| 地主 | §767 | 占有人 | 返還土地 |

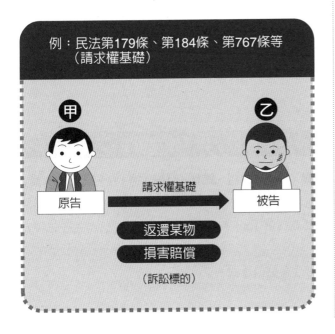

例：民法第179條、第184條、第767條等
（請求權基礎）

原告 ──請求權基礎──▶ 被告

返還某物
損害賠償
（訴訟標的）

**Key Word**

**請求權**

請求權是得以要求特定人為特定行為（作為或不作為）的權利，在民事訴訟中具有極為重要的地位，任何權利為發揮其功能，或回復不受侵害的原有狀態，均需具備請求權並透過請求權的行使，才有可能。

**Key Word**

**請求權基礎**

一方當事人得向他方為某種請求時，所必須具備的一定法律規範基礎（通常是具體法條），法律上一般稱之為請求權基礎。

**Key Word**

**訴訟標的**

訴訟標的即訴訟審理的客體，依台灣學界通說及實務見解所採之傳統訴訟標的理論（或舊訴訟標的的理論、舊說），所謂訴訟標的是指原告在民事實體法上的請求權（給付之訴）或形成權（形成之訴）。

# 民法上各種「權利」的分類概念

## 「債權」與「物權」

**1. 債權：請求特定人為特定給付（作為或不作為）的權利**

例如：物之出賣人，買受人得向出賣人請求交付其物，並使其取得該物所有權（第348條）、出賣人得請求買受人交付約定價金及受領標的物（第367條）。

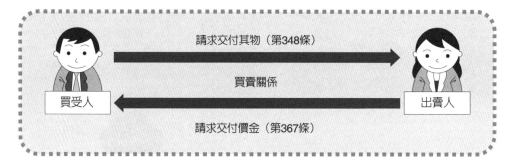

**2. 物權：直接支配標的物，享受其利益而具排他性的權利**

例如：物之所有人於法令限制之範圍內，得自由使用、收益、處分其所有物，並排除他人干涉（第765條）。

## 「人格權」、「身分權」、「財產權」與「形成權」

**1. 人格權：生命、身體、健康、名譽、自由、信用、隱私、貞操（第194條、第195條）**

**2. 身分權：因一定身分關係而發生之權利**

例如：夫妻間之配偶權、同居義務（第1001條）、不得通姦；父母與未成年子女間之親權。

**3. 財產權：「債權」、「物權」及「無體財產權」**

| 債權 | 債權人得基於債之關係向債務人請求給付之權利。例如：買賣、租賃契約、侵權行為損害賠償。 |
| 物權 | 直接支配標的物，享受其利益而具排他性的權利。例如：所有權、抵押權、地上權。 |
| 無體財產權 | 指以人類精神智能所創造無形的利益為內容之權利（智慧財產權）。例如：著作權、專利權、商標權、營業秘密。 |

### 4. 形成權：依權利人一方意思表示即使法律關係發生、內容變更或消滅的權利

例如：法定代理人對限制行為能力人所訂立買賣契約的承認權（第 79 條）、買受人因標的物瑕疵而解除契約（第 359 條）。

## 「請求權」與「抗辯權」

### 1. 請求權

| 財產上請求權 | 債權請求權（第348條、第367條） |
| | 物權請求權（第767條、第962條） |
| 身分上請求權（第1146條） | |

### 2. 抗辯權：指得以對抗權利人所行使權利之權利

- 永久性抗辯權（第144條，時效完成抗辯）
- 一時性抗辯權（第264條，同時履行抗辯權）

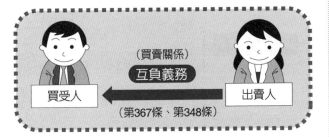

（買賣關係）
互負義務
買受人 ← 出賣人
（第367條、第348條）

同時履行抗辯：未給付價金前得拒絕給付買賣標的物

#### Key Word
#### 子女親權

指對於未成年子女權利義務之行使或負擔由夫妻一方或共同任之而言，一般稱之為「行使親權人」。監護則是指未成年人無父母，或父母均不能行使、負擔對於其未成年子女之權利、義務時，應置監護人（第1091條）。二者在使用上常被混淆，讀者宜予注意。

#### Key Word
#### 法定代理人承認權

限制行為能力人（滿7歲以上未滿20歲者）未得法定代理人之允許，所訂立之契約，須經法定代理人之承認，始生效力（第79條）。此時，法定代理人對於該契約即具有承認權，在未經法定代理人承認之前，該契約屬於效力未定的狀態。

# 3 什麼是「法律行為」？ 什麼是「代理」？

## Key Word

### 法律行為

法律行為是一種法律事實，以意思表示為要素，並依該意思表示的內容而發生一定私法上的效果。其一般成立要件有三：1.當事人；2.標的；3.意思表示。至於一般生效要件，則是指：1.當事人之行為能力；2.標的可能、確定、適法；3.意思表示健全無瑕疵。

## 何謂法律行為

簡單的說，是指能發生一定法律效果的行為，需具備一定的成立要件與生效要件：

### 1. 一般成立要件與生效要件

| 當事人（權利主體） | | |
|---|---|---|
| 滿20歲有行為能力（第13條） | 非無意識或精神錯亂（第75條） | 未被宣告「監護」（或舊法稱禁治產） |

| 標的（內容） |
|---|
| 標的可能、確定、適法、妥當（第71條、第72條） |

| 意思表示 | | | |
|---|---|---|---|
| 未被詐欺、脅迫（第92條） | 非出於錯誤（第88條） | 非雙方通謀虛偽（第87條） | 非單方真意保留（第86條） |

### 2. 法律行為的特別成立要件與生效要件

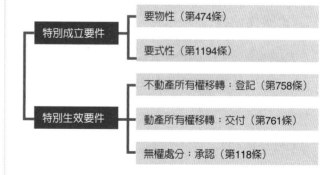

## ▶ 什麼是「代理」？

### 1. 代理的意義（第 103 條）

代理人基於法律規定或本人授權，在代理權限範圍內，以本人之名義，代為或代受意思表示，而直接對本人發生效力。

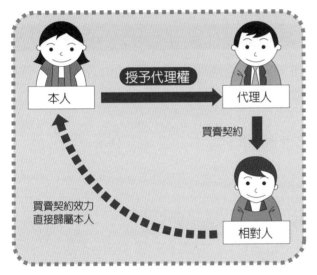

授予代理權

本人 → 代理人

買賣契約

買賣契約效力
直接歸屬本人

相對人

### 2. 代理的種類

（1）法律規定（第 1086 條、第 1098 條、第 1113 條）

（2）本人授權（意定代理）：

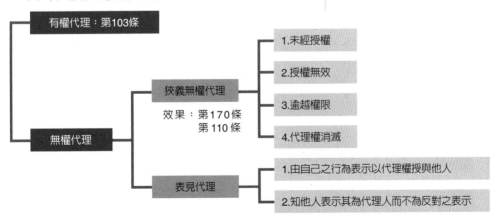

有權代理：第103條

無權代理 ─ 狹義無權代理
效果：第170條
第110條
1.未經授權
2.授權無效
3.逾越權限
4.代理權消滅

表見代理
1.由自己之行為表示以代理權授與他人
2.知他人表示其為代理人而不為反對之表示

### 3. 代理的限制：禁止自己代理或雙方代理（第 106 條）

Key Word

**表見代理的效果**

自始未授權，本人對第三人應負授權人之責任（第169條）；外部授權事後內部限制，不得對抗善意第三人，使第三人有選擇權，可以選擇法律行為是否有效（民法第107條）。

Key Word

**原則上禁止自己代理或雙方代理**

代理人非經本人之許諾，不得為本人與自己之法律行為，亦不得既為第三人之代理人，而為本人與第三人之法律行為。但其法律行為，係專履行債務者，不在此限（民法第106條）。

圖解實用民事法律 │ 第一章．民事法律的基本概念

# 4 消滅時效

## ▶ 消滅時效的期間

　　有請求權的債權人怠於行使權利，經過一定期間後，債務人便可以拒絕給付（例如：借錢超過 15 年卻沒有要求還錢）。

**1. 一般期間：15 年（第 125 條）**

　　例如：借款返還請求權，應在 15 年內請求。

**2. 特別期間（短期時效）**

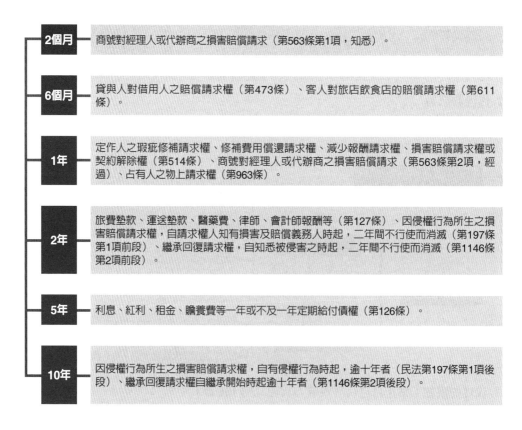

| | |
|---|---|
| 2個月 | 商號對經理人或代辦商之損害賠償請求（第563條第1項，知悉）。 |
| 6個月 | 貸與人對借用人之賠償請求權（第473條）、客人對旅店飲食店的賠償請求權（第611條）。 |
| 1年 | 定作人之瑕疵修補請求權、修補費用償還請求權、減少報酬請求權、損害賠償請求權或契約解除權（第514條）、商號對經理人或代辦商之損害賠償請求（第563條第2項，經過）、占有人之物上請求權（第963條）。 |
| 2年 | 旅費墊款、運送墊款、醫藥費、律師、會計師報酬等（第127條）、因侵權行為所生之損害賠償請求權，自請求權人知有損害及賠償義務人時起，二年間不行使而消滅（第197條第1項前段）、繼承回復請求權，自知悉被侵害之時起，二年間不行使而消滅（第1146條第2項前段）。 |
| 5年 | 利息、紅利、租金、贍養費等一年或不及一年定期給付債權（第126條）。 |
| 10年 | 因侵權行為所生之損害賠償請求權，自有侵權行為時起，逾十年者（民法第197條第1項後段）、繼承回復請求權自繼承開始時起逾十年者（第1146條第2項後段）。 |

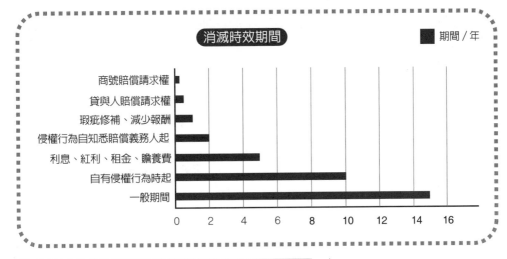

消滅時效期間　　■ 期間／年

（bar chart, categories top to bottom）
- 商號賠償請求權
- 貸與人賠償請求權
- 瑕疵修補、減少報酬
- 侵權行為自知悉賠償義務人起
- 利息、紅利、租金、贍養費
- 自有侵權行為時起
- 一般期間

（x軸：0 2 4 6 8 10 12 14 16）

## ▶ 消滅時效的「中斷」（第129條第1項）

也就是能使消滅時效「不完成」的法定原因，一旦消滅時效不完成，債務人就不能再主張時效抗辯，包括：(1) 向債務人請求；(2) 債務人承認；(3) 起訴。但「(1) 向債務人請求」必須在請求後6個月內起訴，未按時起訴者消滅時效視為不中斷，換句話說，即使曾經向債務人請求，也要在6個月內起訴，否則時效繼續進行。

Key Word

### 時效抗辯

依民法第144條第1項之規定，時效完成後，債務人得拒絕給付，依此可知，我國是採抗辯權發生主義，消滅時效完成後，債權人之權利並未消滅，僅係債務人取得拒絕給付之抗辯權。

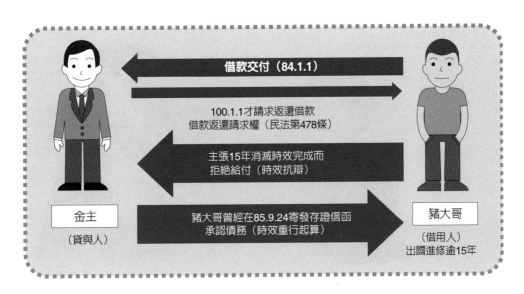

借款交付（84.1.1）

100.1.1才請求返還借款
借款返還請求權（民法第478條）

主張15年消滅時效完成而拒絕給付（時效抗辯）

豬大哥曾經在85.9.24寄發存信函
承認債務（時效重行起算）

金主
（貸與人）

豬大哥
（借用人）
出國進修逾15年

### 民法第 144 條

時效完成後，債務人得拒絕給付。

請求權已經時效消滅，債務人仍為履行之給付者，不得以不知時效為理由，請求返還；其以契約承認該債務或提出擔保者亦同。

### Key Word

### 民法第 145 條

以抵押權、質權或留置權擔保之請求權，雖經時效消滅，債權人仍得就其抵押物、質物或留置物取償。

前項規定，於利息及其他定期給付之各期給付請求權，經時效消滅者，不適用之。

### Key Word

### 民法第 146 條

主權利因時效消滅者，其效力及於從權利。但法律有特別規定者，不在此限。

## 消滅時效完成的效力

債權人怠於行使權利導致請求權消滅時效完成，其法律效果主要有二：

**1. 抗辯權的發生（抗辯權發生主義）**

消滅時效期間經過後，債務人取得拒絕給付的抗辯權，請求權因債務人「行使」時效完成的抗辯權始歸於消滅。但在訴訟實務上，債務人「未到庭」、「不知」或「忘記」要在債權人請求時主張時效抗辯權，債權人仍然有可能獲得勝訴判決。

**2. 不當得利請求權之阻卻**

消滅時效期間縱使經過，請求權不當然消滅，此時債務稱為「自然債務」，債務人若不知時效已經完成而仍然乖乖的給付債權人，日後也不能主張因為不知道時效已經完成而請求返還不當得利！

## 消滅時效完成後的效力範圍

**原則**　及於從權利（包括：利息、違約金，第146條本文）

**例外**　擔保物權繼續存在，債權人仍得取償（包括：抵押權、質權、留置權，第146條但書）。

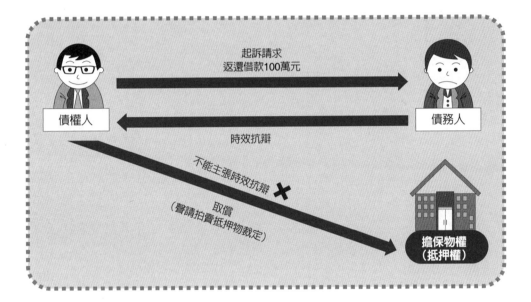

**Tips**　抵押權所擔保的債權已經時效消滅了，但抵押權人還是一直不行使權利，不動產所有權人可以怎麼做？

　　民法第880條規定：「以抵押權擔保之債權，其請求權已因時效而消滅，如抵押權人，於消滅時效完成後，五年間不實行其抵押權者，其抵押權消滅。」所以，一旦抵押權所擔保的債權已經經過15年不行使而時效消滅（實務上常常是已經清償，但沒有證據可以證明已經清償債務），抵押權人還是一直不行使權利（聲請拍賣抵押物取償），再經過5年間後抵押權人仍然不實行其抵押權者，抵押權就消滅了。只是，此時地政機關並不會依照不動產所有權人的申請直接塗銷抵押權，不動產所有權人還是必須向法院提起訴訟請求塗銷抵押權。

# 第 2 章

# 契約簽訂的注意事項

# 5 簽訂契約的一般注意事項（一）

## 法律行為能力

法律上所謂的行為能力，乃指能夠以自己的意思作為表示，讓自己的行為在法律上發生效果的資格。而民法針對一個人是否具有為法律行為之能力，依照「年齡」分為：一、無行為能力人；二、限制行為能力人；三、完全行為能人。（詳後述）

## 合夥

合夥可分為顯名合夥（民法第667條至第699條）和隱名合夥（民法第700條至第709條）。前者，是指二人以上互約出資以經營共同事業之契約。後者，則指當事人約定，一方對於他方所經營之事業出資，而分受其營業所生之利益，及分擔其所生損失之契約（民法第700條）。

> ## 確認簽約雙方當事人「正確性」及「行為能力」

### 1. 確認簽約雙方當事人「正確性」

| 確認當事人 | • 確認正確、完整契約當事人的姓名（或公司、法人名稱）。<br>• 確認該契約當事人為標的物所有權人，或確有處分權或代理權之人。 |
| --- | --- |
| 個人 | • 注意當事人是否具有為法律行為的「行為能力」（非無行為能力或限制行為能力之人）。<br>• 要求核對簽約當事人的身分證、照片（影印存查）。<br>• 簽約者如為代理人，應要求交付有效授權書或委任書正本存查，並核對其代理權授權之範圍與期限。 |
| 合夥 | • 如能確認其中一人確有代理權，得與之簽訂契約，但如合夥規章或合夥契約沒有明確約定，則契約上除了載明合夥事業的名稱外，應該將全體合夥人都列為契約當事人。 |
| 公司（法人） | • 要求核對公司登記文件，例如：最新公司變更登記事項卡（比對大、小章）、公司執照、營利事業登記證等。<br>• 透過經濟部商業司公司及分公司基本資料查詢該公司是否確有登記、「登記」負責人為何人。總經理不一定有公司的代表權，公司代表人仍為董事長。<br>• 「經理」對於本身有關業務得代表公司簽訂契約；但不動產買賣、設定負擔，仍需有公司「書面」授權。<br>• 簽約者如為代理人，應要求出具有效授權書或委任書，並核對其代理權授權之範圍與期限。 |

**範例**

甲方：○○○○（合夥事業名稱）

合夥人：A○○（親簽）

地址：臺北市○○路○段○○號

B○○（親簽）

地址：臺北市○○路○段○○號

C○○（親簽）

地址：臺北市○○路○段○○號

乙方：寶宸股份有限公司

登記地址：臺北市○○路○段○○號

代表人：○○○

```
公司
大章
```

```
負責人
小　章
```

**Key Word**

公司變更登記事項卡之查閱申請

公司負責人或利害關係人得向經濟部申請最新公司變更登記事項卡影本，公司登記事項卡（現已更名為「登記表」），乃公司辦理設立登記或變更登記時應檢附之表格化文件，內容包含公司名稱、所在地、資本額、所營事業項目、負責人姓名、公司大小章等各項登記資料。

## 2. 確認當事人的「行為能力」

| | |
|---|---|
| **有行為能力**<br>得有效簽訂契約 | ●20歲以上成年人。<br>●未成年人已經結婚。<br>●非無意識或精神錯亂。 |
| **限制行為能力**<br>簽訂契約需經法定代理人事前允許或事後承認 | ●7歲以上未滿20歲。<br>●但純獲法律上利益（例如：贈與），或依其年齡及身分日常生活所必須之情形，仍可有效簽訂契約。 |
| **無行為能力**<br>需由法定代理人代理簽訂契約 | ●未滿7歲的未成年人。<br>●精神錯亂或無意識。 |

# 6 簽訂契約的 一般注意事項（二）

## Key Word

### 父母的法定代理權

所謂父母的法定代理權，一般是指對於未成年子女之權利義務，除法律另有規定外，由父母共同行使或負擔之。父母之一方不能行使權利時，由他方行使之。父母不能共同負擔義務時，由有能力者負擔之（第1089條）。

## ▶ 確認簽約當事人具有有效代理權

1. 契約雖得由代理人代理簽訂，但建議讀者最好能直接與當事人本人簽訂契約，若萬不得已需與代理人簽訂契約，則務必注意代理權限問題。

2. 「代理」分為「意定代理」與「法定代理」，前者例如代理人經本人授權代理本人出售不動產，後者例如法定代理人幫未成年子女購買不動產。如有必要與未成年人簽訂契約，建議務必與其法定代理人簽訂契約（父、母二人都要一起簽訂）。

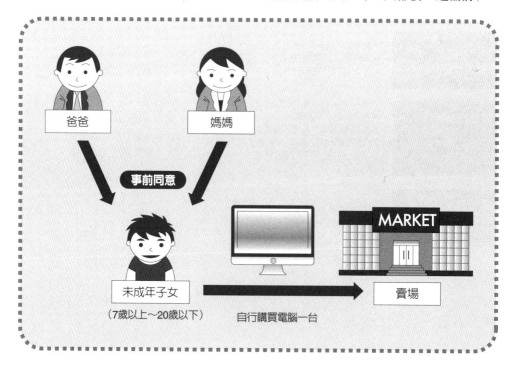

爸爸　媽媽

事前同意

未成年子女
（7歲以上～20歲以下）

自行購買電腦一台

MARKET

賣場

3. 意定代理應要求代理人出具並交付有效的「授權書」或「委任書」正本存查，並核對其代理權「授權的範圍（權限）或條件」與「代理有效期限」，不宜以空白授權爲之，授權書並應提供並保留正本。

4. 授權書或委託書之代理權內容宜要求明確記載，例如：出售臺北市○○區○○段○○地號土地、○○建號建物或明確的房屋門牌號碼。

5. 除非親見本人於授權書或委託書上簽名，否則授權書或委託書之本人簽名、蓋章或指印都不該輕易相信。**若真的無法確認本人已有效簽署，那麼最好要求蓋用本人印章後核對仍在有效期限內的印鑑證明，以確認本人印章爲眞，避免影響代理行爲效力。**

**Tips**　委任 vs. 代理

　　實務上常見到各種委任書、授權書、代理授權書等，但其實法律上「委任」和「代理」於法律文件上的記載應該是不同的。當委任人委任受任人之事務須從事法律行為時（即有一定之權利的移轉時，例如：買賣、讓與所有權），就需要授予受任人以「處理權」，故在委任契約才有所謂「事務處理權」。但委任契約書面記載，未必同時記載授與受任人代理權。換言之，當事人間可能同時授與代理權與處理權，亦可能僅授與其中之一種權利。是否同時授與兩種權利，要從該書面文義去判斷委任人是否要讓受任人以受任人「自己」名義（非以代理人名義）或是委任人本人名義（自稱代理人）來從事法律行為判斷之。

**Key Word**

印鑑證明

印鑑證明無非是用以證明印章真正，於不動產所有權移轉或異動時經常使用，應由當事人親自至戶籍地戶政事務所辦理印鑑登記及證明申請。如為未成年人，應由法定代理人（父母）共同至戶籍地戶政事務所辦理。且依印鑑登記辦法規定，申請印鑑證明應攜帶國民身分證及印鑑章，故無法以駕照、護照或健保卡等代替，實務上核發相當嚴格卻常被廣泛使用，讀者於申請印鑑證明時不可不慎。

**Key Word**

代理

民法第103條
代理人於代理權限內，以本人名義所為之意思表示，直接對本人發生效力。
前項規定，於應向本人為意思表示，而向其代理人為之者，準用之。

**Key Word**

委任

民法第528條
稱委任者，謂當事人約定，一方委託他方處理事務，他方允為處理之契約。

# 簽訂契約的
# 一般注意事項（三）

## ▶ 詳細確認契約內容

1. 簽訂契約前，應「逐字」詳閱契約書的內容，各種契約類型的「眉角」建議委請
具實務經驗的地政士或律師審核；至於一般契約內容（條款）通常包括下列條款：

### 契約名稱

- 無論合約書、契約書、協議書，甚至大陸民法所稱「合同」，都是民事「契約」的名稱而已，法
律關係性質都屬於所謂「契約」關係，性質大同小異，實務上無須過於拘泥。

### 定型化契約條款審閱期

- 賣方若是企業經營者（建商），買方有一定期間的契約審閱期（猶豫期間），違者契約條款原則
上不構成契約的內容，以保障消費者權益。但消費者認為可以接受時，仍得主張該條款仍構成契
約之內容（消費者保護法第11-1條）。

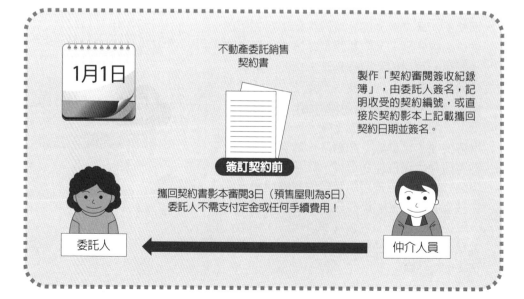

不動產委託銷售
契約書

製作「契約審閱簽收紀錄
簿」，由委託人簽名，記
明收受的契約編號，或直
接於契約影本上記載攜回
契約日期並簽名。

**簽訂契約前**

攜回契約書影本審閱3日（預售屋則為5日）
委託人不需支付定金或任何手續費用！

委託人　　　　　　　　　　　　　　　　　仲介人員

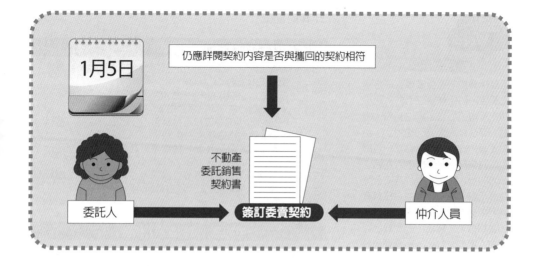

## 前言

- 通常即簽訂契約的原因，有無記載並不重要，通常只有在契約文義不清楚時，才會用來作為解釋當事人真意的參考。

## 契約「標的」

- 契約標的的記載應合法、可能、妥適、確定。
- 不動產：應清楚載明地段、地號、建號和權利範圍，並應向地政機關調閱最新登記謄本（最好是簽約當天或前一、二天的謄本），不可以只看所有權狀，以確認產權是否清楚。
- 動產：如為特定動產應盡可能描述予以特定；如非特定動產，則應詳細載明數量、品質及效用。
- 關於一定之數量，同時以文字及號碼表示者，文字與號碼有不符合時，如法院不能決定何者為當事人之原意，應以文字為準。
- 關於一定之數量，以文字或號碼為數次之表示者，其表示有不符合時，如法院不能決定何者為當事人之原意，應以最低額為準。

## 給付的日期（或期間）

## 給付的地點

### 消費者保護法 第 11-1 條

企業經營者與消費者訂立定型化契約前，應有三十日以內之合理期間，供消費者審閱全部條款內容。

企業經營者以定型化契約條款使消費者拋棄前項權利者，無效。

違反第一項規定者，其條款不構成契約之內容。但消費者得主張該條款仍構成契約之內容。

中央主管機關得選擇特定行業，參酌定型化契約條款之重要性、涉及事項之多寡及複雜程度等事項，公告定型化契約之審閱期間。

**Key Word**

定型化契約

定型化契約是指由當事人一方預先擬定、訂定條款之目的為與不特定多數人訂立相同之契約、相對人無法磋商變更契約內容。由於定型化條款是由契約之一方當事人預先擬定，該當事人為追求己方的最大利益，很少或完全不注意相對人應有之權益，故常有減輕或免除約款擬定者之責任、加重相對人之責任、限制或剝奪相對人權利之行使、不合理地分配契約風險及其他不公平之約定的現象。因此，行政院為保障消費者權益，以行政指導公告各類定型化契約範本，載明各種應記載與不得記載事項，違者可能導致該定型化契約條款無效（消費者保護法第17條）。

**Key Word**

定金

指於正式契約簽訂前支付一定額作為履行合約之保證，於正式簽訂契約時，該定金可以自動轉為合約價款的一部分。且依照民法第249條規定，當事人一方收受定金後，契約即「視為」成立。因此，契約雙方有一方支付定金，經他方收受後，在法律上即認為契約已經成立，如契約的一方無法提出有效的證據證明契約不成立時，該契約即生效力，讀者於給付定金時不可不慎。

## 2. 其他條款

### 定金條款

- 訂約當事人之一方，由他方受有定金時，推定其契約成立（民法第248條）。
- 當事人就定金約款如未另行約定，則適用下列之規定：
  一、契約履行時，定金應返還或作為給付之一部。
  二、契約因可歸責於付定金當事人之事由，致不能履行時，定金不得請求返還。
  三、契約因可歸責於受定金當事人之事由，致不能履行時，該當事人應加倍返還其所受之定金。
  四、契約因不可歸責於雙方當事人之事由，致不能履行時，定金應返還之（民法第249條）。

### 違約金（違約處罰）條款

- 當事人得約定債務人於債務不履行時，應支付違約金。違約金，除當事人另有訂定外，視為因不履行而生損害之賠償總額。其約定如債務人不於適當時期或不依適當方法履行債務時，即須支付違約金者，債權人除得請求履行債務外，違約金視為因不於適當時期或不依適當方法履行債務所生損害之賠償總額（民法第250條）。

### 合意管轄條款或仲裁條款

- 因契約關係涉訟時，雙方可以「就近」選定第一審管轄法院作為合意管轄之法院，或合意選用仲裁程序以解決爭端。

### 涉外契約的準據法條款

- 如契約涉及外國人、外國地或外國事物，雙方當事人可合意選用契約關係所應適用之法律，此即所謂的準據法，如未選定，則依涉外民事法律適用法第20條規定處理。

## Tips

1. 契約如有附件，例如：工作說明書、需求規格書等，應於契約標的中載明附件名稱及頁數，並釘附於契約後，且應加蓋雙方印章作為騎縫章。
2. 契約正本建議以「雙面」列印，如有數頁，並應在雙方均簽名用印後，於每頁交接處加蓋「雙方」當事人的印章作為騎縫章，以避免日後契約紙本被拆開後再增減文件造成內容遭到偽造或變造的問題。
3. 契約之「增補」或「修訂」：為避免契約簽訂後因增補或修訂發生爭議，建議兩造可以約定：「本契約未約定之事項，甲乙雙方如有增補之需要，「應」以「書面」方式另行約定，修訂時亦同。如未以書面為之，不生效力。」另外，增補或修訂之契約宜與原契約書正本合釘在一起，並加蓋雙方印章作為騎縫章。

## Tips　定金 vs. 訂金

1. 我國民法上並沒有所謂「訂金」的文字，一般民間常常混用二者，但如果合約上記載為「訂金」，法律上仍會解釋為「定金」，同時也適用民法上定金的規定，因此無論是記載訂金或定金，法律上意義上都是一樣的。
2. 按定金之性質，因其作用之不同，法律通常可分為：
   (1) 證約定金：即為證明契約之成立所交付之定金；
   (2) 成約定金：即以交付定金為契約成立之要件；
   (3) 違約定金：即為強制契約之履行，以定金為契約不履行損害賠償之擔保；
   (4) 解約定金：即為保留解除權而交付之定金，亦即以定金為保留解除權之代價；
   (5) 立約定金：也稱猶豫定金，即在契約成立前交付之定金，用以擔保契約之成立等數種。上述各種定金，非必各不相涉，互相排斥，交付一種定金，而兼具他種作用者，事恆有之，應依契約之文字及當事人之真意決定之（最高法院91年度台上字第635號、101年度台上字第1692號判決意旨參照）。因此，法院在解釋定金的性質，還是會看契約文義來決定，如果沒有特別約定，會按照民法第249條規定來處理。

# 契約的特別成立要件（要式行為）

## 借貸契約

**1.** 借貸契約性質上是所謂的「要物契約」，必須移轉金錢或其他替代物予他方後（交付），借貸契約始爲有效（民法第 474 條）。

**2.** 實務上，借款「交付」與否與交付「對象」的證明，經常成爲返還借款訴訟上的攻防重點，爲了減少這樣的問題，筆者建議金錢借貸應簽訂「借貸契約書」，明定清償日應返還借款及利息（參民法第 477 條及第 478 條規定），並以「匯款」爲之，勿以「現金」交付，且最好約定連帶保證人，以確保借款債權。

**參見附件 01：消費借貸契約範例、本票範例**

## 結婚、兩願離婚和夫妻財產契約

　　結婚、兩願離婚和夫妻財產契約，性質屬於所謂身分上的契約，其訂立法律上均有一定程式的要求，故稱之爲「要式行爲」，即應分別遵守以下程式始生效力：

**1. 結婚**

　　結婚應以書面爲之，有二人以上證人之在場見證、簽名，並應由雙方當事人向戶政機關爲結婚之「登記」（民法第 982 條）。

## 2. 兩願離婚

兩願離婚，應以「書面」爲之，有二人以上證人之在場見證簽名（即夫、妻和見證人二人，最好是一共四個人一起在場簽名），並應由夫妻二人共同持之至戶籍地戶政機關辦理離婚「登記」（依現制見證人已不用至戶政機關陪同登記）（民法第 1050 條）。

**參見附件 02：戶政事務所版離婚協議書範例**

## 3. 夫妻財產契約之訂立

夫妻財產制契約之訂立、變更或廢止，應以「書面」爲之（民法第 1007 條）。此外，夫妻財產制契約之訂立、變更或廢止，非經向法院「登記」，不得以之對抗第三人（民法第 1008 條），此登記則是得以對抗第三人之前提要件。

**Tips** 重要的契約可先請律師審約或擬約，再請求法院公證處或民間公證人公證或認證

重要的契約為避免爭議，建議可先請律師或地政士先行審約或擬約，再請求法院公證處或民間公證人公證或認證。以民法第425條為例，經公證且租賃期間逾五年或未定期限者之租賃契約，始有買賣不破租賃的適用（即租賃契約不受所有權移轉而影響），因此，長期租賃宜經公證為之，對於承租人將會比較有保障。

**Key Word**

### 離婚見證人

離婚見證人僅依一方當事人片面之詞，而簽名於離婚協議書，未曾親聞他造確有離婚之真意或面詢他造已否為上開協議離婚之合意者，即難認兩造之協議離婚，已具備法定要件。

**Key Word**

### 夫妻財產契約

夫妻得於結婚前或結婚後，以契約就民法所定之約定財產制中，選擇其一為其夫妻財產制。夫妻於婚姻關係存續中並得以契約廢止其財產契約，或改用他種約定財產制。夫妻財產制之訂定、變更、廢止，應以書面為之，非經登記不得對抗第三人。而我國目前約定財產制種類計有：共同財產制、分別財產制二種。（請參閱民法第1031條至第1046條之規定）。

# 各種契約類型的 簽約注意事項（一）

## ▶ 不動產買賣契約

**1. 五日以上契約審閱期**

(1)「企業經營者」與消費者間簽訂不動產買賣契約者，契約審閱期應至少 5 日以上（消費者保護法第 11 條第 1 項），如果簽署契約時違反契約審閱權規定，消費者可選擇主張定型化契約條款為無效。

(2) 應注意的是，**實務上審閱期只有建商在出售「預售屋」或「新成屋」才有適用，透過仲介公司成交的中古屋買賣，僅對仲介方面相關人員仍得主張適用審閱期，買方與賣方同為消費者，雙方之間並不適用契約審閱期的規定，這一點一般民眾常被混淆。**

(3) 實務上常見定型化契約載明「消費者自願拋棄契約審閱權」，雖然消費者保護法第 11-1 條第 2 項已明文禁止，但此時消費者是否可以主張違反契約審閱權而無效，法院裁判見解仍然分歧。一般來說，消費者自願拋棄契約審閱權之定型化契約條款，如果有字體細小、位置隱蔽、印刷不清等情形，導致消費者難以注意其存在或難以辨識，依消費者保護法施行細則第 12 條，消費者得主張該條款不構成契約之內容。另外，如果拋棄契約審閱期之條款造成的結果對當事人顯失公平，依民法第 247-1 條第 3 款、第 4 款的規定，該條應屬無效。

**2. 不動產標的記載明確**

(1) 應調閱最新（當天）登記謄本，土地、建物標示之填寫與登記謄本有不符時，應以登記為準。

(2) 建議將土地使用分區證明書、土地、建物權狀影本（或不動產登記謄本）、共同使用部分附表、車位種類、位置、分管協議、住戶規約等重要文件，應列為買賣契約的附件。

(3) 下列事項應特別注意載明：

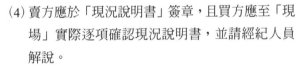

□ 夾層屋是否合法
□ 陽台、公共設施所占坪數比率
□ 違建物（賣方擔保有事實上處分權）
□ 約定專用或其他分管協議
□ 漏水、壁癌等瑕疵擔保與處理
□ 停車位產權登記（原則上增設或獎勵停車位始可出售予非區分所有權人）
□ 土地有無通行權約定
□ 有無遭他人占用或占用他人土地或出租
□ 是否曾發生兇殺或自殺致死之情事（凶宅）

# Key Word

**分管契約（協議）**

分管契約（或稱分管協議）是指共有人對於共有物的管理方式（包括使用收益方式）特為一定內容之約定，即各共有人約定各自使用、收益共有物之一部，互不干涉（民法第820條參照）。實務上甚至承認「默示」分管契約的存在，其要件包括：（一）共有人間實際劃定使用範圍，對各自占有管領部分，互相容忍；（二）對於他共有人使用、收益、各自占有之部分未予干涉，已歷經多年。

但大法官解釋釋字第349號認為如嗣後受讓之共有人不知有分管契約，亦無可得知之情形，受讓人仍受讓與人所訂立的分管契約拘束，將使善意第三人受不測損害，有檢討「不知悉亦無可得知」之分管契約之必要（可以不受分管契約拘束）。

　(4) 賣方應於「現況說明書」簽章，且買方應至「現場」實際逐項確認現況說明書，並請經紀人員解說。

**參見附件 03：房屋現況說明書（內政部範本）**

## 3. 買賣價金之記載

　(1) 清楚載明面積、單價、總價。

　(2) 賣方為公司時須注意營業稅「內含」或「外加」。

　(3) 違建物如在「交屋前」被拆除（或遭通報排期拆除），其價金減少之數額若干，可事前約定。

## 4. 貸款宜預先向金融機構洽辦額度。

## 5. 稅費負擔之載明

　(1) 買賣雙方稅費負擔應明文記載。

　(2) 自用住宅優惠稅率申請如遭否准，賣方是否同意按一般稅率繳納土地增值稅。

　(3) 土地增值稅以產權移轉時間計算。

## 6. 違約罰則是否合理。

## 7. 買賣雙方日後收受通知的送達地址。

# UNIT 10 各種契約類型的簽約注意事項（二）

**商圈保障**

一般是指加盟體系為確保加盟店的營運利益，所設有一定距離商圈範圍的經營權益保護，亦即在某個商圈範圍之內，該加盟體系不得再開設第二家分店的限制條款，以保護加盟者在該地區的營運權益。

## 加盟契約的簽約注意事項

**1.** 加盟契約應檢附加盟總部的服務標章註冊證。

**2.** 加盟金、權利金、保證金應明確約定。

**3.** 加盟總部供貨之品項及價格。

**4. 商圈保障之範圍**（簽訂加盟契約時就有關商圈保障條款內容應力求明確，包括對商圈保障的範圍究竟多廣，應有清楚的界定，建議以電子地圖精確標定區塊或以街道門號範圍為界定，實務上常見僅以方圓 500 公尺的記載，日後容易產生爭議。此外，加盟者得亦得要求加盟體系在商圈保障範圍內不得再發展營業形態類似的第二品牌。）

**5.** 終止加盟合約後之競業禁止條款。

**6.** 管理規章內容是否過於嚴苛。

**7.** 違約罰則是否合理。

**8.** 加盟合約終止的方式，有無違約金。

## 裝潢契約的簽約注意事項

**1.** 應載明裝潢材質、尺寸、電燈位置與數量。

**2.** 應載明施工時間、完工時間、延誤工程之處理。

**3.** 追加工程應經書面同意。

**4.** 整體設計表現與驗收標準。

**5.** 裝潢契約於簽約時可以視情況要求檢附下列文件並經雙方簽名確認，作為契約內容的一部分，包括：

    (1) 平面圖、各項裝潢材質及電燈安裝位置與數量。

    (2) 立面施工圖、天花板圖、弱電位置圖、估價單、預定施工進度表。

**6.** 設計費、監工費宜明確約定。

**7.** 設計約、工程約宜一併簽訂，避免設計師事後推託監工責任。

**Tips** 　意向書或備忘錄的法律效力？

    只要是當事人書面約定的意思表示合致（內容一致），且約定條款是合法、可能、可得特定的，在法律上就稱之為「契約」關係成立。實務上常常發生當事人為了將已經有共識的事項寫下來，而採用「意向書」或「備忘錄」的名稱，這些名稱其實都不影響契約的效力，只要約定的意思已經一致，且是合法、可能、可得特定的，對於契約當事人就會發生拘束力。

# 11 簽訂保密條款（或保密契約）的注意事項

## 保密契約的簽訂

1. 企業的「營業秘密」往往是永續經營、獲利的來源，因此如何簽訂有效的保密條款（或契約）以避免遭到竊取，已成為企業用人管理或與其他公司合作時應優先考量的事項。而所謂「營業秘密」係指方法、技術、製程、配方、程式、設計或其他可用於生產、銷售或經營之資訊，具體來說可能是特殊配方或製程、專利資料、客戶名單、財務資料、軟體原始碼、產品設計原型、產品規格、經銷商資料、行銷計畫、消費者資料庫等，且應符合下列要件，不得擴張解釋為上訴人之任何資訊，均在保密範圍：

   (1) 非一般涉及該類資訊之人所知（秘密性）。

   (2) 因其秘密性而具有實際或潛在之經濟價值。

   (3) 所有人已採取合理之保密措施。

2. 企業營業秘密遭到侵害（竊取）時可以在 2 年內，依民法第 184 條第 1 項後段或營業秘密法第 12 條第 1 項規定對加害人請求侵權行為損害賠償，如果有簽訂保密條款的也可以依照違約罰則來主張。另外，員工如果不法竊取公司的營業秘密，視具體個案可能會涉及刑事背信罪、洩漏工商秘密罪及利用電腦洩密罪，對於企業營業秘密的保護而言有一定的赫阻作用。

3. 企業應與員工或合作廠商於合約中加簽保密條款或另訂保密契約，要求接觸營業秘密者負擔善良管理人應有的注意義務，標註「機密」字樣，並使用合理的保護措施以保持秘密性（防止無權得知之第三人任意獲知），且不得將營業秘密洩漏予未經授權而可以得知的第三人。

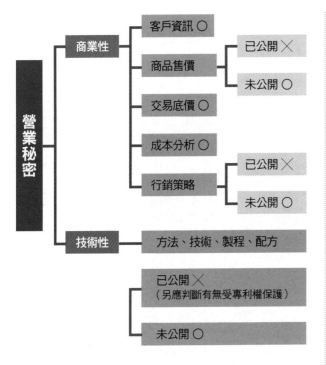

**Key Word**

## 損害營業秘密之刑事責任

營業秘密法第13-1條

意圖為自己或第三人不法之利益，或損害營業秘密所有人之利益，而有下列情形之一，處五年以下有期徒刑或拘役，得併科新臺幣一百萬元以上一千萬元以下罰金：一、以竊取、侵占、詐術、脅迫、擅自重製或其他不正方法而取得營業秘密，或取得後進而使用、洩漏者。

二、知悉或持有營業秘密，未經授權或逾越授權範圍而重製、使用或洩漏該營業秘密者。

三、持有營業秘密，經營業秘密所有人告知應刪除、銷毀後，不為刪除、銷毀或隱匿該營業秘密者。

四、明知他人知悉或持有之營業秘密有前三款所定情形，而取得、使用或洩漏者。前項之未遂犯罰之。科罰金時，如犯罪行為人所得之利益超過罰金最多額，得於所得利益之三倍範圍內酌量加重。

**Tips**　「客戶資訊」可否認定為營業秘密？

　　「客戶資訊」之取得如係經由投注相當之人力、財力，並經過篩選整理而獲致之資訊，且非可自其他公開領域取得者，例如個別客戶之個人風格、消費偏好等，固足認係具有實際或潛在的經濟價值之營業秘密。惟若係於市場上公開之資訊，一般人均可由工商名冊任意取得，即與所謂「營業秘密」並不相當。

　　例如：即使客戶名單上已標明為機密資訊，但是單純的客戶聯絡電話、地址，還不能算是營業秘密，如果內容同時記載客戶之個人風格、消費習慣，即可能構成營業秘密，而受保護。

# 第 3 章

## 存證信函的作用、撰寫要領及實務運用

# 12 什麼是存證信函？寄發存證信函可以發生什麼作用？

## Key Word

### 存證信函

即郵局存證信函的簡稱，依郵件處理規則第34條第1項規定所謂存證信函，是透過郵局掛號信函交寄，加付存證費用，依郵政公司規定方式繕寫，以內容完全相同之副本留存郵局，備以證明發信日期及發信內容為何的一種「證明信函」。存證信函通常一式三份（收件人每增加一人就要增加一份），並由郵局為寄件人留存一份，以備日後衍生糾紛或訴訟時，可以存證信函為證明。

## Key Word

### 請求權時效起算

消滅時效，自請求權可行使時起算。以不行為為目的之請求權，自為行為時起算。即將請求權依其性質區分為作為及不作為兩類，分別規定其起算點（民法第128條）。

## 什麼是存證信函？

1. 存證信函是指透過郵局證明信件內容及發信日期、收信日期的信件文書。

2. 存證信函可以證明發信人在信中表達了一定的意思表示，且藉由郵政回執證明收信者確實收到了信件。

3. 存證信函並不能夠代表發信者確實擁有信中敘述的權利，也不能夠代表收信者即負有信中所敘述或要求的義務。

4. 訴訟程序相當注重證據，書面證據的證明力比「口說無憑」要有力許多。因此寄發存證信函主要的目的在於「確定曾經告知對方自己希望發生的法律效果」，以便將來雙方訴訟時，寄件人可以提出存證信函作為訴訟的證據（書證）。

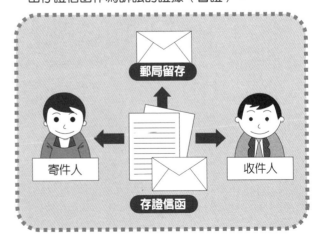

## ▶ 寄發存證信函可以發生什麼作用？

1. **保存證據**：證明信件內容及發信日期、收信日期。
2. **限期催告**：限定相當期間催告收件人履行義務。
3. **行使權利**：證明一方行使權利之信件內容意思表示或通知確實到達他方。
4. **遵守時效**：時效之起算（民法第 128 條），或證明權利行使已遵守民法上的消滅時效或除斥期間（第 129 條）。
5. **排解糾紛**：表明寄件人的立場，或者是警告、通知收件人勿為一定行為，否則將會依法追究其責任，以防患於未然。

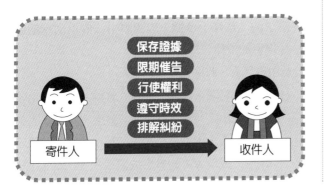

### 民法第 94 條

對話人為意思表示者，其意思表示，以相對人了解時，發生效力。

### 民法第 95 條

非對話而為意思表示者，其意思表示，以通知達到相對人時，發生效力。但撤回之通知，同時或先時到達者，不在此限。
表意人於發出通知後死亡或喪失行為能力或其行為能力受限制者，其意思表示，不因之失其效力。

### 民法第 96 條

向無行為能力人或限制行為能力人為意思表示者，以其通知達到其法定代理人時，發生效力。

---

**Tips**　存證信函的內容（意思表示）在收件人「收件時」才會發生效力！

　　由於存證信函是屬於非對話的意思表示，而依民法第95條規定非對話人間的意思表示，是以通知到達相對人時發生效力，也就是說，必須存證信函的收件人或其家屬、公寓大廈管理員收件時才會發生效力，也就是採所謂的「到達主義」。

　　另外，原則上意思表示到達相對人後便不能撤回，但撤回的通知同時或先時到達的話，意思表示仍然可以視為不生效力（即發生撤回的效果）。例如：先以平信發出願意買受的意思表示，事後反悔不買，以限時寄出撤回願意買受的意思表示，則不會發生買賣契約意思表示合致的法律效果。

# 如何撰寫存證信函？撰寫存證信函有什麼「要領」？

## Key Word

### 住所 vs. 戶籍地 vs. 居所

1.住所：法律上是指自然人法律關係認定中心點或準據點之標準，簡單的說，是指當事人依一定事實足以認為有「久住」該址的意思，該址即為法律上所謂的「住所」，我國採單一住所主義，即依民法第20條規定一人不得同時有兩住所。住所地決定了訴訟管轄地、契約履行地、支付命令是否合法送達等，因此於寄件時，正確的住所地顯得非常重要。

2.戶籍地：一般法院或行政機關係以戶籍地址當作住所來處理，主要原因是因為戶籍地涉及戶政管理、選舉、兵役、學區等公法上效力，且通常即為收件人住所。因此，實務上如果要主張戶籍地不是住所，來影響送達效力，必須舉反證證明。

3.居所：一般因就學、就業、依親等需要，而未居住於住所地時，其「暫時」、「因故」居住的地址，就是所謂的居所，因此行政實務上衍生的「通信地址」、「代收郵件地址」，且實務上對於居所送達，是符合住、居所送達而發生法律效果的，不可不慎！

## 如何撰寫存證信函？

1. 存證信函的用途不是在抒發情緒，有時在存證信函中記敘情感對糾紛反而會有負面影響。建議讀者存證信函用詞勿過於情緒化，並應先詢問具法律專長的朋友或諮詢律師，了解法律上的權利與請求的「法條」依據，以免誤引法條反而未能發生期望的法律效果。

2. 載明寄件人、收件人

    (1) 公司、機關、團體、學校、商號：

    應併列法定代理人或負責人姓名、地址，且如為寄件人，應加蓋公司章（單位圖章）及法定代理人或負責人的簽名或蓋章。

    (2) 未成年人：

    應由法定代理人「具名」並「代理」寄發存證信函，始為有效。

3. 載明詳細地址

    以收件人實際可以收到存證信函之住居所地址為佳，如果知道收件人的戶籍地址，也可併列戶籍地址同時送達。

4. 書寫格式

    建議可仿照「公文書函」格式撰寫，但不擅長撰寫「公文體」文章的朋友，也不要擔心，用「白話文」方式撰寫存證信函效力是完全相同的。

    (1) 主旨：簡要說明存證信函意旨。

（2）說明：（可略分為兩種寫法）

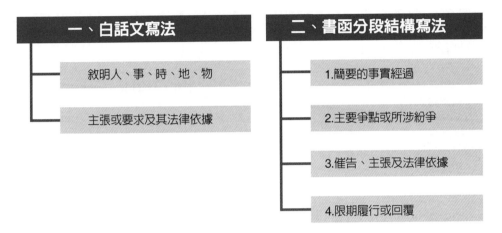

| 一、白話文寫法 | 二、書函分段結構寫法 |
| --- | --- |
| 敘明人、事、時、地、物 | 1.簡要的事實經過 |
| 主張或要求及其法律依據 | 2.主要爭點或所涉紛爭 |
|  | 3.催告、主張及法律依據 |
|  | 4.限期履行或回覆 |

## 5. 存證信函用語結構簡例

查……（緣……）（簡要描述事實經過），……。

按……（引用法律規定，說明主要爭點或所涉紛爭）……。

準此，……（說明法律主張）……。

綜上，謹以此函函告台端……（限期履行或回覆）……，否則定將依法主張相關法律權益，絕無寬貸。

**範例**

敬啓者：

查坐落宜蘭縣蘇澳鎮七星段○○○、○○○地號土地二筆，為本人所有，日前得悉為台端使用相鄰同地段○○○地號時所無權占有使用。按所有人對於無權占有或侵奪其所有物者，得請求返還之。對於妨害其所有權者，得請求除去之。民法第767條定有明文。準此，本人於法自有請求 台端排除無權占有情形之權利。綜上，謹以此函函告 台端，請於函到後三日內騰空返還該二筆土地無權占有部分，否則定將依法主張相關法律權益，是禱。

**6. 用語宜簡潔扼要簡要：（可參考一般公文用語）**

| 類別 | 用語 | 備註 |
|------|------|------|
| 起首語 | 查、有關、關於、謹查、茲 | |
| 稱謂語 | 貴司 | 收件人為公司 |
| | 台端 | 收件人為個人 |
| 引述語 | 依、依據、按 | 引述請求或主張之法律依據 |
| | 敬悉、已悉 | 回覆函文時，與引述完畢時使用 |
| 經辦語 | 業經、迭經、旋經、嗣經 | 說明處理經過 |
| 除外語 | 除……外；除……暨……外 | |
| 轉折語 | 惟查、另查、但查 | |
| | 豈料、詎料、未料 | |
| 期望及目的語 | 請　查照 | |
| | 請　查照惠復 | 請回覆 |
| | 請　查照轉知 | 請轉為通知 |

> **參見附件 04：法律統一用字表**

7. 主張或要求應具體明確，例如：給付租金、終止租約、解除契約、排除侵害等，用語、立場不應模糊。

8. 收到他方存證信函時應冷靜諮詢律師尋求協助，對於他方的主張，於回覆時用語宜謹慎小心，切勿形成訴訟外自認，或落入他方圈套，得不償失。

9. 事實如不甚明確或有所爭議，且日後恐無法於法庭上證明者，不宜著墨太多，以免打草驚蛇，建議評估各項舉證方法，爭取時間盡力蒐集證據。

10. 警告用語應合法、妥適，例如：……否則依法追究台端一切法律上之責任（不宜以惡害告以收件人，否則有涉及恐嚇罪的可能）。

11. 非事實或無法證明為事實之事，不宜以存證信函散布予第三人知悉，否則將有涉及誹謗罪之疑慮。

12. 應於末段要求對方「限期履行」或「回覆」，
    例如：……限於函到五日內給付租金（價金），
    否則逕行依法主張權利。

**Tips** 收件人拒收、查無此人或遷址不明時，應如何處理？

1. 一般發生收件人拒收、查無此人或遷址不明的情況時，郵差會記載究竟是何種原因造成無法送達，也就是所謂的「退件理由」，建議應將退回來的存證信函完整保留，不要拆封，以免日後還需舉證證明存證信函內容沒有不同。

2. 寄發存證信函時，收件人地址不限於只有一個，可以將已經知道收件人的居所地、戶籍地、通訊地址等，都列為收件地址。如果事後知悉其他地址或查得收件人實際住所，也可以將已經退件的存證信函，重新寄發。

3. 一般在訴訟實務上，經查明收件人在其戶籍地或住所地都拒收存證信函，也可以佐證收件人有惡意躲避未積極處理。

4. 如果收件人應送達處所不明，而不是因為寄件人自己的過失的情況，寄件人可以依民事訴訟法公示送達之規定，以公示送達為存證信函（意思表示）之通知。

### 民法第 97 條

表意人非因自己之過失，不知相對人之姓名、居所者，得依民事訴訟法公示送達之規定，以公示送達為意思表示之通知。

### 民事訴訟法第 149 條

對於當事人之送達，有下列各款情形之一者，受訴法院得依聲請，准為公示送達：
一、應為送達之處所不明者。
二、於有治外法權人之住居所或事務所為送達而無效者。
三、於外國為送達，不能依第一百四十五條之規定辦理，或預知雖依該條規定辦理而無效者。
駁回前項聲請之裁定，得為抗告。
第一項所列各款情形，如無人為公示送達之聲請者，受訴法院為避免訴訟遲延認有必要時，得依職權命為公示送達。
原告或曾受送達之被告變更其送達之處所，而不向受訴法院陳明，致有第一項第一款之情形者，受訴法院得依職權，命為公示送達。

### 民事訴訟法第 150 條

依前條規定為公示送達後，對於同一當事人仍應為公示送達者，依職權為之。

# 寫好存證信函後，要如何寄發存證信函？

## ▷ 存證信函的寄發

1. 存證信函正本有附匯票或契約當附件的，副本也要影印一份附為附件。

2. 存證費首頁 50 元，續頁每頁或附件每張 25 元。

3. 書寫存證信函限用繁體中文，每格限寫一字（實務上用電腦繕打格式不易對齊，但郵局還是會收件），述及外國人名或事物名稱須引用原文者，得用外國文字書寫。

4. 存證信函內文字如有塗改增刪，應於備註欄內註明並由寄件人簽章，每頁塗改增刪不得逾二十字（建議以電腦繕打，無須一再塗改）。

5. 交寄存證信函，須用郵局格式用紙（向郵局洽購）；另可使用中華郵政網站下載之存證信函用紙電子檔格式，以 A4 紙張列印，一式三份。

6. 請妥善保存存證信函送達後的回執證明，上面會詳細記載收件人收信的日期。

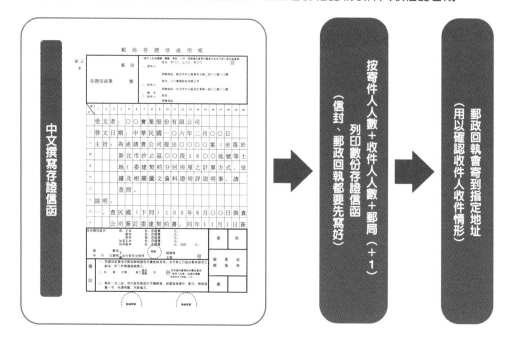

**Tips** 存證信函無法送達時，可以聲請法院「公示送達」

1. 實務上常常發生存證信函無法寄達給對方的情況，導致無法主張自己的權利，這種情況可以依照民法及民事訴訟法相關規定，即表意人非因自己之過失，不知相對人之姓名、居所者，得向法院聲請依民事訴訟法公示送達之規定，以公示送達為意思表示之通知，而不需實際送達相對人（參照民法第97條及民事訴訟法第149條第1項第1款）。

2. 寄件人要向法院聲請對收件人公示送達，必須先取得收件人的身分證統一編號或者收件人曾經設立戶籍的戶籍地址，否則聲請時將無從特定對象。因此在簽立契約或各種文件時，都應盡量請對方填具身分證統一編號及戶籍地址，並審慎核對身分證正本，以免日後發生糾紛對方置之不理拒不收信時，無法透過公示送達方式寄發存證信函。

> **參見附件 05：存證信函郵局格式**

> **參見附件 06：存證信函之民事聲請公示送達狀**

**Tips** 「收到」存證信函時應該如何處理？

1. 因為實務上經常是由律師代筆，收件者看到內容難免緊張，但由於存證信函並不具備法院文書的效力，因此收到他方寄來存證信函時要保持冷靜，先向具法律專業知識的律師諮詢，勿自作主張逕行回覆，以免不慎掉進對方律師所設下的文字陷阱。

2. 回覆存證信函時僅需具體回應對方主張或要求即可，並應注意內容、措辭適當，切勿於函中承認相關事實，或為與事實無關之多餘陳述，以免日後有遭於訴訟中引為證據的風險（必要時，仍應請具法律專業的律師或地政士代為撰寫為宜）。

# 15 存證信函在實務上應如何「運用」？何時應該寄發存證信函以行使權利？

**Key Word**

### 律師函

一般律師在接受當事人委託處理糾紛，考量事件性質也許還有轉圜餘地，或有必要先與對方「溝通」一下，有效表達法律立場，律師多會建議先以代發律師函方式為之，經律師以法律專業文字加以「說明」後，信函往往會產生警告、威嚇的效果，藉此迫使對方履行義務，在未獲善意回應時，大多會進一步採取法律訴訟手段。費用按照律師的知名度及案件的複雜程度不同，行情約在6,000元至10,000元不等。

## ▷ 存證信函的運用情形

存證信函能證明寄件人確實曾經表達了一定的「意思表示」（或事實通知），而這樣的表達方式有時雖然只是陳述事件的經過與寄件人的要求，但更重要的是存證信函能「確定寄件人曾告知收件人希望發生的一定法律效果」，例如：限期催告、解除契約、終止契約、撤銷意思表示等。以下即就實務常見且筆者建議應寄發存證信函的情形，簡要說明如下：

**1.給付未約定期限的情形，經債權人「催告」而未為給付，債務人負遲延責任**

(1) 給付有約定期限的情形，債務人自期限屆滿時起，負遲延責任。給付無確定期限者，債務人於債權人得請求給付時，經其催告而未為給付，自受催告時起，負遲延責任。其經債權人起訴而送達訴狀，或依督促程序送達支付命令，或為其他相類之行為者，與催告有同一之效力。前項催告定有期限者，債務人自期限屆滿時起負遲延責任（民法第229條）。

(2) 債務人遲延時，債權人得請求其賠償因遲延而生之損害（民法第231條第1項）。

(3) 存證信函撰寫說明：

給付如未約定期限，未經催告債務人就不會陷於遲延給付，則因債務人遲延給付而造成的損

害,便無法求償。因此,**寄發存證信函「催告」**
**債務人履行其義務,在未定給付期限的情形是**
非常重要的。

2. **債務人給付遲延時,債權人得「限期催告」履行,**
   **逾期不履行始得解除其契約**
   (1) 契約當事人之一方遲延給付者,他方當事人
       得定相當期限催告其履行,如於期限內不履行
       時,得解除其契約(民法第 254 條)。
   (2) 存證信函撰寫說明:
       應注意除前述限期催告履行外,逾期仍不履行
       後要解除契約的時候,仍然需要另發解除契約
       的存證信函,**自收件人收到解除契約存證信函**
       **時,始生解除契約的效力。**

**Key Word**

**律師存證信函**

律師存證信函的內容其實就是律
師函,只是採用「存證信函的方
式為之,是兼具律師函和存證信
函效果的最佳做法。其費用坊間
律師同道有須加收費用者,亦有
無須加收費用者,但筆者認為確
保律師函收受的證明,還是盡量
採取律師存證信函的格式進行告
知。

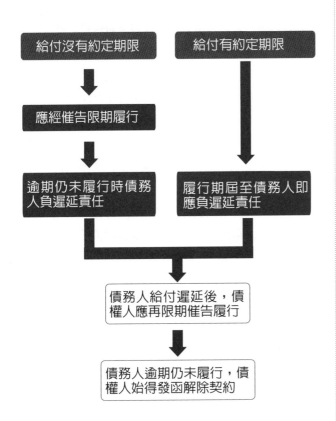

給付沒有約定期限 ／ 給付有約定期限

應經催告限期履行

逾期仍未履行時債務人負遲延責任 ／ 履行期屆至債務人即應負遲延責任

債務人給付遲延後,債權人應再限期催告履行

債務人逾期仍未履行,債權人始得發函解除契約

### 3. 請求「返還」遭他人無權占有或侵奪之所有物

（1）所有人對於無權占有或侵奪其所有物者（例如：土地被竊占使用、動產被竊），得請求返還之。對於妨害其所有權者，得請求除去之。有妨害其所有權之虞者，得請求防止之。前項規定，於所有權以外之物權，準用之（民法第767條）。

（2）存證信函撰寫說明：

此類「物上請求權」的行使建議以寄發存證信函的方式為之；另外，**物上請求權的行使並無消滅時效的適用**，但如果要一併請求不當得利，法律上則限制在 5 年以內相當於租金之不當得利，才可以請求。

### 4. 因債權人「請求」或債務人「承認」，而中斷消滅時效的進行時，建議以存證信函證明該請求或承認

（1）消滅時效，因左列事由而中斷：一、請求。二、承認。……（民法第 129 條第 1 項）；時效因請求而中斷者，若於請求後 6 個月內不起訴，視為不中斷（民法第 130 條）。

（2）存證信函撰寫說明：

債務人「承認」除具中斷消滅時效作用，也常會發生所謂訴訟外自認的情形，但實際上要債務人自己承認債務並不容易，故**常有債權人發函請求時故意誇大其詞，以期使債務人自己承認債務，讀者不可不慎**（例如：借款 10 萬元債權人卻發函請求 100 萬元，債務人心急便回覆僅有欠款 10 萬元，反而承認了 10 萬元的債務）。

### 5. 「債權讓與」時應「通知」債務人

（1）債權之讓與，非經讓與人或受讓人通知債務人，對於債務人不生效力（民法第 297 條第 1 項）。

(2) 存證信函撰寫說明：

實務上常見買賣債權的情形，建議讀者應於債權買賣（讓與）後，將「債讓與的字據」作為存證信函的附件，通知債務人該債權已經讓與給某人，除可使債權讓與對債務人生效外，亦可防止發生債務人因不知情而又向原債權讓與人為給付的問題。

## 6. 「抵銷權」的行使建議以存證信函為意思表示

(1) 二人互負債務，而其給付種類相同，並均屆清償期者，各得以其債務，與他方之債務，互為抵銷（民法第 334 條第 1 項）。抵銷，應以意思表示，向他方為之。其相互間債之關係，溯及最初得為抵銷時，按照抵銷數額而消滅。前項意思表示，附有條件或期限者，無效（民法第 335 條）。

(2) 存證信函撰寫說明：

二人互負債務而欲互相抵銷者，程序上建議應以存證信函為之，但應注意在函中抵銷不可模糊不清或附有條件、期限，否則將會使抵銷無效，讀者不可不慎。

## 7. 買賣商品「瑕疵發見」的通知

(1) 買賣契約買受人應按物之性質，依通常程序從速檢查其所受領之物。如發見有應由出賣人負擔保責任之瑕疵時，應即通知出賣人。買受人怠於為前項之通知者，除依通常之檢查不能發見之瑕疵外，視為承認其所受領之物。不能即知之瑕疵，至日後發見者，應即通知出賣人，怠於為通知者，視為承認其所受領之物（民法第 356 條）。

(2) 存證信函撰寫說明：

出賣人雖然負有瑕疵擔保的義務（民法第 354 條），但為了使法律關係趨於穩定，買受人仍應儘速檢查其所受領之物，並應在發現瑕疵後「即時」（盡快）通知出賣人，否則將視為買受人承認所受領之物，而無法主張瑕疵擔保。因此，於買受物品後應仔細檢查有無瑕疵，如發現瑕疵，應儘速以存證信函通知出賣人是什麼瑕疵；同時，並可在存證信函中依民法第 359 條、第 360 條主張解約或減少價金、請求不履行之損害賠償等瑕疵擔保權利，以保障自身權益。

## 8. 買受人主張瑕疵後，出賣人得催告買受人是否要解除買賣契約

(1) 買受人主張物有瑕疵者，出賣人得定相當期限，催告買受人於其期限內是否解除契約。買受人於前項期限內不解除契約者，喪失其解除權（民法第 361 條）。

(2) 存證信函撰寫說明：

買受人依民法第 356 條規定發見（即發現）瑕疵並通知債權人後，如遲未有任

何主張，恐使雙方法律關係無法確定。因此，民法第 361 條明定出賣人有權定相當期間催告出賣人是否行使瑕疵擔保之權利，逾期不解除契約，即喪失解除契約的權利。

**9. 法定代理人對限制行為能力人未經同意自行簽訂契約之「承認」與否**

(1) 限制行為能力人未得法定代理人之（事前）允許，所訂立之契約，須經法定代理人之承認，始生效力（民法第 79 條）。前條契約相對人，得定一個月以上期限，催告法定代理人，確答是否承認。於前項期限內，法定代理人不為確答者，視為拒絕承認（民法第 80 條）。

(2) 存證信函撰寫說明：

限制行為能力人（7 歲以上未滿 20 歲）所訂立的契約，需經法定代理人（通常是父母）的承認，才會有效。另外，**如果法定代理人遲未表示是否承認該契約，則可發函限一個月以上時間催告是否承認，如法定代理人拒絕承認或逾期為表示意見，便會使契約無效。**

**10. 錯誤、受詐欺、脅迫的意思表示「撤銷」**

(1) 意思表示之內容有錯誤，或表意人若知其事情即不為意思表示者，表意人得將其意思表示撤銷之。但以其錯誤或不知事情，非由表意人自己之過失者為限。當事人之資格或物之性質，若交易上認為重要者，其錯誤，視為意思表示內容之錯誤（民法第 88 條，另參第 90 條明定撤銷應在 1 年內為之）。

(2) 因被詐欺或被脅迫而為意思表示者，表意人得撤銷其意思表示。但詐欺係由第三人所為者，以相對人明知其事實或可得而知者為限，始得撤銷之。被詐欺而為之意思表示，其撤銷不得以之對抗善意第三人（第 92 條，另參第 93 條應於瑕疵發見或脅迫終止後 1 年內為之，意思表示經過 10 年，亦同）。

(3) 存證信函撰寫說明：

不管是錯誤、受詐欺或脅迫的意思表示「撤銷」，法律上給予的時效都很短（只有 1 年），常一個不小心就錯過了。因此，這一類「意思表示撤銷」都非常重視時效性，不要因為對方刻意拖延而忽略了時效仍在進行。此外，就算曾經以「口頭」表示撤銷，除非有證人在旁可以證明，否則一旦對方否認便又淪為口說無憑。因此，**實務上皆以存證信函為撤銷的意思表示，一方面可以確實的證明撤銷的意思表示已經送達到對方，另一方面在時效上又可以切確的掌握期間日期，相當便利，讀者可多加利用。**

**參見附件 07：請求攜回子女律師存證信函範例**

## 11. 拋棄繼承通知次一順位繼承人

參見附件 08：拋棄繼承通知次一順位繼承人存證信函範例

(1) 我國現行繼承制度分為「概括繼承、限定責任」及「拋棄繼承」。原則上採概括繼承、限定責任，繼承人僅須以因繼承所得遺產為限，償還被繼承之人債務，不必以繼承人自己財產償還（民法第 1148 條第 2 項）。如果繼承人希望完全放棄被繼承人的財產及債務，即繼承人不管遺產償還被繼承人的債務後是否還有剩下的資產，繼承人都不繼承，則可以聲請拋棄繼承（民法第 1174 條第 1 項）。

(2) 繼承人欲辦理拋棄繼承，應於知悉得繼承時起 3 個月內，以書面向被繼承人住所地之法院提出聲請（民法第 1174 條第 2 項）。

(3) 繼承人欲辦理拋棄繼承，應向被繼承人死亡時之住所地的地方（少年及家事）法院提出聲請。

(4) 聲請拋棄繼承簡易流程圖：

**Key Word**

**民法第 1174 條**

繼承人得拋棄其繼承權。
前項拋棄，應於知悉其得繼承之時起三個月內，以書面向法院為之。
拋棄繼承後，應以書面通知因其拋棄而應為繼承之人。但不能通知者，不在此限。

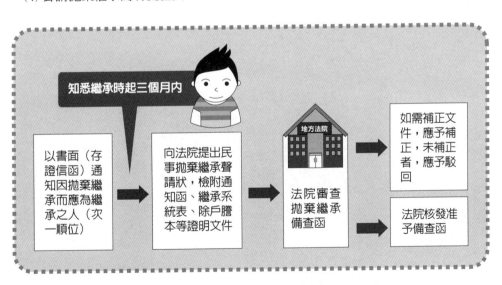

第 4 章

# 簽訂和解契約的適用範圍、效力及注意事項

# 什麼是和解契約？
# 什麼糾紛都可以和解嗎？

## Key Word

### 民事事件

民事事件是指涉及財產或身分等私權關係之事件。例如：買賣、租賃、僱傭、委任、保證、合會、旅遊、不動產所有權及其他物權、婚姻、收養、繼承、票據、保險等，皆為所謂民事事件。

## 和解契約：「互相讓步」的民事債權契約

1. 稱和解者，謂當事人約定，互相讓步，以終止爭執或防止爭執發生之契約（民法第 736 條）。

2. 和解有使當事人所拋棄之權利消滅及使當事人取得和解契約所訂明權利之效力（民法第 737 條）。

### 例如：車禍和解契約的雙方條件

肇事者（甲方）

甲方願賠償乙方新台幣○○萬元正。

被害人（乙方）

乙方就同一車禍案件不得為任何民事請求，亦不得提出刑事告訴（或應撤回刑事告訴）。

## 補充說明

1. 僅有一方讓步非和解契約，而是「債務承認」。

2. 和解契約的內容不是只要簽了就有效力，其內容必須合法、可能、確定（具體），日後在執行上才不會發生困難。

3. 和解契約內容僅有「債權」效力，沒有直接發生物權移轉的效力，仍然必須為「動產交付」或辦理「不動產所有權移轉登記」，應予注意。

## 和解契約的適用範圍（什麼事情可以和解？）

### 1.民事事件

| 可以和解 | 不可以和解 |
|---|---|
| 單純關於財產關係之事項，例如：金錢、貨品、股票、房屋、土地等。<br><br>夫妻住所、夫妻財產制約定、離婚後財產分配、贍養費、子女權利義務之行使。 | 單純身分關係的認定，例如：婚姻成立與否、離婚是否無效、親子關係存在與否等。 |

**Tips** 聲請保護令事件原則上不得進行調解或和解程序

1. 聲請保護令事件不得調解或和解（家庭暴力防治法第13條第7項）。
2. 法院於訴訟或調解程序中認為有家庭暴力之情事時，不得進行和解或調解。但有下列情形之一者，不在此限：
   (1) 行和解或調解之人曾受家庭暴力防治之訓練並以確保被害人安全之方式進行和解或調解。
   (2) 准許被害人選定輔助人參與和解或調解。
   (3) 其他行和解或調解之人認為能使被害人免受加害人脅迫之程序（家庭暴力防治法第47條）。

**Key Word**

### 刑事事件

刑事事件是指涉及國家刑罰權行使之事件。刑法即是規定「犯罪」及其「法律效果」的法律，亦即規定何種行為構成犯罪，以及犯罪行為應如何處罰的法律。刑事事件經常涉及犯罪行為人對被害人或其家屬的侵權行為損害賠償，這部分則是屬於民事事件，一般會依刑事附帶民事程序進行。

**Key Word**

### 告訴乃論

告訴乃論者乃告訴乃論之罪，須經有告訴權人之告訴，方得追訴論罪之謂。按犯罪是否以告訴為訴追條件，得分別為「告訴乃論之罪」與「非告訴乃論之罪」。告訴乃論之罪，其告訴不僅為偵查之起因，且為訴追條件，因而此類犯罪，未經告訴，檢察官不得逕行起訴，此類犯罪，須受告訴期間之限制（6個月）。

## 2. 刑事事件

刑事犯罪案件的和解，關鍵問題在於該犯罪的罪名告訴人在提起刑事告訴後，能不能在雙方達成和解後，「撤回」該告訴以使涉犯該罪之他方完全免除刑事責任；亦即，在告訴乃論犯罪部分，是可以由告訴人撤回告訴的；反之，如果是非告訴乃論，檢察官起訴與否並不受告訴人撤回告訴的限制，但實務上司法機關仍會斟酌情形，而給予緩起訴、緩刑或輕刑之處分。

| 告訴乃論 | 非告訴乃論 |
|---|---|
| ● 普通傷害<br>● 過失傷害（車禍）<br>● 侵入住居<br>● 妨害名譽及信用罪章（公然侮辱、誹謗、妨害信用）<br>● 妨害秘密罪章（不包括意圖營利、散布便利他人妨害秘密）<br>● 毀損 | ● 侵害國家、社會法益之犯罪<br>● 竊盜罪（不含親屬間）<br>● 侵占罪（不含親屬間）<br>● 詐欺罪（不含親屬間）<br>● 背信罪（不含親屬間）<br>● 重利罪<br>● 妨害性自主罪章之犯罪（不包括對配偶強制性交罪）<br>● 妨害風化罪章<br>● 公共危險（肇事逃逸） |

**Tips** 告訴乃論須注意告訴告訴期間

告訴乃論之罪，告訴應自得為告訴之人知悉犯人之時起，於六個月內為之。得為告訴之人有數人，其一人遲誤期間者，其效力不及於他人（刑事訴訟法第237條）。

## 3. 行政上爭議的和解

| 代替行政處分之和解契約<br>（行政程序法第136條） | 行政訴訟中不違反公益案件得<br>試行和解（行政程序法第219條） |
| --- | --- |
| 行政機關對於行政處分所依據之事實或法律關係，經依職權調查仍不能確定者，為有效達成行政目的，並解決爭執，得與人民和解，締結行政契約，以代替行政處分。 | 當事人就訴訟標的具有處分權且其和解無礙公益之維護者，行政法院不問訴訟程度如何，得隨時試行和解。受命法官或受託法官，亦同。第三人經行政法院之許可，得參加和解。行政法院認為必要時，得通知第三人參加。 |

## ▷ 你應該知道的行政訴訟真相！

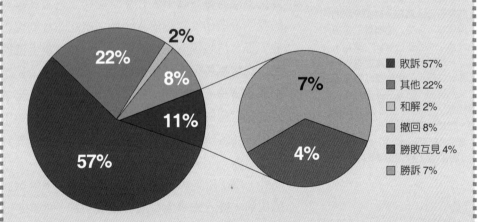

104年高等行政法院行政訴訟第一審案件終結情形

22% 2% 8% 11% 57%

7% 4%

- ■ 敗訴 57%
- ■ 其他 22%
- □ 和解 2%
- ■ 撤回 8%
- ■ 勝敗互見 4%
- ■ 勝訴 7%

1. 行政訴訟的案件量自民國95年的8,911件下滑至104年的3,036件，顯示行政訴訟案件量有明顯減少的趨勢，筆者認為這應該不是民眾對於行政機關的處分更加信賴，而應該是因為對於行政法院的判決更難期待獲得救濟，因而降低民眾提起行政訴訟的意願。
2. 提起行政訴訟後一審終結的結果，僅有不到7%的案件可以完全獲得救濟，僅約4%的案件則可以獲得部分救濟，約九成案件無法獲得民眾期待的救濟結果。
3. 提起行政訴訟後一審終結的結果，約有2%的案件可以在訴訟中獲得和解（104年度有67件），不失為折衷妥協的行政救濟方案。

# 17 和解契約簽訂後會發生什麼效力？

**Key Word**

**證據契約**

當事人間以合意就特定訴訟標的所為關於如何確定事實，或以何種方法確定事實之證據方法，謂之證據契約。例如約定：關於一定事實，須提出一定之證據，始有其證據價值；關於一定事實，不問是否符合真實，均須承認而不得爭執；火災、海難等一定損害發生之原因或損害額之算定，須以一定第三人之鑑定為準；關於非明文規定的舉證責任之變更等。凡契約內容於公益無妨害，且當事人原有自由處分之權限者，均應承認其為有效。

（最高法院88年度台上字第1122號民事判決意旨參照）

## 法律上的效力（民法第737條）

1. 使當事人所拋棄之權利消滅之效力。
2. 使當事人取得和解契約所定權利之效力。

## 確認事實的效力

1. 實務上常見雙方當事人在和解契約中為確認事實的說明，例如：確認借款金額、確認非故意傷害他人等，然該等確認事實的記載，在民事上或許可以認定為訴訟外不爭執事項，但在刑事上認定犯罪事實時，對於司法機關並沒有拘束力，至多只是法官自由心證的參考。例如：強盜行為並不會因為和解時雙方記載是誤會一場，就不會受到刑事追訴。

2. 此外，為了避免調查證據的困難，或在爭議徹底解決前，雙方當事人可訂立和解契約，就鑑定方法或日後之處理方式先行約定，而預先達成初步的和解契約，法律上亦無不可。

## Tips　車禍發生時不要輕易當場和解

　　實務上常見在車禍發生當下，處理員警到場後自行判斷肇事責任後即當場勸車禍雙方和解，直接在現場事故圖空白處簽立類似：「甲○○（車牌號碼：○○○○-AA）就本件車禍，願賠償乙○○（車牌號碼：○○○○-BB）因車禍所生一切損害。乙○○願拋棄刑事告訴權。」的文句，再由雙方簽名確認，但事實上員警並沒有判斷肇事責任的權限，而這樣簡易的和解方式具備完全的和解契約效力，因此常常發生對方獅子大開口，要修車廠把「舊的」零件全換了，事後常常因此發生糾紛，因此建議讀者在車禍現場無論如何，都不要隨便跟對方和解，一切依程序處理。

1. 具備和解契約效力，雖然不能馬上強制執行，但仍然可以起訴請求依約賠償。
2. 不需再認定肇事責任歸屬及過失比例，日後也無法再爭執。
3. 賠償範圍沒有特定，容易發生範圍擴大，是否是該次車損無法認定的狀況。
4. 零件、材料仍然要扣除折舊，但修理工資不予折舊，另需再賠償因車禍造成的市場價值貶損。

# 和解契約簽訂後可以反悔（撤銷）嗎？

## ▶ 和解契約簽訂後可否撤銷？

**Key Word**

最高法院 85 年度台上字第 2091 號民事判決

當事人之一方，對於他方當事人之資格有錯誤而為和解者，依民法第738條第3款之規定，固得以錯誤為理由而撤銷和解。惟查所謂對於他方當事人之資格有錯誤，係指對於和解相對人之年齡、性別、學經歷、職業、專長、才能、資力等有所誤認之動機錯誤而言。

1. 原則：和解不得以錯誤為理由撤銷之。
2. 例外：（民法第 738 條）
   （1）和解所依據之文件，事後發見為偽造或變造，而和解當事人若知其為偽造或變造，即不為和解者。

   例如：和解依據之診斷證明書經查為變造或偽造。

   （2）和解事件，經法院確定判決，而為當事人雙方或一方於和解當時所不知者。
   （3）當事人之一方，對於他方當事人之「資格」或對於「重要之爭點」有錯誤，而為和解者。

   例如：誤認他方為債權人而與之和解。

   例如：車禍案件中誤判傷勢，未料傷勢惡化。

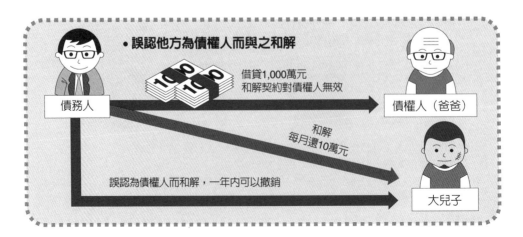

• 誤認他方為債權人而與之和解

債務人 → 借貸1,000萬元 和解契約對債權人無效 → 債權人（爸爸）

和解 每月還10萬元

誤認為債權人而和解，一年內可以撤銷 → 大兒子

• 車禍案件中誤判傷勢

和解
（給付損害賠償
10萬元）

107年
1月1日

只有骨折
應該會痊癒
同意和解

• 傷勢比想像中嚴重

誤判傷勢，日後因後遺症
惡化，一年內可以撤銷和
解契約，但超過一年就不
能撤銷！

107年
1月15日

骨科
診所

可請求
撤銷和解

會終身
殘廢

**ips**　　　和解撤銷須在成立後一年內為之！

　　對於和解之撤銷，既係以錯誤為原因，則民法第90條關於以錯誤為原因，行使撤銷權除斥期間之規定，於此當有其適用（最高法院83年台上字第2383號判例參照）。換言之，對於他方「資格」或「重要之爭點」有錯誤而欲撤銷和解契約者，應於和解成立後「一年」內行使其撤銷權。

圖解實用民事法律　第四章・簽訂和解契約的適用範圍、效力及注意事項

55

**3. 撤銷和解契約的程序**

(1) 原則（一般和解契約的撤銷程序）：

依民法第 116 條第 1 項規定，應於 1 年內以意思表示為之（建議以存證信函方式）。

(2) 例外：

① 訴訟上和解或法院移付而成立之民事調解，倘有無效或得撤銷之原因，應在成立訴訟上和解後 30 日內向法院請求繼續審判（民事訴訟法第 380 條第 3 項準用第 500 條第 1 項、鄉鎮市調解條例第 29 條第 2 項）。

② 民事調解成立經法院核定後有無效或得撤銷之原因，當事人得於調解書送達後 30 日內，向原核定法院提起宣告調解無效或撤銷調解之訴（鄉鎮市調解條例第 29 條第 1 項）。

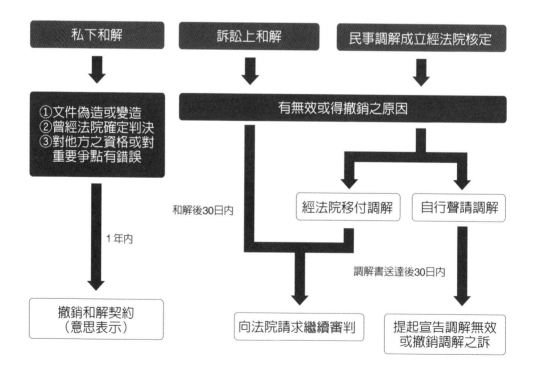

**Tips** 和解契約原則上對第三人不生效力

　　和解契約是債權契約，僅在當事人間具有債權效力（債之相對性），除非第三人參與和解並成為和解契約之當事人之一，否則即使載明涉及第三人的事實或條款，對於第三人也不會產生任何效力，讀者應特別注意。

### 4. 訴訟上和解後仍有「情事變更」原則的適用

　　成立訴訟上和解後，該和解依民事訴訟法第 380 條第 1 項規定即與確定判決有同一效力，故如該和解內容尚未實現，而於和解成立後因「情事變更」而顯失公平者，當事人得更行起訴請求變更和解之內容（民事訴訟法第 397 條第 2 項），但實務上並不常見，且「情事變更」與否舉證亦甚困難，讀者需審慎主張。

**Key Word**

#### 民法上的無效或得撤銷原因

（1）無效：指該自始、確定、當然、絕對之不發生效力。例如：標的自始客觀不能（民法第 246 條）、標的不適法（民法第 72 條）。

（2）得撤銷：指因瑕疵而賦予一方撤銷權，經撤銷後始視為自始無效。例如：被詐欺、脅迫之撤銷（民法第 92 條）、暴利行為之撤銷（民法第 74 條）、當事人之資格或物之性質錯誤之撤銷（民法第 88 條）。

**Key Word**

#### 情事變更原則

情事變更原則，乃現代法學主要原則之一，最初適用於民法，為「誠實信用原則」之另一表現。所謂情事變更原則，乃法律關係（以基於法律行為所成立之法律關係為主要）發生後至法律效力完成前，為法律效力發生原因之法律要件之基礎或環境之情事，因不可歸責於當事人之事由，致發生非當時所得預料之變更，如仍貫徹原有之效力，顯失公平而有違誠信原則，應認其法律效力有相當變更之法律規範。

57

# 簽訂和解契約以及各種和解契約類型之簽訂的注意事項

## 簽訂和解契約的一般注意事項

**1. 確認當事人具有行爲能力**

應核對雙方身分證明文件及照片；一方如爲公司，則應要求核對公司登記文件。

**2. 簽訂和解契約的代理人需具備「特別」代理權**

一般而言，受任人如受「概括委任」時，原則上受任人可以爲一般法律行爲，但依民法第534 條規定，下列行爲則須有委任人之特別授權（建議讀者應檢查「書面特別授權」並核對印章、印鑑證明或公司變更事項登記卡之公司大小章）：

(1) 不動產之出賣或設定負擔。

(2) 不動產之租賃其期限逾二年者。

(3) 贈與。

(4) 和解。

(5) 起訴。

(6) 提付仲裁。

**3. 如有責任保險，應通知責任保險人派員到場參與**

依保險法第 93 條規定，責任保險人得約定被保險人對於第三人就其責任所爲之承認、和解或賠償，未經其參與者，不受拘束。因此，目前實務上保險契約多會約定被保險人對於第三人就其責任所爲之承認、和解或賠償，需通知責任保險人於承認、和解或賠償等行爲時到場。職是，在有責任保險理賠的情況下，簽訂和解契約前應通知責任保險人到場參與（通常保險公司會指派理賠人員到場協助），以免保險公司事後主張不受該和解契約的拘束，導致賠償一方需自行吸收賠償額，而無法請求第三人責任之理賠。

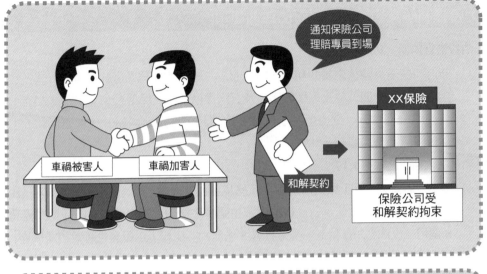

### 4. 和解契約如涉及「稅務問題」應事先考量

　　和解契約如有財產給付內容，亦會涉及各項稅務問題，建議讀者在進行和解時可將稅務成本預先加以考量。以下謹就有關和解契約的稅務問題，說明如次：

(1) 和解金如係在填補債權人所受之損害，屬於損害賠償性質，可免納所得稅。

(2) 和解金如非填補債權人損害之給付，則屬於所得稅法第 14 條第 1 項第 10 類所稱「其他所得」，仍應課徵所得稅。

(3) 此外，因和解所拋棄或免除之債權，就公司等營利事業而言，則可將該等不能回收之債權，應列為所得稅法第 49 條第 5 項之呆帳損失。

## 各種和解契約類型之簽訂的注意事項

**1. 消費借貸糾紛之和解契約**

(1) 簽訂消費借貸關係之契約和解，需注意借款數額的確認、借款返還的方式（包括是否同意分期付款及每期數額）及有無提供擔保或保證人。

(2) 如同意分期付款，則應附加著明「一期遲延視為全部到期」（加速條款），以保障貸與人之權利。

**2. 給付貨款糾紛之和解契約**

(1) 商人、製造人、手工業人所供給之商品及產物之代價，其消滅時效僅有2年（民法第 127 條第 8 款）；對於貨物瑕疵主張解除契約或減少價金之除斥期間僅有6個月（民法第 365 條），雙方宜儘速處理相關糾紛，以免發生時效抗辯問題。

(2) 給付貨款糾紛之和解契約，應注意給付貨款金額、貨款給付之方式（包括是否同意分期付款及每期數額）及有無提供擔保或保證人。

**3. 合夥關係之和解契約**

(1) 如因「退夥」而進行結算，法律上應先返還合夥債務，而後返還合夥出資，如合夥財產有剩餘，才按出資比例分配利益之成數。因此，出資返還或利益分配之前提仍在合夥帳目之釐清。

(2) 合夥財產不足清償合夥債務時，各合夥人對不足之額應負連帶責任（民法第 681 條）。因此，在簽立合夥關係之和解契約時，縱令寫明某合夥人因結算後解除合夥債務之責任，對債權人亦不生效力。

(3) 宜附帶條款約定日後如有合夥關係存續中所發生之債務，合夥人內部間應依如何之比例分擔。

**4. 妨害名譽案件之和解契約**

(1) 妨害名譽案件之和解契約，需注意加害一方給付慰撫金賠償之數額及給付之方式，如有「道歉信函」的要求，其道歉之時間、期間、內容、方式均應於契約附件中約明，甚至可以約定不履行時之違約金。

(2) 受害者如尚未提起告訴，應約定放棄一切追訴民、刑事責任；如已提起告訴，則應約定撤回告訴（但仍建議讀者應在加害者已確實履行和解契約之義務後，再行具狀撤回告訴，以免事後發生未確實履行和解條件的情形；反之，加害人履行和解條件時，則可同時要求被害人直接交付撤回告訴狀正本，由加害人自行向法院或地檢署遞狀）。

**5. 侵害配偶權案件之和解**

(1) 109 年 5 月 29 日大法官釋字第 791 號宣示刑法第 239 條「通姦罪」及刑事訴訟法第 239 條但書「可單獨對配偶撤告」，違反性自主權及比例原則，均爲違憲。從此以後，將不會再發生只處罰相姦的第三者、不處罰通姦的外遇者的荒謬現象。因此，和解時也就不用再記載撤回告訴或不得提起刑事告訴等刑事相關事項。

(2) 由於刑法第 239 條「通姦罪」已宣告違憲，檢警機關將不再偵辦此類妨害家庭刑事案件，過去常見配偶和徵信社一起找警察破門而入的現象，將不會再發生。不過，未來徵信社調查外遇事實，仍然能爲委託人在進行民事侵害配偶權訴訟請求損害賠償時，提供觀察委託人的配偶有無外遇、外遇對象、發展的階段，以及發生關係的地點通常在哪的證據，這些證據對於將來離婚及請求外遇配偶和小三賠償等，仍然非常重要。

(3) 當有足夠證據證明配偶外遇時（民事上稱爲侵害配偶權），受侵害的配偶可以依民法第 195 條規定，請求外遇的配偶和小三（或小王）「連帶」賠償。這裡的賠償性質上是屬於「非財產上」的損害，也就是所謂的「精神慰撫金」，和解金額也只是針對此類損害加以賠償，司法實務的做法是讓法官審酌各種因素，來綜合判斷，包括：

①加害情形或手段。

②對受害配偶所造成的影響。

③受害人心理痛苦的程度。

④雙方的身分地位經濟情形。

⑤其他因素，比如雙方平時關係親疏等。

**6. 強制性交罪案件之和解契約**

(1) 所謂強制性交罪（刑法第 221 條）、強制猥褻罪（刑法第 224 條），除對「配偶」犯之者爲告訴乃論外，其餘皆爲非告訴乃論之罪，縱於和解契約中約定告訴人應撤回告訴，亦僅是緩起訴或緩刑、輕刑與否之參考。

(2) 對 16 歲以下或 14 歲以下之人爲性交者，係涉犯刑法第 227 條準強制性交罪，縱然是雙方「合意」發生性行爲，也會構成犯罪；且除非加害人於犯罪時未滿 18 歲（刑法第 229-1 條），否則皆「非」告訴乃論之罪，即使被害人事後願意撤回告訴，亦無濟於事。

**Key Word**

**刑事訴訟法第 239 條**

告訴乃論之罪，對於共犯之一人告訴或撤回告訴者，其效力及於其他共犯。但刑法第二百三十九條之罪，對於配偶撤回告訴者，其效力不及於相姦人。

(3) 限制行為能力人犯上開之罪，如其行為時有識別能力，法定代理人依法需負連帶責任，宜一併參與和解。另 7 歲以上未滿 20 歲之人，雖可以自己名義簽訂和解契約，但仍需經法定代理人之代理（或事後承認）。

**7. 車禍過失傷害（或過失致死）案件之和解契約**

(1) 車禍過失傷害（或過失致死）案件之和解契約，應注意約明「和解數額」及「給付方式」（沒有約定可以分期，就不能分期給付），或甚至載明願逕受強制執行並經公證，以儘速取得強制執行名義。

(2) 車禍「過失傷害」案件為告訴乃論之罪，宜約定於給付賠償後應撤回刑事告訴；但過失致死則非告訴乃論，縱約定應撤回告訴，檢方或刑事法院皆不受拘束，只是經陳報和解契約後，檢方或院方都會從輕處理。

(3) 7 歲以下之人，需由法定代理人「直接」代理；另 7 歲以上未滿 20 歲之人，雖可以自己名義簽訂和解契約，但仍需同時經法定代理人（父母二人都要同時簽名）的代理簽署（或事後承認）。

**參見附件 09：車禍和解契約書例稿**

**8. 夫妻財產分配爭議之訴訟上和解**

(1) 性質上屬於訴訟上和解，依民事訴訟法第 380 條第 1 項規定與確定判決有同一效力。

(2) 因為會涉及稅務問題，建議將夫妻財產分配之標的清楚載明屬於夫妻剩餘財產分配，且有離婚協議而未履行夫妻財產分配的情形，應該檢附離婚協議書為法院和解筆錄的附件，以免遭國稅局認定是屬於調解移轉，而無法節稅。

# 第 5 章

# 車禍糾紛的處理程序、權益保障與調解程序

# UNIT 20 一般車禍糾紛的處理流程為何？

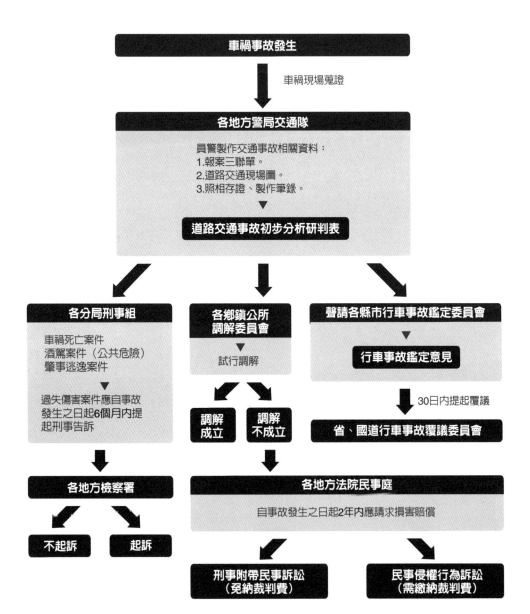

車禍事故發生

車禍現場蒐證

**各地方警局交通隊**

員警製作交通事故相關資料：
1. 報案三聯單。
2. 道路交通現場圖。
3. 照相存證、製作筆錄。

道路交通事故初步分析研判表

**各分局刑事組**

車禍死亡案件
酒駕案件（公共危險）
肇事逃逸案件

過失傷害案件應自事故發生之日起6個月內提起刑事告訴

**各鄉鎮公所調解委員會**

試行調解

調解成立　　調解不成立

**聲請各縣市行車事故鑑定委員會**

行車事故鑑定意見

30日內提起覆議

省、國道行車事故覆議委員會

**各地方檢察署**

不起訴　　起訴

**各地方法院民事庭**

自事故發生之日起2年內應請求損害賠償

刑事附帶民事訴訟（免納裁判費）　　民事侵權行為訴訟（需繳納裁判費）

## Tips

1. 處理程序上應特別注意刑事過失傷害告訴的6個月期間、建議刑事過失傷害起訴後隨即提起刑事附帶民事訴訟；如另提民事損害賠償訴訟，則應注意侵權行為的2年時效。

2. 「道路交通事故初步分析研判表」和「行車事故鑑定意見」可以作為和解（或調解）時的參考，有助於認定過失比率計算賠償額分擔，相當重要，記得盡快向承辦員警申請。

3. 道路交通事故案件需當場通知警方到場處理且案件有人員死亡或受傷者，道路交通事故案件當事人或利害關係人，得於下列期間申請提供相關資料：

   (1) 於事故7日後得申請提供「道路交通事故現場圖」。

   (2) 於事故7日後得申請提供「現場照片」。

   (3) 於事故30日後得申請提供「道路交通事故初步分析研判表」。

參見附件 10：道路交通事故資料申請書（參考範例）

參見附件 11：核發民眾申請事故肇因研判表作業程序

### 車禍現場蒐證

一般車禍現場處理員警進行現場蒐證的程序如下：（1）確認肇事者雙方身分；（2）實施酒測、現場勘查、測繪、攝影、跡證採集。蒐證重點：現場概況、地面痕跡及散落物、人車損傷之痕跡、程度及附著物狀況、肇事過程中人車動態及各關係地點之確定；（3）現場測繪（草）圖應請當事人在場簽章確認。

**注意事項：**

一、於處理員警進行車禍現場蒐證時，可以要求蒐證、記載有利於自己的事項。

二、如果認為處理員警現場繪測（草）圖與現場不符，應當場要求更正，如未更正，則應加註意見後再行簽名，或拒絕簽名。

## 道路交通事故初步分析研判表範例

<table>
<tr><td colspan="7" align="center">宜蘭縣政府警察局道路交通事故初步分析研判表</td></tr>
<tr><td>肇 事<br>時 間</td><td colspan="2">102年03月18<br>日18時30分</td><td>肇事地點</td><td colspan="3">宜蘭縣宜蘭市宜興路(宜興橋北端)</td></tr>
<tr><td rowspan="3">吳○○</td><td>當事人</td><td>車輛種類</td><td>車牌號碼</td><td>駕駛人姓名</td><td colspan="2">住址</td></tr>
<tr><td></td><td>自用小客車</td><td>9T-</td><td>吳</td><td colspan="2">宜蘭縣宜蘭市　　街　號</td></tr>
<tr><td colspan="6">初步分析研判可能之肇事原因(或違規事實)：<br>在劃有槽化線路段違規迴車。</td></tr>
<tr><td rowspan="3">陳○○</td><td>當事人</td><td>車輛種類</td><td>車牌號碼</td><td>駕駛人姓名</td><td colspan="2">住址</td></tr>
<tr><td></td><td>普通重型機車</td><td>-105</td><td>陳○○</td><td colspan="2">宜蘭縣宜蘭市慈安路80巷　弄　號</td></tr>
<tr><td colspan="6">初步分析研判可能之肇事原因(或違規事實)：<br>疑似未注意車前狀態。</td></tr>
<tr><td rowspan="2"></td><td>當事人</td><td>車輛種類</td><td>車牌號碼</td><td>駕駛人姓名</td><td colspan="2">住址</td></tr>
<tr><td></td><td></td><td></td><td></td><td colspan="2"></td></tr>
<tr><td colspan="7">此致<br><br>　　　吳　　　小姐/先生　　　承辦人：<br><br>　　　　　　　　　　　　　　　核發單位：<br><br>　中　華　民　國　　　　　　　　　　　　　　年　　月　　日</td></tr>
</table>

附註：
一、本表係警察機關依道路交通事故處理辦法第10條所為之初步分析研判，不作為保險業者理賠當事人之完全依據，對於肇事原因如有疑義，仍應以「公路法」第67條所定車輛行車事故鑑定委員會鑑定之結果或法院之判決為最終之確定。
二、當事人等得依「車輛行車事故鑑定及覆議作業辦法」之規定，向交通部公路總局臺北區監理所基宜區行車事故鑑定委員會申請鑑定(地址:宜蘭縣五結鄉中正路二段9號2樓、電話03-9651467)。

**道路交通事故現場圖範例**

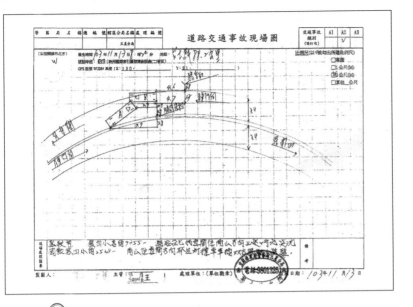

圖解實用民事法律 | 第五章・車禍糾紛的處理程序、權益保障與調解程序

## Tips　線上申請現場圖及照片、初步分析研判表

1. 目前各級縣市政府警察局交通大隊已有提供民眾線上申請「交通事故現場圖及照片」、「初步分析研判表」，讀者可於事故發生7日後上網提出申請。

2. 線上申請的方式優點是可以「下載」交通事故現場圖及照片的檔案，而不是僅取得紙本。如於案件結案前申請現場圖及照片，係領取處理員警現場製作之現場圖及照片。如於案件結案後申請現場圖及照片，係領取經過交通警察大隊審核之現場圖及照片，可能與員警第一時間製作之資料不同（新增註解或補充更正）。

3. 取得交通事故現場圖及照片的檔案，對於日後如果不服初步分析研判表所認定的可能肇事原因，而欲向行車事故鑑定委員會申請鑑定時，直接於交通事故現場圖或照片電子檔修改人、車位置、說明事故發生情形或註記行進方向、撞擊位置、刮痕、煞車痕、散落物位置後，再作為附件提出申請，是最便利有效的方式。尤其當事故現場沒有監視錄影或行車紀錄時，肇事責任的認定幾乎都是依靠這數張「紙」的記載來決定，且一旦行車事故委員會鑑定報告已經為不利認定，日後很難再有翻盤的機會，所以相關的說明文件必須準備充分，取得交通事故現場圖及照片的檔案就顯得相當重要。

**參見附件 12：交通事故資料申請系統網頁列印**

# UNIT 21 車禍會涉及什麼「刑事責任」？何謂刑事「附帶民事訴訟」？

## ▷ 車禍案件可能會涉及的刑事責任

**1.** 過失傷害（刑法第 284 條，告訴乃論）。

**2.** 過失致死（刑法第 276 條，非告訴乃論）。

**3.** 醉態駕駛罪（刑法第 185-3 條，非告訴乃論）。

**4.** 肇事逃逸罪（刑法第 185-4 條，非告訴乃論）。

**Tips**　　如何防範涉犯肇事逃逸罪

1. 依道路交通管理處罰條例第62條第1項規定，汽車駕駛人於事故發生致人受傷或死亡時，應採取救護及其他必要救護措施，並向警察機關報告，不得駛離（無論有無肇事責任）。

2. 違反前述應採取救護及其他必要救護措施的義務，即可能會構成肇事逃逸罪（刑法第185-4條）。

3. 實務上偶見輕微事故當場同意互不追究，受傷一方卻事後向警方檢舉他方肇事逃逸之情形，藉機敲詐。因此，筆者建議即使當場同意互不追究，也要互相留下通訊方式並當場撥打確認。可以的話，最好當場互相傳送簡訊確認「和解」的意思，以免後患。

4. 如遇有嚴重事故，現場如有目擊證人或他車行車紀錄器，務必請其作證或提供行車紀錄影像，並告知到場處理員警有何證據可以提供調查。

5. 大法官做出第777號解釋後，「非因駕駛人之故意或過失」（因不可抗力、被害人或第三人之故意或過失）所致之事故，即使離開事故現場，也不會構成肇事逃逸罪。因為大法官認為並非一般受規範者所得理解或預見，違反法律明確性原則。不過大法官同時也認為「出於駕駛人故意或過失」所致之事故，仍會構成刑法第185-4條的肇事逃逸罪，應特別注意。

## ▶ 道路交通管理處罰條例第86條之加重與減輕

1. 汽車駕駛人，無駕駛執照駕車、酒醉駕車、吸食毒品或迷幻藥駕車、行駛人行道或行經行人穿越道不依規定讓行人優先通行，因而致人受傷或死亡，依法應負刑事責任者，加重其刑至二分之一。

2. 汽車駕駛人，在快車道依規定駕車行駛，因行人或慢車不依規定，擅自進入快車道，而致人受傷或死亡，依法應負刑事責任者，減輕其刑。

## ▶ 性質為「非告訴乃論」案件

車禍死亡案件、酒駕案件、肇事逃逸案件，性質上是屬於「非告訴乃論」的案件，檢察官依法應主動加以偵查追訴。惟被害人若僅身體受有輕傷害時，係屬告訴乃論之罪（重傷害則非告訴乃論），被害人須在 6 個月內，向承辦員警或檢察官提出告訴，否則檢警將不會進行追訴，逾期提起告訴，也會為不起訴或不受理之判決。

## ▶ 誰有權對肇事者提出告訴？（告訴權人）

**1.** 被害人：車禍發生時直接被撞擊而受有傷亡之人。

**2.** 被害人之法定代理人或配偶。

**3. 補充告訴權人**

被害人已死亡者，得由其配偶、直系血親、三親等內之旁系血親、二親等內之姻親或家長、家屬提出告訴。但不得與被害者明示之意思相反。

**4.** 檢察官指定之代行告訴人。

**Tips**

　　非告訴乃論之罪之告訴權人（如死者的父母、配偶、子女），筆者仍建議應提出告訴，以免一旦被告獲得不起訴處分時，無法提出刑事再議聲請。

## ▶ 起訴後該如何處理

起訴後，應盡快提起刑事附帶民事損害賠償訴訟，且最遲應於言詞辯論終結前提起：

**1.** 因犯罪而受損害之人，於刑事訴訟程序得附帶提起民事訴訟，對於被告及依民法負賠償責任之人，請求回復其損害（刑事訴訟法第 487 條第 1 項）。

**2.** 提起刑事附帶民事訴訟，應於刑事訴訟起訴後第二審辯論終結前為之。但在第一審辯論終結後提起上訴前，不得提起（刑事訴訟法第 488 條）。

參見附件 13：車禍過失傷害刑事告訴狀範例

參見附件 14：車禍過失傷害刑事附帶民事起訴狀範例

### 3. 提起刑事附帶民事訴訟的優點與缺點分析

**優點**

提起刑事附帶民事訴訟免納裁判費用，如果請求賠償的金額較高，應選擇刑事附帶民事較為有利。

檢察官對於刑事案件之審理負有舉證責任，其所蒐集之證據資料經被害人調閱刑事案件卷宗後，皆可援引，可有效降低被害人訴訟舉證的勞費與困難。

**缺點**

刑事偵查程序萬一過於冗長，被害人應特別注意在事故發生時起「二年」內提起附帶民事訴訟，且若沒有配合保全程序（假扣押執行），易使被告有脫產的機會。

刑事案件要達到有罪起訴的心證門檻較高，一旦刑事訴訟判決無罪，當事人如果沒有聲請移送民事庭審判，則民事訴訟部分也會被駁回（附帶民事起訴狀中即可同時聲請）。此外，附帶民事訴訟若未移送民事庭，想要上訴的話，須附帶於刑事訴訟。

**Tips** 附帶民事請求金額不要過低，要保留增加金額的空間

　　雖然刑事附帶民事損害賠償請求免繳裁判費，但是免繳的範圍僅以刑事附帶民事請求時所請求的金額為限，日後一旦移付民庭審理，而有「追加賠償金額的必要」或者是有關「財產毀損的損害賠償請求」，都會追徵裁判費。因此，在合理（說得過去）範圍內，刑事附帶民事損害賠償的請求金額應該要從寬請求，以免日後還要補繳裁判費。

# 車禍糾紛的「民事」損害賠償範圍（數額）與其處理程序

## 請求損害賠償的請求權基礎（法條依據）

1. 侵權行為（民法第 184 條）。
2. 共同侵權行為（民法第 185 條）。
3. 無／限制行為能力人之法定代理人連帶責任（民法第 187 條）。
4. 僱用人連帶責任（民法第 188 條）。
5. 動力車輛駕駛人應證明已盡相當之注意（民法第 191-2 條）。
6. 不法侵害他人致死（民法第 192 條）。
7. 不法侵害他人之身體或健康（民法第 193 條）。
8. 父、母、子女及配偶精神慰撫金（民法第 194 條）。
9. 不法侵害他人之身體、健康、名譽、自由、信用、隱私、貞操，或不法侵害其他人格法益而情節重大者（民法第 195 條）。

## 侵權行為的請求時效

1. 自請求權人知有損害及賠償義務人時起：2 年。
2. 自有侵權行為時起：10 年。
3. 「與有過失」之比例減輕賠償金額（民法第 217 條）。
4. 賠償將致賠償義務人之生計有重大影響時，法院得減輕其賠償金額（民法第 218 條）。
5. **侵權行為損害賠償請求權人**

   (1) 被害人死亡時

   A. 可向加害人請求損害賠償之人

   ①為死者支出殯葬費之人。

   ②在死者生前，為其支出醫療及增加生活上需要之費用之人。

   ③死者在法律上須扶養之人。

④死者之父、母、子女及配偶。
⑤死者之繼承人。

B. 被害人死亡時可以請求賠償之範圍
　①殯葬費（以必要費用為限，一般行情在30
　　萬到70萬間不等，收據並應逐項列明支出
　　明細）。
　②在死者生前所支出之醫療及增加生活上需
　　要，或其他財產上損害賠償。

**Tips**

　被害人生前自己支出之醫藥費，及因傷不能
工作的停業所失利益係屬財產上損害，被害人
的繼承人得繼承該損害賠償債權，進而請求加
害人賠償。

**Key Word**

**被害人與有過失**

在加害人與被害人均有故意或過
失的情形下，計算雙方民事損害
賠償的數額應適用與有過失的規
定，減輕或免除加害人的損害賠
償責任。在實務上的表現，就是
所謂的肇事主因、次因，比例計
算加害人應分攤的損失。
例如：被害人因車禍事故發生損
害是100萬元，加害人與被害人
互有過失（各50%），那麼被害
人只能向加害人請求50萬元的損
害賠償。

**參考條文**
民法第217條
損害之發生或擴大，被害人與有
過失者，法院得減輕賠償金額，
或免除之。
重大之損害原因，為債務人所不
及知，而被害人不預促其注意或
怠於避免或減少損害者，為與有
過失。
前二項之規定，於被害人之代理
人或使用人與有過失者，準用
之。

**Key Word**

**增加生活上的需要**

所謂增加生活上的需要，是指被
害人在事故前沒有相關需要，因
事故發生而受害後，始有支付
相關費用的需要。例如：醫療費
用、整形手術費或裝置義肢、義
眼、醫療期間必要之看護費用、
照顧家庭及幼兒費用等，均可以
請求加害人損害賠償。

③扶養費用的損害賠償

　　以受扶養權利人日後受扶養的期間，及扶養義務人（死者）可推知的生存期間（平均餘命，附件15）等來加以計算。惟其性質屬將來之請求，故依法應扣除中間利息（依霍夫曼一次係數表與計算法，附件16）。至於扶養期間內，每年每月的扶養費計算標準，則應按受扶養權利人之需要，與扶養義務人（死者）的經濟能力及身分定之。如無相關資料可資推算時，實務上通常以政府公布的每人每月平均支出為準（台灣地區平均每人每月消費支出新台幣22,881元）。

④精神慰撫金（非財產上損害賠償）

　　死者之父、母、子女及配偶可請求精神慰撫金，其金額多寡是依死者及肇事者的身分地位、家境、經濟能力，與家屬的親疏關係及其他一切情事決定數額。

**參見附件 15：全國簡易生命表**

**參見附件 16：霍夫曼一次係數表與計算法**

**參見附件 17：100 年至 108 年每人每月消費支出**

## Tips

　　死者自己本身的精神慰撫金，性質上專屬於死者，除非死者死亡前已起訴或經肇事者依契約承諾賠償，否則不得由死者之繼承人繼承之（民法第195條第2項）。因此，筆者建議這部分如果有必要請求，在發生嚴重的車禍事故而危急受害者生命時，應在其生前提起民事侵權行為損害賠償訴訟（可僅先表明全部請求之最低金額），或經肇事者依契約承諾賠償死者本身的精神慰撫金。

請求賠償
（可先聲請假扣押）

1. 醫療費用
2. 增加生活上需要的費用
   （交通費、看護費、保姆費）
3. 喪失或減少勞動能力
4. 無法工作的薪資
5. 精神慰撫金

**Tips**

如何判斷被害人是否對於第三人負有法定扶養義務？如何計算扶養費？

1. 發生車禍時，如果被害人對於第三人負有法定扶養義務，加害人對於該第三人依法也應負損害賠償責任（民法第192條第2項）。而所謂法定扶養義務的受扶養者範圍與程度，是依據民法第1114條、第1116條及第1116-1條等規定來決定，可簡要表解如下：

| 順序 | 一 | 二 | 三 | 四 | 五 | 六 | 七 |
|---|---|---|---|---|---|---|---|
| 身分 | 直系血親尊親屬、配偶 | 直系血親卑親屬 | 家屬 | 兄弟姊妹 | 家長 | 夫妻之父母 | 子婦、女婿 |
| 說明 | 包括父母、（外）祖父母等及夫妻 | 包括子女、孫子女等 | 指共同生活關係密切同居一家之家屬間 | 包括同父異母或同母異父 | 指共同生活關係密切同居一家之家長 | 公婆、岳父母 | 指媳婦、女婿 |

2. 受扶養權利者想要請求加害人賠償扶養費時，依民法第1117條規定限以「不能維持生活而無謀生能力者為限」。但如果是被害人的「直系血親尊親屬」，則只要不能維持生活，就可以向加害人請求扶養費用，不需判斷有無謀生能力。不過，如果直系血親尊親屬自己本身的財產資力足以維持生活，即無法向加害人請求扶養費，讀者於案件處理時應特別注意。

**Key Word**

**相關民事判決**

民法第1117條第1項規定，受扶養權利者，以不能維持生活而無謀生能力者為限。而同條第2項僅規定，前項無謀生能力之限制，於直系血親尊親屬不適用之，並非規定前項之限制，於直系血親不適用之。是直系血親尊親屬如能以自己財產維持生活者，自無受扶養之權利。（最高法院74年度台上字第1749號、80年度台上字第2124號、80年度台上字第1638號民事判決意旨參照）

查民法第1117條第2項規定，直系血親尊親屬為受扶養權利者，不以無謀生能力為限，原判決僅命被上訴人賠償六十五歲退休年齡以後受扶養權利被侵害所受損害，已有未合，且以台灣地區居民平均壽命為計算損害之依據而非以平均殘餘壽命為準，亦欠允當。（最高法院80年度台上字第782號民事判決意旨參照）

3.至於扶養費的計算方式，則可簡要圖解如下：

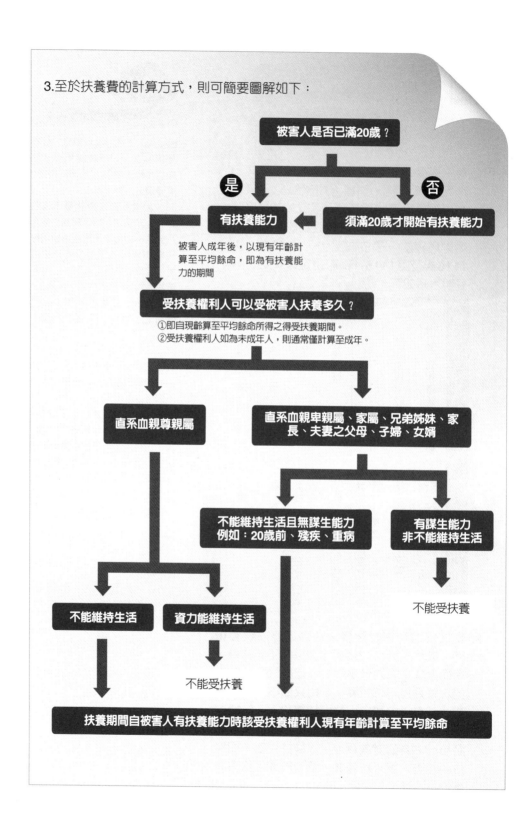

被害人是否已滿20歲？

是　　　　　否

有扶養能力　　　　須滿20歲才開始有扶養能力

被害人成年後，以現有年齡計算至平均餘命，即為有扶養能力的期間

受扶養權利人可以受被害人扶養多久？

①即自現齡算至平均餘命所得之得受扶養期間。
②受扶養權利人如為未成年人，則通常僅計算至成年。

直系血親尊親屬　　　　直系血親卑親屬、家屬、兄弟姊妹、家長、夫妻之父母、子婦、女婿

不能維持生活且無謀生能力例如：20歲前、殘疾、重病　　　有謀生能力非不能維持生活

不能維持生活　　　資力能維持生活　　　　　　　　　不能受扶養

不能受扶養

扶養期間自被害人有扶養能力時該受扶養權利人現有年齡計算至平均餘命

**例如**

　被害人死亡時為 16 歲，需自滿 20 歲始有扶養能力，其父母財產資力並不能維持基本生活，須依靠被害人扶養至平均餘命，不需判斷父母有無謀生能力。但如果是其他親屬，則必須證明無謀生能力，才能請求加害人給付扶養費。

**Tips**　試算案例

　被害人的爸爸為65年1月1日出生，資力不能維持生活，於被害人107年1月1日死亡時為42歲，參照107年度全國簡易生命表男性之平均餘命為37.27年，故被害人的爸爸自年滿65歲退休時起至其平均餘命結束時止，得受扶養的期間為14.49年（計算式：42＋37.27－65＝14.27），再依行政院主計總處調查公布之107年平均每人每月消費支出22,168元為基準（參見附件17），每年為266,016元，並按霍夫曼係數表計算法扣除中間利息後（以週年利率5%計算，首期給付不扣除中間利息），被害人的爸爸得一次請求加害人賠償之扶養費為2,920,855元（元以下四捨五入）。

第1年：266,016÷（1＋0×0.05）＝266,016÷1＝266,016
第2年：266,016÷（1＋1×0.05）＝266,016÷1.05＝253,349
第3年：266,016÷（1＋2×0.05）＝266,016÷1.1＝241,833
第4年：266,016÷（1＋3×0.05）＝266,016÷1.15＝231,318
第5年：266,016÷（1＋4×0.05）＝266,016÷1.2＝221,680
第6年：266,016÷（1＋5×0.05）＝266,016÷1.25＝212,813
第7年：266,016÷（1＋6×0.05）＝266,016÷1.3＝204,628
第8年：266,016÷（1＋7×0.05）＝266,016÷1.35＝197,049
第9年：266,016÷（1＋8×0.05）＝266,016÷1.4＝190,011
第10年：266,016÷（1＋9×0.05）＝266,016÷1.45＝183,459
第11年：266,016÷（1＋10×0.05）＝266,016÷1.5＝177,344
第12年：266,016÷（1＋11×0.05）＝266,016÷1.55＝171,623
第13年：266,016÷（1＋12×0.05）＝266,016÷1.6＝166,260
第14年：266,016÷（1＋13×0.05）＝266,016÷1.65＝161,222
第15年：266,016÷（1＋14×0.05）×0.27＝266,016÷1.7×0.27＝42,250
266,016＋253,349＋241,833＋231,318＋221,680＋212,813＋204,628＋197,049＋190,011＋183,459＋177,344＋171,623＋166,260＋161,222＋42,250＝2,920,855

(2) 被害人受傷時

　　僅被害人本人可請求損害賠償，其範圍說明如下：

A. 醫療費用

　　被害人得請求的醫療費包括住院費、手術費、藥品費、檢驗費及診斷費在內。賠償範圍，以醫療上所必要者為限，例如：養骨酒、大補丸等食補類費用，即使是在中醫醫院購買，法院如果認為不是必要一般也不會獲得賠償。

**Tips**　　中醫診所就醫開藥可否請求賠償？

　　中醫診所有醫事機構代碼者，為合法立案之中醫一般診所，有衛生福利部中央健康保險署網路查詢資料可稽。又為被害人診治的中醫師有開業執照號碼、職業號碼，為合格中醫師，其診察後依病名開立藥單，並有中醫診所的診斷證明書、醫療費用收據可以為證者；且被害人於系爭事故發生前，並無相同中醫治療紀錄，因系爭事故發生後，西醫治療效果有限，乃額外尋求中醫治療，故中醫診療與系爭事故造成之傷害有關，仍應有支出中醫診療費之必要，筆者認為應該可以請求加害人一併賠償。

B. 增加生活上需要的費用

　　所謂增加生活上之需要者，例如：就診交通費（計程車收據）、看護費（經診斷證明需人看護，且看護費用經簽收無誤）、住院雜費及其他如因無法照顧小孩所「增加」支出之保姆費均屬之。又此等損害並不以實際已支出者為限，被害人將來必須支出之費用，亦得請求肇事者預先賠償，但應提出一定程度之證明。

　　例如：經診斷證明六個月內需人照顧，無法自理，如由家人照顧而想請求看護費時，可以附近醫院全日看護費用標準為佐證，直接向加害人請求六個月的看護費用。

C. 喪失或減少勞動能力的損害賠償

**計算式**

喪失或減少勞動能力之損害數額
＝被害人之所得額×勞動年數×勞動能力減少程度

## 說明

1. 勞動能力減少程度

   若因殘廢而全部喪失勞動能力時，計算損害賠償之基準為 100％，如僅減少一部分之勞動能力，則因為目前沒有法規定明確之判斷標準，故大部分仍須依據專門醫師之診斷書或引用勞工保險條例第 53 條、第 54-1 條所定殘廢給付標準表來做認定。

2. 勞動年數

   勞動年數始期，成年人自受傷時起算，而未成年人則從將來可能就業的歲數起算，例如：未成年人為大學生，就從大學畢業之歲數起算。終期則視個案而定，不宜一概以退休年齡計算。

3. 被害人之所得額

   被害人喪失或減少勞動能力之損害，應就被害人受傷前之身體健康狀態、教育程度、專門技能、社會經驗等各方面酌定之，不能以一時一地之工作收入為準。一般而言，有固定收入之薪資者，因有具體資料可資計算，故較無問題，但對於無職業或尚未就業的被害人，因為沒有實際所得，在認定上不便具體舉證。茲說明如下：

   (1) 一般無職業（或尚未就業）

   如果被害人身體健康，則逕認有謀職機會，至於所得標準，可斟酌被害人的年齡、學經歷及失業前職業與收入等來認定。如無具體參考資料，可用統計資料或政府公布之最低工資來計算。

   (2) 老人、殘廢及已經退休之人等

   如仍有勞動能力，其因車禍受害而喪失或減少勞動能力時，須具體舉證證明以資認定其所得。例如：資深專家、作家、已退休之人在醫院擔任看護之收入、老人在廟宇擔任解籤員之車馬費。

D. 無法工作之損害賠償

   被害人因肇事者之過失而受傷無法工作，此期間應得之薪資或所得，即所謂之「所失利益」，倘能舉證證明者，亦可向肇事者請求損害賠償。

E. 精神慰撫金（即非財產上損害賠償）

   精神慰撫金其係指因車禍受傷所造成的精神上、身體上的痛苦而言。賠償之數額法無明定，是由法院斟酌被害人、肇事者雙方身分、資力與加害程度、所受

痛苦及其他各種情形核定相當金額。例如：顏面受傷、治療費時過程開刀多次、性功能障礙而影響身心等。

按不法侵害他人之人格權，被害人受有非財產上損害，請求加害人賠償相當金額之慰撫金時，法院對於慰撫金之量定，應斟酌實際加害情形、所造成之影響、被害人痛苦之程度、兩造之身分地位經濟情形及其他各種狀況，以核定相當之數額（最高法院47年台上字第1221號、51年台上字第223號判例參照）。

實務上則常見於車禍後以家庭醫學科診斷罹患創傷後壓力反應併焦慮及睡眠問題，其身心確受有相當程度痛苦，而請求精神上慰撫金的情形，可資參考。

## Tips　車損

1. 汽車損壞修理費用（需扣除車輛折舊）：
   (1)不法毀損他人之物者，應向被害人賠償其物因毀損所減少之價額（民法第184條、第196條）。所謂請求賠償物被毀損所減少之價額，得以修復費用為估定之標準，但以必要者為限。
   (2)修理材料以新品換舊品，應予折舊。被害人只有在能證明其財物因毀損所減少之價額，超過必要之修復費用時，就其差額，始得請求賠償，最高法院77年度第9次民事庭會議決議（一）參照。至於車輛修復之零件費，應折舊扣除的計算，依行政院所頒固定資產耐用年數表及固定資產折舊率之規定，系爭車輛之耐用年數為5年，依定率遞減法每年折舊1000分之369，且其最後1年之折舊額，加歷年折舊累積額，總和不得超過該資產成本原額十分之九。
2. 因車禍造成車輛價值貶損：
   可聲請函詢各縣市汽車商業同業公會，同型號、年份車輛，於無事故情形之市場價額為何？因為車禍毀損經修復後，其市場價格又是如何？其差額即車輛市場價值之貶損，也可以請求損害賠償。

**Tips** 車禍侵權應善用假扣押防止加害人脫產！

1. 被害人或家屬因加害人車禍過失侵權行為而發生損害，雖然可以對加害人請求相關損害賠償，但實務上常見訴訟勝訴後，加害人卻早已脫產的情形，為了避免因加害人脫產而求償無門，被害人往往必須先聲請假扣押來預先保全債權，以確保日後能確實獲得清償（民事訴訟法第522條第1項、第523條第1項及第526條第1項、第2項）。

2. 假扣押的聲請與執行是兩個程序，被害人必須先向法院「聲請」假扣押，在獲得法院准許對加害人財產進行假扣押的裁定後，才可以向法院民事執行處聲請假扣押「執行」債務人財產。

3. 向法院提出假扣押聲請後，法院決定是否准許，取決於是否有進行假扣押保全的必要性。所謂「保全必要性」是指民事訴訟法第532條第1項規定「假扣押，非有日後不能強制執行或甚難強制執行之虞者，不得為之。」而保全必要性往往是假扣押核准與否的關鍵，法院如果認為有必要補正，有時會通知債權人補正，但大多數會直接駁回假扣押的聲請。

4. 然而，要車禍被害人去舉證如果不假扣押加害人的財產的話，日後就會發生不能強制執行或甚難強制執行的情形，這實在是強人所難。所幸，實務上已減輕車禍被害人聲請假扣押時的釋明責任，這使得車禍被害人聲請假扣押獲准的機率提高很多，謹提供以下二則裁定意旨，讀者於聲請假扣押時務請記得引用類似見解。

【最高法院105年度台抗字第349號民事裁定】

又於非交易型之車禍侵權紛爭，債權人主張其因債務人不法侵害身體或健康之行為，致受有醫療費、喪失或減少勞動能力、增加生活上需要之損害，應由債務人負損害賠償責任時，法院非不得依民事訴訟法第二百七十七條但書規定，減輕債權人之釋明責任，並於綜合債權人難以查知本無交易往來之債務人財產、債權人曾向債務人請求給付而遭斷然堅決拒絕、債務人應負賠償責任之可能性甚高、債權人聲請假扣押之金錢請求尚稱相當、債務人現有財產未遠高於債權人請求金額致債權人將來有難以獲償之虞等具體情事後，認所得薄弱之心證，已達降低後之證明度，信其事實上主張大概為如此，即非不得准為以供擔保為條件之假扣押裁定。

【臺灣高等法院107年度抗字第129號民事裁定】

於非交易型之侵權紛爭，因債權人難以查知本無交易往來之債務人財產狀況，債權人就假扣押原因之釋明，法院非不得參酌民事訴訟法第277條但書規定，減輕債權人之釋明責任。

假扣押關係圖示：

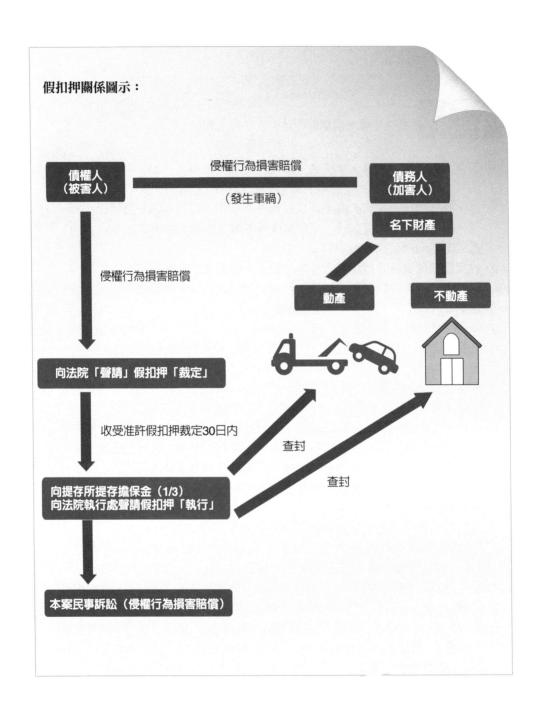

**假扣押的「聲請」與「執行」步驟圖示：**

先向民事法院提出假扣押「聲請」，
由法官審查是否准為假扣押裁定

法官如果認為保全必要性尚有不足，
有時會命債權人補正相關證據

法官以「裁定」准許命供擔保為假扣押
（會收到准許假扣押的裁定）

再持假扣押裁定向國稅局「查詢」債務人財產
（一般常見的財產有存款、股票、不動產、保單價值）

向法院提存所辦理假扣押擔保金「提存」
（擔保金一般是請求金額的1/3）

收受假扣押裁定起30日內，持假扣押裁定、剛辦好的提存證明書，
向法院聲請假扣押之「強制執行」，查封債務人的財產
（查無可供查封的債務人財產就沒有必要聲請執行了）。

# 如不想訴訟，車禍糾紛的調解程序要如何進行？

## 可聲請調解之案件

一、可在鄉鎮市區調解委員會聲請調解之案件：1.民事事件；2.告訴乃論之刑事事件；3.非告訴乃論刑事事件之民事部分；4.經地方法院或地方檢察署轉介或裁定移付調解事件；

二、不得聲請調解之案件：1.離婚、收養；2.耕地三七五減租條例之租佃糾紛；3.民、刑事件已在第一審法院辯論終結者；4.非告訴乃論刑事事件。

## ▷ 調解期日前應準備妥善的資料

1. 道路交通現場圖、照片（事故發生後 7 日可申請）。

2. 道路交通事故初步分析研判表（事故發生後 30 日可申請）：程序上建議於調解期日前先向交通隊申請「道路交通事故初步分析研判表」，以利於調解程序進行中初步認定肇事責任。

3. 診斷證明書、受傷照片、重大傷病卡、身心障礙手冊等證明資料：申請診斷證明書時務必要請醫師註明傷勢、病名（甚至牙齒斷裂程度，頭臉頸的疤痕長度，盡量鉅細靡遺），及可能造成之後遺症、有無需要進行復健、疤痕重建、是否不應行走而需人照顧等。必要時，除了急診醫院外，也應該前往不同醫院就診複驗，以進一步取得有利的醫療證明。

4. 所有醫療費用收據，包括輔助器具、枴杖、輪椅等，以及看護費用收據（請看護在領取費用時簽收）。

5. 門診來回計程車車資收據（交通費）。

6. 財物損害清單、照片及修復估價單或購入價值證明。

7. 公司在職證明或薪資所得證明（請求不能工作期間所受之所得損失）。

8. 如為營業用車，例如：計程車、租賃車、遊覽車，其營業所得損失之證明，可向職業工會函詢該行業別平均職業所得。

參見附件 18：車禍調解聲請書格式

## ▶ 聯繫保險公司

調解期日前，應先詢問保險公司以充分了解應負賠償責任一方之投保險種及承保範圍、保額等詳細資料（例如：強制險、任意第三人責任險等及其保額），並應通知保險公司指派「理賠專員」到場協助了解保險公司之實際理賠額度（否則和解賠償數額保險公司可拒絕賠付）。

## ▶ 有關肇事責任分攤的認定

### 1. 優先路權

(1) 轉彎車應讓直行車先行（道路交通安全規則第 102 條第 1 項第 7 款）。

(2) 對向行駛之左右轉車輛已轉彎須進入同一車道時，右轉彎車輛應讓左轉彎車輛先行，如進入二以上之車道者，右轉彎車輛應進入外側車道，左轉彎車輛應進入內側車道（道路交通安全規則第 102 條第 1 項第 8 款）。

(3) 行至無號誌或號誌故障而無交通指揮人員指揮之交岔路口，支線道車應暫停讓幹線道車先行。未設標誌、標線或號誌劃分幹、支線道者，少線道車應暫停讓多線道車先行；車道數相同時，轉彎車應暫停讓直行車先行；同為直行車或轉彎車者，左方車應暫停讓右方車先行。但在交通壅塞時，應於停止線前暫停與他方雙向車輛互為禮讓，交互輪流行駛（道路交通安全規則第 102 條第 1 項第 2 款）。

(4) 汽車行近未設車管制號誌之行人穿越道前，應減速慢行。汽車行近行人穿越道，遇有行人穿越、攜帶白手杖或導盲犬之視覺功能障礙者時，無論有無交通指揮人員指揮或號誌指示，均應暫停讓行人、視覺功能障礙者先行通過。

**Key Word**

### 車禍事件的過失認定

法律上對於車禍事件的過失認定，是依照所謂「應注意、能注意、不注意」的判斷順序，當駕駛應注意、能注意、而不注意時，即會成立過失：

1. 應注意：是指駕駛應注意遵守交通規則、號誌或交通指揮等情形。
2. 能注意：是指駕駛對於交通事故的發生原因、情況能否即時發現，有無反應的時間，如猝不及防，就不能認為有過失。
3. 不注意：是指駕駛對於交通事故的發生如應注意、能注意，卻輕疏大意沒有採取適當的防免措施。

### 參考條文

刑法第14條

行為人雖非故意，但按其情節應注意，並能注意，而不注意者，為過失。

行為人對於構成犯罪之事實，雖預見其能發生而確信其不發生者，以過失論。

| 類別 | 幹線道 | 支線道 |
|---|---|---|
| 號誌 | 閃黃燈 | 閃紅燈 |
| 標誌 | | 讓路標誌　　　　讓<br>停車再開標誌　　停 |
| 標線 | | 讓路標誌<br>停標字 |
| 無相關設施時 | 較多車道 | 較少車道 |

汽車行近未劃設行人穿越道之交岔路口，遇有行人、攜帶白手杖或導盲犬之視覺功能障礙者穿越道路時，無論有無交通指揮人員指揮或號誌指示，均應暫停讓行人、視覺功能障礙者先行通過（道路交通安全規則第 103 條）。

**2.** 於法院判決前不妨參考中華民國產物保險商業同業公會編製的「汽車肇事責任分攤處理原則」。

參見附件 19：95 年 12 月編製「汽車肇事責任分攤處理原則」

**3. 參考相關法規**

(1) 道路交通安全規則。

(2) 道路交通事故處理辦法。

(3) 道路交通標誌標線號誌設置規則。

(4) 高速公路及快速公路交通管制規則。

(5) 道路交通管理處罰條例。

## 諮詢律師

調解期日前可多諮詢幾位律師分析刑事責任、賠償數額之相關實務先例，並可換算可能需要負擔的罰金或刑期，以及訴訟可能花費的時間與勞費，根據律師經驗判斷、選擇最有利的處理方式。

## 車禍糾紛肇事責任的鑑定

**1. 鑑定單位**

全國各縣市「車輛行車事故鑑定委員會」。

**2. 申請鑑定**

(1) 經警方處理，由行車事故當事人或其繼承人或法定代理人、車輛所有人申請。

(2) 經現場處理機關移送、司（軍）法機關囑託。

**3. 不予受理鑑定之情形**

(1) 鑑定案件進入司（軍）法機關訴訟程序中，且非經各該機關囑託者，不予受理。

(2) 過失傷害案件，當事人申請或警（憲）機關移送之案件距肇事日期逾 6 個月以上，已逾告訴期間者。

(3) 非屬道路交通管理處罰條例第 3 條第 1 款所指道路範圍之行車事故案件。

(4) 慢車與慢車，慢車與行人事故案件。

(5) 曾經鑑定之行車事故案件。

## 對鑑定意見不服時可聲請「覆議」

**1.** 對車輛行車事故鑑定委員會鑑定意見書不服時，得在收到鑑定意見書之翌日起 30 日內敘明理由向「省（市）政府行車事故鑑定覆議委員會暨國道行車事故鑑定覆議委員會」（簡稱覆議委員會）申請覆議。覆議以一次為限，因此提起覆議前應

---

**Key Word**

### 調解的效力

一、調解筆錄及調解書做成後，經函送法官審核准予核定後，與確定判決具同一效力，日後可以聲請法院強制執行。

二、法官核定後，不得再行起訴、告訴或自訴。

三、民事已起訴，判決確定前，調解成立經法官核定者，視為撤回起訴。

四、刑事偵查中或第一審辯論終結前，調解成立經法官核定，並經同意撤回者，視為撤回告訴或自訴。

五、告訴乃論刑事案件經調解不成立，調解委員會依被害人之聲請移送地院偵查，視為聲請調解時已提出告訴（可避免遲誤6個月的告訴期間）。

**Key Word**

### 什麼是「慢車」？

依道路交通安全規則第6條規定，慢車種類及名稱如左：

一、人力行駛車輛：指腳踏車（含經型式審驗合格以人力為主、電力為輔之電動輔助自行車，簡稱電動輔助自行車）、貨車、手拉貨車、板車等。

二、獸力行駛車輛：指牛車、馬車等。

先準備人證、物證來支持自己之論點。

2. 已進入司法程序者，應向審理該案之司法機關聲請轉送車輛行車事故鑑定覆議委員會覆議。

3. 司法機關囑託鑑定或囑託覆議鑑定意見，實務上雖然是提供法院審理事實時為主要參考，但其鑑定結果並非認定事實的唯一依據，**承審法官仍得依全案審理情況及相關事實證據**（例如：其他證人之證詞，或肇事雙方本身之特殊因素），**判斷被告是否有過失及其過失之程度如何，而拒絕適用鑑定意見**。因此，即使鑑定意見不利於己，如確有合理懷疑，筆者建議仍應諮詢專業人士並搜尋人證、物證來支持有利自己的論點，並可隨時具狀聲請調查有利的證據。

## 聲請移送學術單位鑑定

若對於車輛行車事故鑑定覆議委員會之覆議意見仍有所不服，被害人（或家屬）如確有合理懷疑，且能盡力搜尋人證、物證來支持有利於己方或不利於他方之主張，可再請求檢察官或法官移送學術單位鑑定，目前**實務上常見的且具有車禍專業學術鑑定能力的學術單位有交通大學、警察大學交通學系、成功大學**（但這些單位常常以各種理由無法回覆拒絕法院配合鑑定，遇到這種情況，只能請法官逐一請求各該單位鑑定，目前法律上別無他法）。

**參見附件 20：行車事故鑑定會鑑定意見書一例**

**參見附件 21：車輛行車事故鑑定覆議申請書範例**

**Tips**　「車禍鑑定意見書」要怎麼看？加註肇事主次因是什麼意思？

1. 雙方當事人僅一方有過失者，以「肇事原因」表示之（負全部肇事責任100%），另一方以「無肇事因素」表示之。
2. 雙方均有過失，且過失程度相同者，以「同為肇事原因」表示之（各負肇事責任50%）。
3. 雙方均有過失，但過失程度不同者，較重之一方以「為肇事主因」表示之（通常負肇事責任70%）；較輕之一方以「為肇事次因」表示之（通常負肇事責任30%）。
4. 除了肇事主因外如果還有其他次要肇事原因，一般會按照雙方次要肇事因素調整過失比例。

例如　A肇事責任比例＝

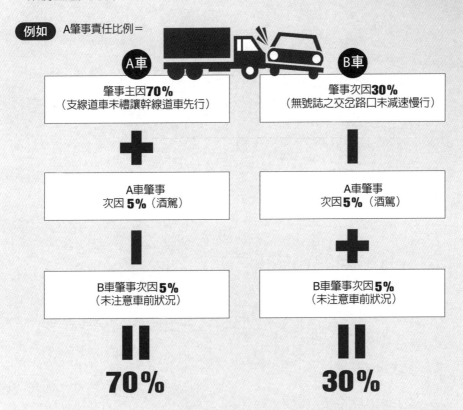

| A車 | B車 |
|---|---|
| 肇事主因**70%**<br>（支線道車未禮讓幹線道車先行） | 肇事次因**30%**<br>（無號誌之交岔路口未減速慢行） |
| ＋ | － |
| A車肇事<br>次因**5%**（酒駕） | A車肇事<br>次因**5%**（酒駕） |
| － | ＋ |
| B車肇事次因**5%**<br>（未注意車前狀況） | B車肇事次因**5%**<br>（未注意車前狀況） |
| ＝<br>**70%** | ＝<br>**30%** |

第 6 章

# 本票與支票的權益保障

# 收受與簽發「本票」要注意哪些事情？

## 什麼是「本票」

指發票人簽發一定的金額於指定的到期日無條件支付予受款人或執票人的票據。

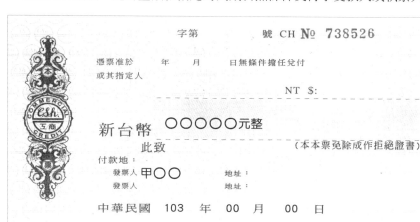

### 票據

票據，乃發票人記載一定時、日與地點，並簽名於其上，無條件約定由自己或委託他人於見票時，支付一定金額為目的之有價證券。票據在法律上的分類有：(1)匯票（票據法第2條）；(2)本票（票據法第3條）；(3)支票（票據法第4條）。為求實用，本章僅就實務上經常使用且容易發生糾紛之支票與本票進行說明。

## 本票的絕對必要記載事項（收受票據時應詳細檢查，缺一項記載，該票據即為無效）

1. 發票人的簽名（或印章），最好能加蓋「指印」。
2. 表明其為本票之文字。
3. 一定之金額。
4. 無條件擔任支付：發票人承諾由自己無條件支付一定金額（實務：未附有條件即可）。
5. 發票年月日。

## 應注意「本票」的短期時效

所謂票據的短期時效是指，票據經過一定期間不行使權利而喪失票據權利。另外，票據的請求權有

分為「對付款人的付款請求權」及「對付款人以外的追索權」二種，依照票據法第22條規定，因票據債務主體的差異，有其不同的時效期間，茲整理本票之短期時效如下，請讀者於收受時務必注意票據時效。

**Key Word**

### 絕對必要記載事項

所謂票據必要記載事項可分為絕對必要記載事項和相對必要記載事項。絕對必要記載事項是指依照票據法的規定票據上必須記載的事項，無此事項票據無效（票據法第11條）。相對必要記載事項，若不記載，票據仍有效，未記載事項按法律規定處理。

**Tips**

### 本票必要記載事項的檢查很簡單

本票的絕對必要記載事項雖然如前所述，但其實一般市售工商本票或例稿上，都已經在本票上載明其為「本票」的文字、無條件擔任支付，票面金額更不可能忘記填。所以讀者在收受本票時只需要檢查：
（1）發票人親自簽名（或印章），最好能加蓋指印；（2）最下面一行「中華民國＿＿＿＿年＿＿＿月＿＿＿日」就是所謂的發票年月日，一定要由發票人自己填寫。

**Key Word**

### 本票的相對必要記載事項

未載到期日者，視為見票即付。未載受款人者，以執票人為受款人。未載發票地者，以發票人之營業所、住所或居所所在地為發票地。未載付款地者，以發票地為付款地（票據法第120條第2項至第5項參照）。

## ▶ 本票的短期時效

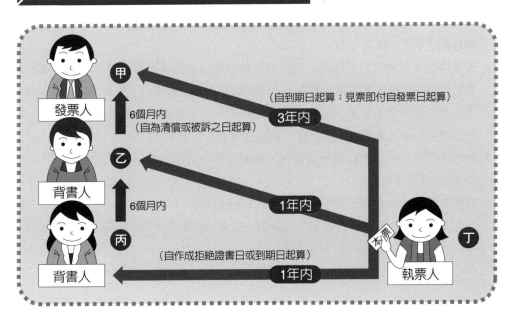

**Key Word**

**註期本票**

所謂註期本票乃指見票後定期付款之本票，例如到期日之記載為「見票後一個月付款」之本票。見票後定期付款之本票，應由執票人向發票人為見票之提示，請其簽名，並記載見票字樣及日期，其提示期限，準用第45條之規定。未載見票日期者，應以所定提示見票期限之末日為見票日。發票人於提示見票時，拒絕簽名者，執票人應於提示見票期限內，請求作成拒絕證書。執票人依前項規定作成見票拒絕證書後，無須再為付款之提示，亦無須再請求作成付款拒絕證書。執票人不於第45條所定期限內為見票之提示或作拒絕證書者，對於發票人以外之前手喪失追索權（票據法第122條）。

## 「本票」權益保障注意事項

1. 收受時應確實核對本票的絕對必要記載事項。

2. **執票人應向付款人「現實提出」票據請求付款（提示），始得聲請本票裁定強制執行，否則僅能起訴請求給付票款**

   按未載到期日之本票，視為見票即付（票據法第120條第2項）。又依票據法第124條準用同法第95條規定，本票雖有免除作成拒絕證書之記載，執票人仍應為付款之提示。如未踐行付款之提示，依票據法第124條準用第85條第1項規定，其行使追索權之形式要件未備，即不得聲請裁定准就本票票款為強制執行。然付款之提示，係票據之執票人向付款人現實提出票據，請求付款之謂。準此，寄發存證信函要求清償借款，以存證信函向發票人為付款提示，乃與向付款人現實提出本票請求付款有別，不生提示效力，其本票裁定強制執行之聲請，即應予以駁回。

3. **註期本票應按期為見票之提示**

   應自發票日起6個月內為見票之提示（見票期限發票人得以特約縮短或延長之，但延長之期限不得逾6個月）。

4. 本票執票人向發票人見票提示遭拒絕付款，應請求作成拒絕證書（註：實務上均會約定註明「免除作成拒絕證書」），則執票人可向發票人、背書人行使追索權。反之，本票執票人未於期限內為付款之提示，或未於期限內作成拒絕證書者，對於發票人以外之前手喪失追索權（票據法第122條第5項）。

5. 應在本票短期時效內行使票據權利，逾期僅得行使票據之利益償還請求權（票據法第22條第4項）。

6. 簽發本票時如果不希望本票外流為第三人所執有時，可以在本票「正面」記載「禁止背書轉讓」，然後在旁邊蓋章或簽名，正本交給對方收執，影印一份自己留存。

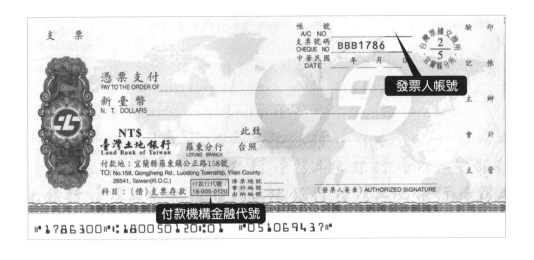

発票人帳號

付款機構金融代號

## ▷ 票據債權人可以透過聲請「本票裁定強制執行」來保障權益

1. 本票裁定強制執行為本票追索的特殊程序，執票人向本票發票人行使追索權時，得聲請法院裁定後強制執行債務人財產（票據法第 123 條），程序便利、費用低廉。
2. 聲請人：執票人，並應提出本票「原本」及影本。
3. 相對人：限對本票發票人，不得以繼承人、背書人、保證人為相對人而提出聲請。
4. 要件：限於追索權，即執票人須於見票或付款提示遭拒絕後，始得為之；若係行使付款請求權，則不得聲請。

**Tips**

　　理論上執票人應向付款人「現實提出」票據以請求其付款，始符合所謂「提示」，方能聲請本票裁定強制執行，故僅以「存證信函」方式向執票人提示本票影本，日後有遭不合法駁回的風險。然而，實務上在聲請本票裁定強制執行時，因法院僅就本票形式要件存在與否為形式審查，不斟酌實體票據關係是否存在。因此，聲請時一般並不需要提出執票人已經提示本票之證據，只須說明何時為付款提示。

5. 請求金額：限於追索權所得行使之金額，即包括本金（票面金額）、利息及費用（準用票據法第 97 條、第 98 條），違約金則不得一併請求。

6. 管轄法院：**由票據付款地法院管轄**（非訟事件法第 194 條）。未載付款地者，以發票地為付款地（票據法第 120 條第 5 項）；**本票未載發票地者，以發票人之營業所、住所或居所所在為發票地**（票據法第 120 條第 4 項）。發票人有數人（共同發票人），而其營業所、住所或居所所在地非在同一法院轄區時，各該住居所之法院均有管轄權，惟應由受理在先之法院管轄，法院得移送。

**Tips**

只要在票據上有簽名就是發票人嗎？
董事長在發票時是為公司簽發票據？
還是和公司共同發票呢？
共同發票人要如何認定？

按在票據上簽名者，應依票上所載文義負責。二人以上共同簽名為發票人時，應連帶負發票人之責。實務區別董事、監察人與公司間，究竟為「共同發票」抑或「代表公司」之標準，乃依票據全體記載之形式及旨趣觀之，如依一般社會觀念，足認該董事或監察人之簽名，係為公司為發票行為者，則不能認該監察人為共同發票人。基此，例如：簽發支票時，除公司章、個人章外，應再於簽名時附加董事或監察人、代表人等職稱，如此，則足認個人之簽名係為公司為發票行為，即不能認為個人為共同發票人，而對其請求給付票款。

## 7. 聲請費用（非訟事件法第 13 條）

| 標的金額或價額 | 聲請費用 |
|---|---|
| 未滿10萬元者 | 500元 |
| 10萬元以上未滿100萬元者 | 1,000元 |
| 100萬元以上未滿1,000萬元者 | 2,000元 |
| 1,000萬元以上未滿5,000萬元者 | 3,000元 |
| 5,000萬元以上未滿1億元者 | 4,000元 |
| 1億元以上者 | 5,000元 |

8. 如欲以郵寄方式聲請，可內附匯票（抬頭為管轄法院，如臺灣新北地方法院），以利聲請程序之進行。

參見附件 22：民事聲請裁定本票強制執行狀範例

### Key Word

**本票利息**

本票可以記載約定利息，但如本票未約定利息者，應自到期日起依週年利率6%計算利息，未載到期日者，視為見票即付。另，利息經約定於本票到期日前分期付款者，任一期利息到期不獲付款時，全部本票金額視為均已到期。又，依票據法第120條第2項規定，未載到期日者，視為見票即付，所以利息之起算日應由提示之日起算。

## 收到本票裁定時應該如何處理？

### 1. 得向該繫屬法院於送達該裁定 10 日內提出抗告（非訟事件法第 41 條第 1 項、第 42 條第 1 項）

例如：執票人未曾現實向發票人為見票者，其行使追索權之形式要件未備，即不得聲請裁定准就本票票款為強制執行。查本票執票人，依票據法第 123 條聲請法院裁定許可對發票人強制執行，性質上係屬非訟事件，此項聲請之裁定及抗告法院之裁定，僅依非訟事件程序以審查強制執行許可與否，並無確定實體上法律關係存否之效力，如發票人就票據債務之存否有爭執時，應由發票人另提起訴訟，以資解決（最高法院 56 年台抗字第 714 號、57 年台抗字第 76 號判例要旨參照）。另，對本票裁定提起抗告，受理之法院僅就該票據上之形式要件加以審查，並無法針對實體法上所產生之實質要件加以審理，另依實務多認本票上之票款請求權，該時效之抗辯仍為實體法上始能提出者，故並無法在抗告程序中作為抗辯之理由。

### 2. 票據權利實體問題應提起確認本票債權不存在之訴（非訟事件法第 195 條第 1 項）

發票人主張本票係偽造、變造者，於前條裁定送達後 20 日內，得對執票人向為裁定之法院提起確認之訴。所以如果發票人收到本票裁定之後，認為有上述遭偽造、

變造、已清償等關於票據權利上之任何實體問題，最終能加以解決者，得向法院提起該確認本票債權不存在之訴訟，該受訴法院才能夠就該張票據上之票據權利，或者時效之抗辯權之紛爭加以釐清。且當發票人遭到該持票人執該本票裁定向執行法院聲請強制執行時，亦可供擔保提起停止強制執行之聲請，避免財產遭受本票裁定強制執行。

## ▶ 常見用語補充說明

**1. 什麼是「甲存本票」？**

實務上**所謂甲存本票，指發票人以金融業者為擔當付款人之本票**。通常發票人須先在特定金融業者開立支票存款帳戶（甲存帳戶），再申請該金融業者發給甲存本票簿。每張甲存本票，是金融業者統一規格印刷就緒。甲存本票除標示票據法所規定之絕對、相對應記載事項各欄外，另印刷就緒發票人指定該金融業者為擔當付款人，委請該金融業者於執票人提示甲存本票請求付款時，以發票人帳號中之存款餘額逕付票款金額。換言之，甲存本票具有本票與支票之優點，即方便提示，又可聲請本票裁定後強制執行。此外，甲存本票退票也會列入退票紀錄，影響發票人銀行信用，不致輕易跳票，對執票人而言，亦較有保障。

**2. 什麼是「商業本票」？**

實務上「商業本票」的用語常指公司為確保交易貨款或其他往來債務之履行，由該公司提供自製或文具店購買的本票以為擔保，倘日後該公司財務狀況發生問題，無法清償商業本票所擔保的債務時，債權人可執該商業本票直接聲請法院裁定准予強制執行，免卻繁瑣的民事訴訟程序。

**3. 什麼是「銀行本票」？**

銀行本票在口語上有時是指以銀行為受款人，一般是在向銀行貸款時，銀行會要求貸款人和連帶保證人開立本票以為貸款的擔保。

但有時「銀行本票」則是指由銀行簽發的本票，由銀行在見票時無條件支付確定的金額給收款人或者持票人的票據，這類銀行本票信用度很高，見票即付，可以背書轉讓，也可用於轉帳，只要填明「現金」字樣，就可以用於領取現金，使用上非常便利。

**4. 什麼是「空白本票」？**

實務上常因持續進貨或其他因素造成「數額」或「清償日期」未能確定，而有發票人於交付本票時「金額」或「到期日」欄仍空白尚未填寫的情形。此類空白票

據固然便利，然一旦發票人主張未授權代填，執票人不僅將面臨票據無效，更可能涉犯偽造有價證券罪。因此，商業往來若有簽發空白本票的需要，務必請發票人簽具授權書，明示授權執票人得在空白本票上填入債務金額或到期日，以保權益。

**參見附件 22：空白本票授權書範例**

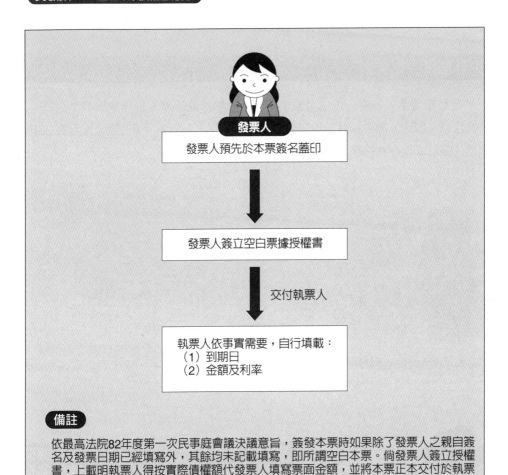

發票人

發票人預先於本票簽名蓋印

發票人簽立空白票據授權書

交付執票人

執票人依事實需要，自行填載：
（1）到期日
（2）金額及利率

**備註**

依最高法院82年度第一次民事庭會議決議意旨，簽發本票時如果除了發票人之親自簽名及發票日期已經填寫外，其餘均未記載填寫，即所謂空白本票。倘發票人簽立授權書，上載明執票人得按實際債權額代發票人填寫票面金額，並將本票正本交付於執票人。日後執票人持填寫金額後之本票，向發票人請求給付票款，實無不可。換言之，執票人依事實需要僅得自行填載：（1）到期日；（2）金額及利率。

# 25 收受與簽發「支票」要注意哪些事情？

## 什麼是「支票」

支票是指發票人簽發一定之金額，委託財政部核准辦理支票存款業務之銀行、信用合作社、農會、漁會於見票時無條件支付與受款人之票據（須先開立支票存款甲存帳戶，簽訂支票存款往來契約書）。

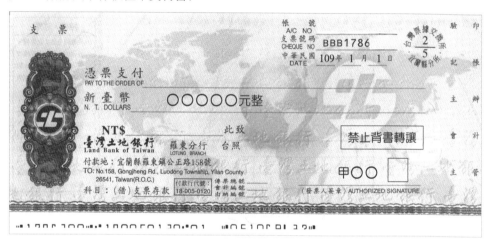

### 遠期支票

支票強調見票即付，原不許有遠期支票存在。換言之，支票僅有發票日，並無到期日，且必須於見票時無條件支付。而民間俗稱「遠期支票」，則是指發票人於簽發支票時，不記載實際之發票日，而以「將來」之日期作為發票日期之支票，尚非法所不許。

## 支票的絕對必要記載事項（收受票據時應詳細檢查，缺一項記載，該票據即為無效）

1. 發票人的簽名（與銀行的約定「印鑑式」）。
2. 表明其為支票之文字。
3. 一定之金額。
4. 無條件支付之委託（實務：未附有條件即可）。
5. 發票年月日。

**6.** 付款人之商號（以金融業者為限）。

**7.** 付款地（決定提示期限，票據法第 130 條）。

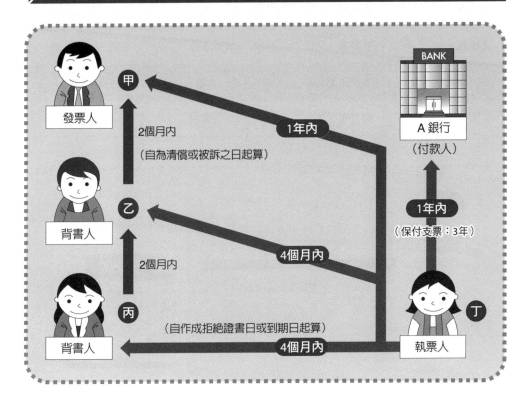

## 應注意「支票」的短期時效

甲 發票人
2個月內
（自為清償或被訴之日起算）
乙 背書人
2個月內
丙 背書人
（自作成拒絕證書日或到期日起算）
BANK
A 銀行
（付款人）
1年內
（保付支票：3年）
丁 執票人
1年內
4個月內
4個月內

## 支票應按期為付款之提示

**1.** 支票之付款以按期為付款提示為前提，而有關支票付款提示期限，說明如次（票據法第 130 條）

| 發票地與付款地在同一省（市）區內 | 發票日後 7 日內 |
| --- | --- |
| 發票地與付款地不在同一省（市）區內 | 發票日後 15 日內 |
| 發票地在國外，付款地在國內 | 發票日後 2 個月內 |

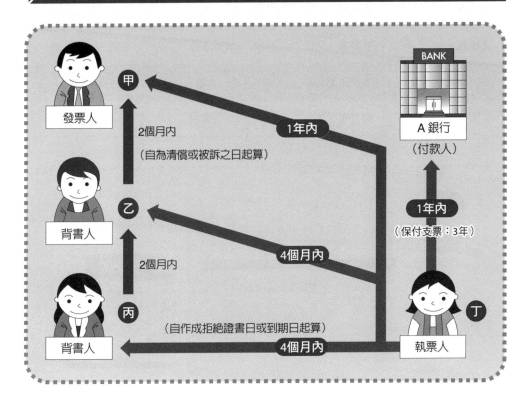

**Key Word**

支票的相對必要記載事項

未載受款人者，以執票人為受款人。未載發票地者，以發票人之營業所、住所或居所為發票地。發票人得以自己或付款人為受款人，並得以自己為付款人（票據法第125條第2項至第4項參照）。

**範例**

| 發票地 | 付款地 | 提示期間 | 說明 |
|---|---|---|---|
| 臺北市中山區 | 臺北市中山區 | 7日 | 同一省 (市) 區 |
| 臺北市 | 高雄市 | 15日 | 不同一省 (市) 區 |
| 宜蘭縣 | 宜蘭市 | 15日 | 不同一省 (市) 區 |
| 臺灣省宜蘭縣 | 臺灣省彰化縣 | 7日 | 同在臺灣省 |
| 美國 | 臺北市 | 2個月 | |

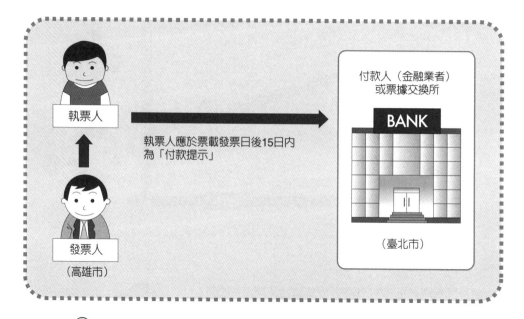

執票人

執票人應於票載發票日後15日內
為「付款提示」

付款人（金融業者）
或票據交換所

**BANK**

（臺北市）

發票人

（高雄市）

**Tips**

　　發票地與付款地應以支票上之記載為準，但如支票上未記載發票地，則以發票人之營業所、住所或居所為發票地（票據法第125條第3項）。

2. 支票執票人如未按期提示或未按其作成拒絕付款
   證書，對發票人以外之前手，喪失追索權（票據
   法第 132 條）。

**平行線支票**

支票經在正面劃平行線二道者，付款人僅得對金融業者支付票據金額。支票上平行線內記載特定金融業者，付款人僅得對特定金融業者支付票據金額（票據法第139條參照）。

▶ 「支票」權益保障注意事項

1. 開立支票時，應將票據的兌現金額、日期、收票
   人等相關資訊記載清楚（記錄於支票簿左側空白
   處），以確實在支票兌現日之前一日將同額之現
   金存到銀行甲存帳戶，避免不慎跳票，造成開票
   人信用不良的紀錄。

2. 開立支票時可在支票左上角劃平行線二道（平行
   線支票），或甚至在平行線內記載特定金融業者，
   付款人僅得對金融業者支付票據金額；同時，開
   立支票時應記載受款人（記名支票），並在票面
   記載「禁止背書轉讓」，以有效防止支票流竄。
3. 收受時應確實核對支票的絕對必要記載事項。
4. 收受時支票簽名應清楚，印章則應與甲存開戶印
   章相同（應與金融機構特別約定之「印鑑式」相
   符，可能為印章或簽名，也可能是印章加簽名），
   如不相符，執票人提示將不獲金融機構付款，但
   該支票仍然有效，可以聲請支付命令或提起給付
   票款的民事訴訟。

**禁止背書轉讓**

票據可依背書而轉讓，但發票人於票據正面為「禁止背書轉讓」之文字記載者，限由受款人背書，不可將票據之權利再行轉讓給第三人。

5. 票據書寫如有塗改，亦須加蓋原印章；此外，應注意票據金額應「大寫」不能塗改。

6. 收受支票如有記載禁止背書轉讓，則要特別注意支票的受款人（抬頭）記載是否有錯誤。

7. 收受支票前，可直接上網查詢票據信用（HINET 票信查詢），如發票人信用狀況有異，或有支票退補、退票紀錄，即不宜收受支票。

8. 行使支票權利應按期為付款之提示，建議企業對外收取之支票可直接存入銀行（託收交換），一方面免去查核支票簽名的風險，另方面可以免去付款提示期間或遺失票據的擔憂。

9. 應在支票短期時效內行使票據權利，逾期僅得行使票據之利益償還請求權（票據法第 22 條第 4 項），此類訴訟請求的消滅時效是 15 年，即自到期日起算，或是未載到期日的見票即付，自發票日起算 15 年，且除應提出票據正本外，就票據原因的債權證明文件，例如：買賣契約書、借據、匯款單等，亦應一併提出。

## 常見用語補充說明

1. **什麼是「現金支票」？**

   支票上印有「現金」字樣的支票，是專門用於直接領取現金的支票，但也只能用於支取現金，銀行在見票時會無條件支付給收款人確定金額的現金，用於付款時相當便利、安全。

2. **什麼是「保付支票」？**

   收受支票時，為確保一定能從銀行收到票款，可以要求發票人提供保付支票，而付款人（即銀行）對其保付的支票，不得以存款不足為由拒付，亦不得為存款額外或信用契約所約定數目以外之保付。

   所謂保付支票，是指付款人於支票上記載照付、保付或其他同義字樣，而由其簽名，並負絕對付款責任之支票（票據法第 138 條第 1 項）。付款人一旦為保付之記載，必須負絕對付款責任，其付款責任與匯票承兌人同。支票之「保付行為」是適用於支票之承兌行為，付款人為保付者，其付款責任與匯票承兌人相同，應負付款之支票上主要債務，而發票人及背書人全體，亦因保付而免除其支票上責任。

3. **什麼是「台支」？**

   即以台灣銀行為發票人的支票（有時民間將以其他銀行為發票人的支票，也稱為台支），因為負最終票據責任的發票人與付款人都是銀行，且請求銀行開立台支

時即必需向銀行繳交同額的票款，可保障支票之兌現，故收受台支較收受一般支票更有保障，故廣受歡迎。

**Tips** 支票也能聲請支付命令，但須注意時效只有1年！

有關支票時效依票據法第22條規定對發票人只有1年。且在支付命令修法以前，債務人跳票後持有支票的債權人如果以支票聲請支付命令，因為修法前民事訴訟法規定支付命令與確定判決有同一效力，而依民法第137條規定：「經確定判決或其他與確定判決有同一效力之執行名義所確定之請求權，其原有消滅時效期間不滿五年者，因中斷而重行起算之時效期間為五年。」故當執票人執支票對發票人聲請核發支付命令確定後（未提出異議），原本支票1年的短期時效即可重行起算為5年，讓債權人有較充裕之時間來等待、聲請強制執行債務人財產。但在104年7月支付命令修法後，因支付命令已不具確定判決的效力，所以支票持票人在取得確定支付命令後，原本為1年的支票債權行使時效，重行起算也只有1年，也就是說債權人必須在支付命令確定後1年內聲請強制執行（或換發債權憑證），否則票據債權仍然會罹於時效消滅

**參見附件 24：聲請支付命令狀法院格式（以單張支票聲請者）**

**參見附件 25：聲請支付命令狀法院格式（以多張支票聲請者）**

# 第 7 章

# 租賃糾紛的法律權益保障與處理技巧

# 26 承租人簽訂租賃契約時要注意哪些事項？

Key Word

## 承租人的義務

一、給付租金：承租人遲付租金出租人須定相當期間催告支付，如為房屋租賃遲付租金總額需達二個月，出租人始可終止租約（民法第440條）。

二、保管租賃物：承租人應保管維持租賃物之生產力，同居人或承租人允許使用第三人所致毀損，亦須負損害賠償責任。如有修繕必要，應通知出租人（民法第432條等）。

三、契約終止後應返還租賃物（民法第455條）。

四、非經承諾不得轉租，但房屋租賃除別有約定外，可一部轉租（民法第443條）。

## 租賃契約法律關係圖

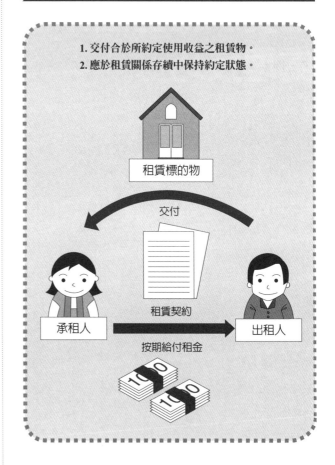

1. 交付合於所約定使用收益之租賃物。
2. 應於租賃關係存續中保持約定狀態。

租賃標的物

交付

承租人　租賃契約　出租人

按期給付租金

## 應實地看屋，檢查內、外環境、設備與安全

1. 因工作時間關係注重日夜環境變化的承租人，可以選擇不同時間看屋。
2. 看屋時應攜帶紙筆，租屋處的內部、外部環境都要仔細觀察、記錄。
3. 有意承租時，出租人提供的家具、設備建議拍照經雙方造冊確認。
4. 消防設施、逃生動線應優先考量，不應只考量租金或便利。

> **參見附件 26：實地看屋檢查表**

> **參見附件 27：租賃物附屬設備清單**

## 確認是否為法拍屋、輻射屋、海砂屋、凶宅等

1. 法拍屋：可至「司法院法拍屋公告系統」（http://www.judicial.gov.tw/db/alx.asp）查詢是否為法拍屋。
2. 輻射屋：對於遭受放射性污染達年劑量 1 毫西弗以上之建築物，原子能委員會每年定期更新造冊，函請該管直轄市、縣（市）地政主管機關轉送其所屬地政事務所，以開放民眾查詢。查詢是否為年輻射劑量大於 1 毫西弗的輻射屋。
3. 海砂屋：可至直轄市、縣（市）政府建管單位網頁查詢。
4. 凶宅：可至網路搜尋引擎查詢該房屋是否曾發生非自然死亡之事件。例如：台灣凶宅網、住商不動產凶宅查詢（http://www.hbhousing.com.tw/safe/?file=unluckyhouse）等。

## 應注意出租人是否有權出租房屋

1. 承租前應詢問出租人是「房屋所有權人」還是「二房東」（轉租），必要時承租人可以要求出租人提示身分證明文件及產權證明文件核對，例如：所有權狀、不動產登記簿謄本。
2. 如果名義上是出租人要出租，但與承租人簽約之人並非房屋的實際所有權人「本人」（例如：所有權人的配偶、子女或其他代理人），則應要求於租賃契約中檢附所有權人的「授權書」，否則該租賃契約對於出租人將不生效力。
3. 如果出租人是轉租的「二房東」，則應要求二房東提示其與屋主的租賃契約，並應特別注意下列事項：
   (1) 租賃契約的期限是否較次承租之租賃期限為長。
   (2) 租賃契約有無「禁止轉租」之約定。
   (3) 出租人有無簽立「出租人同意轉租範圍、租賃期間及終止租約事由確認書」。有簽立的話對次承租人較有保障。

**Key Word**

### 轉租禁止約定

依照民法第443條的規定，租賃物為房屋的情形，除非有反對之約定外（即禁止轉租之特約），承租人得將其一部分轉租於他人。承租人如果違反轉租禁止的規定，而將租賃物轉租於他人者，出租人得隨時終止租賃契約。

**Key Word**

### 押租金

或稱「押金、保證金、擔保金……等」，其性質屬於擔保金的給付，承租人對租賃標的物所造成損害的賠償，以及在租約期滿時承租人按時返還租賃標的物。依據土地法第99條的規定，押金不得超過租金的二倍（即2個月相當金額），超過的部分承租人有權利對出租人主張用以抵付房租。

## 租金在法律上有最高額的限制

依土地法第 97 條第 1 項規定，城市地方房屋之租金以不超過土地及其建築物申報總額年息 10% 為限，承租人於承租前最好不厭其煩的查詢一下當地租金行情平均值。

## 「押租金」以不超過二個月為宜

1. 依土地法第 99 條之規定，押租金以不得超過 2 個月之租金總額為宜，超過部分，承租人得以超過之部分抵付房租。
2. 承租人如不能確定未來會租多久，簽約時可以要求出租人在租賃契約中預留提前終止契約的優惠條款（例如：僅扣抵 1 個月押金或代為尋找新的承租人得免扣押租金），以免因故需提前遷離時，發生出租人沒收全部押金的慘劇。

## 租金或押租金交付時宜請出租人簽立收據或於契約上註明「收訖」或簽立收據

在交付押租金或租金時，最好是以「匯款」方式為之，如不得已要以「現金」交付，則建議承租人要求出租人開付收據交予承租人，或於承租人所持有之租賃契約書上按期註明「收訖」或簽立收據為宜。

**參見附件 28：租金、押租金收據範本**

## 交屋前應查明產權是否清楚

租賃標的物除出租人外有無其他「共有人」，其他共有人是否同意出租，或有無遭到法院查封（租賃契約如果是在查封後簽訂者，會遭「除去」後再法拍，無法在租賃期間內繼續有效）。

## 交屋時屋況應予以確認與存證

1. 交屋時宜與出租人及第三人共同確認實際「屋況」，可以拍照存證，以供返還租屋時回復原狀的參考。另如租屋附有家具或家電，以列清單爲宜，日後返還房屋時可以區別究竟是出租人或是承租人所有。

2. 交屋時若發現房屋有任何「瑕疵」或「設備」有所損壞，應盡可能事前在租屋契約中載明並要求出租人儘速修復，以免日後發生糾紛。

# 出租人簽訂租賃契約時要注意哪些事項？

## 出租人簽訂租約應注意事項

1. 訂約時務必要求承租人親自簽名或蓋章，並寫明承租人的戶籍住址、身分證號碼（檢附影印身分證影本為租賃契約附件），及其家人的緊急聯絡方式並加以確認，以免遭到冒名承租或日後承租人一走了之求償無門。

2. 訂約時應確定訂約者是否已經成年（20歲以上，包括20歲），未成年者應由其法定代理人（父母都要）或監護人代為簽訂契約，或經由法定代理人或監護人出具同意書後始簽訂租賃契約（承租人如果是外國人，則以其本國法之成年年齡為準）。

3. 詢問承租人租賃物的用途並載明於契約內，如為非法用途或違反行政管理項目，則不應執意出租予承租人，否則出租人亦有可能成為違規行政處罰的對象，甚至可能構成犯罪行為的幫助犯，不可不慎。

4. 若承租人係公司或法人，則應由公司或法人之代表人代表簽約，或經由代表人授與代理權之代理人代理簽約。此時應特別注意，如果公司的房租支出必須列帳報稅，雙方應將繳納租賃所得預繳稅款的義務歸誰負擔，事先約定清楚，以免衍生後遺。

5. 若承租人第一個月租金及押金皆開票，應待票據兌現後，始可交屋予承租人。如果承租人要求押金開立本票，或遠期支票，則勿將房屋出租予該承租人，以免日後無法收到房租。

6. 出租人返還押租金予承租人時，應要求承租人簽寫收據或於出租人所持有之租賃契約書上記明收訖為宜。

## 有關申報租賃所得稅的幾個問題

1. 國稅局課徵租賃所得稅是以出租人之全年租賃收入，減除合理而必要的損耗和費用後的餘額，以計算租賃的所得，出租人如有修繕應保留相關單據。

2. 出租人不可在房屋租賃契約書中明載承租人不可報稅。收入報稅本是國民應盡之義務，租金報稅則是房客應有之權利，故不可在房屋契約書上用「不得報稅」等文字加以限制。但契約中可以註明所產生之稅金，由出租人或承租人負擔，若契約明定由何方負擔，則照契約內容履行。

3. 在轉租的情形，承租人租金扣抵對象可以是出租人或轉租的出租人（二房東），只要取得申報所需的文件，即可向國稅局申報出租人或轉租的出租人之全年租賃所得（租金抵扣所得稅的申報文件包括以下三項：（1）租賃契約書正本；（2）房租付款證明影本；（3）房客供自住的設籍證明文件）。

4. 出租人沒收承租人押金是屬於所得稅法第 14 條規定的「其他所得」，應該併入綜合所得課稅。如果出租人是因為修繕房屋、繳納水電費等原因，導致費用支出，也可從此項所得中減除，但出租人申請減除費用時，應備齊單據，以便佐證。

**Key Word**

**出租人的義務**

一、交付租賃物並保持合於約定狀態（民法第423條）。

二、租賃物修繕義務（民法第429條）。

三、稅捐原則上由出租人負擔，但可以特約由承租人負擔（民法第427條）。

四、負擔必要費用與有益費用（民法第430條、第431條）。

**Tips** 簽訂租賃契約時，承租人有沒有契約審閱權？

1. 依106年1月1日生效的房屋租賃定型化契約不得記載事項第1條規定，出租人不得於契約中約定「承租人同意拋棄審閱期間」，肯認承租人應有契約審閱權。而在應記載事項第1條則規定「契約審閱期間至少三日」。所以，在106年1月1日以後簽訂的租屋契約，承租人都享有所謂的「三日」契約審閱權（租賃契約一定要先讓承租人帶回去審閱三天才可以簽約），否則除了出租人簽訂租賃契約有違反規定最高將可處30萬元罰鍰外，承租人甚至可以主張租賃契約內容對其不生效力！

2. 另外，依新版規定「雙方各執1份契約正本」，並「不得約定承租人須繳回契約書」，用以保障承租人了解租賃契約內容的權益。

**Tips** 新版房屋租賃定型化契約應記載及不應記載事項的適用對象

1. 只有出租人使用定型化契約時才有適用：
   所謂定型化契約，是指凡以企業經營者「預先擬定」提出之定型化契約條款作為契約內容之一部或全部而訂定之契約，均稱為定型化契約。因此，如果契約條款是「個別磋商」而來的（只要是逐條討論，無論是打字或手寫），就不是定型化契約，也就沒有消保法介入而適用新制的空間。簡單的說，只要是在書局、便利商店所購買，或者出租人自己事先準備的契約書，都屬於定型化契約。

2. 106年1月1日起適用：
   106年1月1日起以出租房屋為業的房東，應使用符合內政部公告應記載及不得記載事項規定的契約與房客簽約（消保法第17條第1項），若契約有違反規定的情形，最高將可處30萬元罰鍰。

3. 只要「反覆出租」就有適用：
   為保障租屋族權益，消保處表示經過專家、學者討論後，決議不論公司、團體或個人房東，只要符合「反覆實施同種類的行為」就屬於以出租房屋為業（不論是主業或是副業），均應為新制的適用對象。依此標準，即使只有出租一戶的房東，只要是反覆出租，也必須適用新制。

4. 承租人之用途須非供營業使用：
   須一方是企業經營者，一方是消費者，才有消保法的適用。如果訂約的雙方都是企業經營者（做生意、營業用途），承租人就不是所謂的消費者，就不適用房屋租賃定型化契約應記載及不得記載事項。

參見附件 29：房屋租賃定型化契約應記載及不得記載事項（109.09.01 生效）

參見附件 30：租賃標的現況確認書

參見附件 31：出租人同意轉租範圍、租賃期間及終止租約事由確認書

參見附件 32：承租人負責修繕項目及範圍確認書

參見附件 33：承租人負責修繕項目及範圍明細表

參見附件 34：房屋租賃契約書範本（105.06.23 修正）

## 出租人與承租人簽約時逐條討論個別協商，不適用

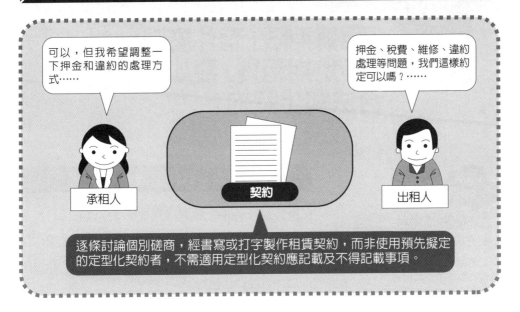

可以，但我希望調整一下押金和違約的處理方式……

承租人

押金、稅費、維修、違約處理等問題，我們這樣約定可以嗎？……

出租人

契約

逐條討論個別磋商，經書寫或打字製作租賃契約，而非使用預先擬定的定型化契約者，不需適用定型化契約應記載及不得記載事項。

## 承租人租用的目的是營業使用，非消費者

營業使用

MARKET

交付租賃標的物

承租人

契約

出租人

租賃物如營業使用者，不需適用定型化契約應記載及不得記載事項。

# 「租賃期限」有什麼限制？「不定期租賃」要如何才能合法終止契約？

**不定期租賃**

租賃契約由當事人約定而未定期限者稱之；此外，下列兩種情形亦視為不定期租賃：（1）不動產租賃契約期限逾一年而未以字據訂立者；（2）租賃期限屆滿，承租人仍使用收益該租賃物，出租人不即表示反對之意思者。

**民法第 422 條**

不動產之租賃契約，其期限逾一年者，應以字據訂立之，未以字據訂立者，視為不定期限之租賃。

## 「租賃期限」有什麼限制？

1. 租賃期限不得逾 20 年（民法第 449 條）。

2. 如為不定期租賃，出租人終止租約需受土地法第 100 條之嚴格限制，亦即出租人必須有下列情形之一方能終止租約：

   (1) 出租人欲收回自住或重新建築時。

   (2) 承租人違反民法第 443 條第 1 項規定轉租他人時。

   (3) 承租人積欠租金額，除以押租金抵償外，達 2 個月以上時。

   (4) 承租人以房屋供違反法令之使用時。

   (5) 承租人違反租賃契約時。

   (6) 承租人損壞出租人之房屋或附著財物而不為相當之賠償時。

3. 依民法第 422 條之規定「不動產之租賃契約，其期限逾一年者，應以字據訂立之，未以字據訂立者，視為不定期限之租賃。」所以出租人在訂立契約時要特別留心契約是否要約定期限，如果超過 1 年，一定要簽訂書面契約，以免終止租約需受土地法第 100 條之嚴格限制。

4. **出租人如何防止租賃契約陷於「不定期」？**

   定期租賃契約如因期限逾 1 年而未以字據訂立，或租賃期限屆滿承租人仍使用收益該租賃物，出

租人不即表示反對之意思，因而陷於「不定期」租賃時，出租人終止租約需受土地法第 100 條之嚴格限制，相當嚴格。因此，建議讀者可以在租賃契約書中特別註明：「租約期滿後，不再續租；如有續租應另以書面訂約」（最高法院 101 年度台上字第 695 號民事判決參照），並於租約到期後不要繼續收受租金，即可阻止續約成為不定期租賃。

## 出租人如何避免終止租約受到土地法第100條之嚴格限制？

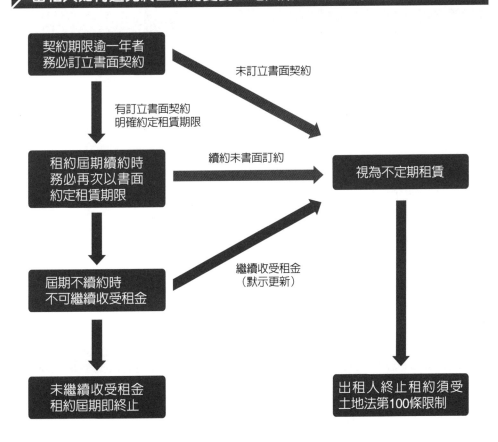

# 29 租賃契約要不要經法院「公證」？公證租約有什麼好處？

## 租約公證的好處

租賃契約公證的目的，乃在保障當事人，於他方不履行契約時，可直接向法院民事執行處聲請強制執行，不需曠日廢時的進行訴訟。但能經由公證程序直接取得強制執行效力的事項，僅限於：

1. 租期屆滿，承租人不肯遷讓時，出租人請求返還房屋的權利（否則起訴請求返還租賃物，裁判費要以房屋價值計算）。

2. 給付金錢或其他代替物或有價證券一定數量為標的權利。例如：出租人請求承租人給付房租的權利、承租人請求返還押金的權利，或承租人因為房屋受損害而得請求承租人賠償之權利……等。

3. 不論是前述的任何一種權利都必須載明在公證書裡，並表明「願接受強制執行」的意旨，否則仍然不具有直接強制執行的效力。目前各地方法院公證處裡都有印製完善的租約公證格式，只要把想令其發生直接強制執行效力的各種權利，填入該格內，經公證後就可達到逕受強制執行效果，相當方便，讀者可多加利用。

## 請求公證人辦理租約公證應注意事項

1. 請求書應填明請求人即出租人、承租人雙方（承租人覓有保證人時，應一併填寫），姓名、年籍、身分證統一號碼及地址。

2. 「約定逕受強制執行」欄內，應分別寫明需要強制執行的標的，「租賃期滿交還房屋」、「給付房租金及違約金」、「返還押租金」等，如未填寫即不具逕受強制執行效力。

3. 請求人（公司、商號、法人之負責人）本人不能到場，可以委任他人代理，但要提出經請求人本人簽章之授權書。授權書附有請求人之印鑑證明書者（須半年內，向戶政事務所申請），授權書上之印文與該印鑑證明書上之印鑑須相符。授權人

如為公司，應提出公司登記主管機關最近 6 個月內所核發公司設立（變更）登記事項卡副卡正本，及加蓋相同公司及其負責人印鑑章之影本，正本核對無訛後發還，影本附卷存參。如公司設立（變更）登記事項卡副卡正本核發後已逾 6 個月，須再檢附公司登記主管機關最近 3 個月內核發之公司設立（變更）登記事項卡抄錄本及聲請抄錄或准予變更等相關證明文件。

## ▶ 租約爭議處理流程

```
發生租約爭議
    │
    ▼
寄發存證信函催告履行
    │
 ┌──┴────────────┐
 ▼                ▼
租約未經公證      租約有經公證
 │                │
 │           是否為約定
 │           逕受強制執
 │           行事項
 │                │
 │          否 ◄──┴──► 是
 ▼          ▼          ▼
調解、訴訟等                承租人欠繳租金2個月
漫長程序約1-2年              即可聲請（程序迅速）
 │                          │
 ▼                          │
判決確定                      │
取得執行名義                   │
 │                          │
 └──────► 聲請法院強制執行 ◄───┘
```

### Key Word

**約定逕受強制執行**

得向法院聲請強制執行者，須提出有效的執行名義，以下四種情形得以公證書為「執行名義」，逕行聲請強制執行（公證法第13條）：

1.以給付金錢或其他代替物或有價證券之一定數量為標的者。

2.以給付特定之動產為標的者。

3.租用或借用建築物或其他工作物，定有期限並應於期限屆滿時交還者。

4.租用或借用土地，約定非供耕作或建築為目的，而於期限屆滿時應交還土地者。如出租人請求承租人給付租金之權利、承租人請求返還押金之權利或出租人因為房屋受損害而得請求房客賠償之權利等，均須載明在公證書，並表明「願接受強制執行」之文字，否則即使私下約定仍不具直接強制執行的效力，日後變更或增加亦應重新請求公證。

# 30 承租人遲付租金時，出租人應該如何處理？（如何才能正確、合法的終止租約？）

**Key Word**

## 公證法第 13 條

當事人請求公證人就下列各款法律行為作成之公證書，載明應逕受強制執行者，得依該證書執行之：

一、以給付金錢或其他代替物或有價證券之一定數量為標的者。

二、以給付特定之動產為標的者。

三、租用或借用建築物或其他工作物，定有期限並應於期限屆滿時交還者。

四、租用或借用土地，約定非供耕作或建築為目的，而於期限屆滿時應交還土地者。

前項公證書，除當事人外，對於公證書作成後，就該法律行為，為當事人之繼受人，及為當事人或其繼受人占有請求之標的物者，亦有效力。

債務人、繼受人或占有人，主張第一項之公證書有不得強制執行之事由提起訴訟時，受訴法院得因必要情形，命停止執行，但聲請人陳明願供擔保者，法院應定相當之擔保額，命停止執行。

## ▷ 承租人遲付租金的處理程序

房屋出租時最常見的問題就是承租人租金遲付，依法承租人應於約定日期支付租金，不得遲延，且民法亦規定租金的遲付可構成出租人終止契約的理由，但出租人仍應注意下列事項：

1. 承租人遲付租金於法律上雖可構成出租人終止契約之理由，惟出租人須定合理期限催告（實務上約5日至10日為適當，並建議以存證信函為之），經催告後承租人仍不支付租金，出租人方可終止契約，此催告或終止方式並無嚴格限制，但仍建議以存證信函為之，舉證上較無困難。

2. 一般而言，房屋租賃之租金遲付總額於扣抵押金後，仍積欠達兩期之租金，才可以依定期催告的方法終止租賃契約（簡單的說，押金是二期租金的話，就是積欠達四期租金）。（土地法第100條第3款）

3. 出租人定期催告，承租人仍不依限期支付時，出租人仍然可以選擇終止租賃契約或不終止契約而再催告。

4. 經公證的租賃契約，可直接請求法院強制執行。（公證法第13條）

```
                    ┌─────────────────────┐
                    │    承租人租金遲付       │
                    └─────────────────────┘
                      ↙                 ↘
        ┌──────────────┐          ┌──────────────┐
        │  租賃物是房屋   │          │ 租賃物不是房屋  │
        └──────────────┘          └──────────────┘
          ↙          ↘
┌──────────────┐  扣抵押金後未達二期須
│扣抵押金後須仍積 │  待積欠達二期未付
│欠達二期租金未付 │
│（押金為二個月即 │←─────┘
│須積欠達四個月）│
└──────────────┘
         │                              │
         └──────────┬───────────────────┘
                    ↓  經催告後仍未付租金
          ┌──────────────────┐
          │  可以合法發函終止租約  │
          └──────────────────┘
```

**Tips**　供營業使用的房屋租賃，押金可以約定超過2個月房租！

　　依據土地法第99條第1項規定，房屋租賃的擔保金（即押金）不得超過2個月租金。因此，超過部分承租人可以對出租人主張超過部分抵付押金。但法院實務上認為土地法第99條第1項就擔保金限制的規定，不包括供營業使用的房屋租賃。也就是說，目的是營業用的房屋租賃，承租人應依雙方契約的約定交付擔保金，即使其金額超過2個月房屋租金的總額，承租人也不能主張以超過部分抵付房租（最高法院95年08月25日95年度台上字第1907號民事判決參照）。

# 31 房屋租賃的出租人私下將房屋出售了，承租人該怎麼辦？

**Key Word**

**65 年台上字第 156 號判例**

民法第425條所謂對於受讓人繼續存在之租賃契約，係指民法第421條第1項所定意義之契約而言，若因擔保承租人之債務而接受押租金，則為別一契約，並不包括在內，此項押租金契約為要物契約，以金錢之交付為其成立要件，押租金債權之移轉，自亦須交付金錢，始生效力，出租人未將押租金交付受讓人時，受讓人既未受押租金債權之移轉，對於承租人自不負返還押租金之義務。

## 買賣不破租賃

1. 依民法第 425 條規定：「出租人於租賃物交付後，承租人占有中，縱將其所有權讓與第三人，其租賃契約，對於受讓人仍繼續存在。前項規定，於未經公證之不動產租賃契約，其期限逾五年或未定期限者，不適用之。」其主要的意涵為「所有權的移轉不破租賃」，意指如租賃契約成立且承租人也遷入房屋居住，則出租人日後即使將房屋的所有權移轉（即出售）時，承租人仍可繼續居住，買受人要承受原租賃契約的權利義務。但民法第 425 條第 2 項同時對適用範圍作了限制，將「不定期租賃契約」及「逾五年定期租賃契約而未經公證者」排除在外。換句話說，如果所簽訂的租約是不定期租賃契約，或是「五年以上」的定期租賃契約而未經法院「公證」者，承租人即不可以租賃契約訂約在前並以遷入居住為理由，對抗房屋買受人，繼續租用房屋。

2. 房屋租賃的出租人私下將房屋出售了，承租人是否可以繼續承租的判斷方式：

```
              ┌──────────────────────┐
              │    租賃契約的租賃期限    │
              └──────────────────────┘
                ↙                    ↘
┌──────────────────┐      ┌──────────────────────┐
│①不定期租賃契約      │      │①租賃期間一年以下        │
│②五年以上未經公證租約 │      │②五年以下定期「書面」租賃契約│
│                  │      │③五年以上定期「書面」租賃契約│
│                  │      │   已經公證              │
└──────────────────┘      └──────────────────────┘
        ↓                          ↓
┌──────────────────┐      ┌──────────────────────┐
│  租賃契約不能對抗    │      │   租賃契約對於受讓人     │
│    房屋買受人       │      │     仍繼續存在         │
└──────────────────┘      └──────────────────────┘
         ✕                         ↓        ○
                          ┌──────────────────────┐
                          │ 於租賃物遭賣出、法拍、    │
                          │   贈與等情形均有適用     │
                          └──────────────────────┘
```

## ▷ 租賃契約適用民法第425條之要件

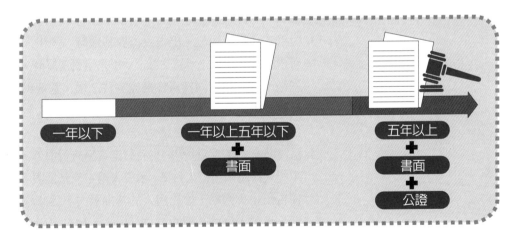

3. 在租賃契約對於受讓人仍繼續存在的情形，常見租約到期押租金無法請求返還問題，舊出租人很可能沒有交付承租人原來繳納的押租金給新的出租人，而依照目前實務見解，於此情形新的出租人並不需要負責返還押租金給承租人，承租人仍應找舊出租人追討押租金。

# 32 關於租賃契約，還有什麼事項是應該注意的？

**Key Word**

**善良管理人之注意**

法律上所謂善良管理人之注意義務，是指交易上一般觀念認為有相當知識經驗及誠意之人應有之注意，即謹慎、小心的善良管理人態度；學說及實務認此程度之注意義務乃「抽象輕過失」責任。

## 關於租賃契約其他應注意事項

**1.** 出租人應以合於所約定使用收益之租賃物，交付承租人，並應於租賃關係存續中，保持其合於約定使用、收益之狀態。例如：約定為營業用之房屋，出租人不得交付住宅用房屋，否則承租人無法辦理營業登記。出租人如未盡此項義務，承租人得終止租賃契約。

**2.** 租賃物為房屋或其他供居住之處所者，如有瑕疵，危及承租人或其同居人之安全或健康時，承租人雖於訂約時已知其瑕疵，或已拋棄其終止契約之權利，仍得終止契約。

**3.** 租用基地建築房屋，出租人出賣基地時，承租人有依同樣條件優先承買之權。承租人出賣房屋時，基地所有人有依同樣條件優先承買之權（基地出賣時，地上權人、典權人或租地建屋之承租人有依同樣條件優先購買之權）。

**4.** 租賃物如需修繕，除契約另有訂定或另有習慣外，承租人得請求出租人負擔。承租人得定相當期限，催告出租人修繕，如出租人於其期限內不為修繕者，承租人得終止契約或自行修繕而請求出租人償還其費用或於租金中扣除之。

**5.** 租賃物為「房屋」者，承租人原則上可以將其一部分轉租於他人，除非有反對之約定；至於房屋以外如土地，則非經出租人同意不得轉租，承租

人違反規定轉租於他人者，出租人得終止契約。

6. 承租人就租賃物支出有益費用，因有增加該物之價值者，如果出租人知其情事而
不為反對之表示，於租賃關係終止時，應償還其費用。但以其現存之增價額為限。
承租人就租賃物所增設之工作物，得取回之。但應回復租賃物之原狀。

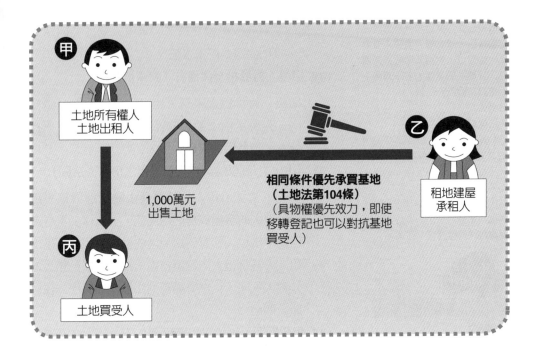

### 7. 承租人應以善良管理人之注意「保管」租賃物

承租人應以善良管理人之注意，保管租賃物。承租人違背保管義務，致租賃物毀
損滅失者，出租人得請求損害賠償。但是在房屋因火災焚毀之情形，民法特別規
定，除非火災是因承租人的故意或重大過失所引起，否則承租人可以不負損害賠
償責任。又承租人應依約定方法，為租賃物之使用收益，無約定方法者，應依租
賃物之性質而定之方法為之。承租人違反此規定，為租賃物之使用，經出租人阻
止而仍繼續為之，出租人得終止契約。

### 8. 房屋「修繕、危害」承租人應即通知出租人

租賃關係存續中，租賃物如有修繕之必要，應由出租人負擔者，或因防止危害，
有設備之必要，或第三人就租賃物主張權利者，承租人應即通知出租人，但為出
租人所已知者，不在此限。承租人怠於為危害通知，致出租人不能及時救濟者，
應賠償出租人因此所受之損害。

### 9. 租賃契約終止時，承租人應回復原狀返還租賃物

承租人於租賃關係終止後，應依承租時之原狀返還租賃物。所謂原狀，當然指原來或經常情形下，因經過使用，而應該有的狀態。但如果承租人為了安裝冷氣或其他設備，而對所承租的房屋進行鑿洞、釘孔或挖掘之情形，承租人應該要回復原狀，否則便需負賠償責任。

### 10. 出租人對於租金債權有「動產留置權」

出租人於承租人未交付租金時，得於租金額度內，對房屋內之動產物品留置（除禁止扣押物外），以為租金債務的擔保。

### 11. 出租人不可以隨意進入已出租之房屋（房間）

實務上常見出租人以各種理由隨意進入已經出租予他人的房屋或房間的問題，在法律上房屋出租後，承租人即有使用房屋的權利，因此若是出租人未經承租人同意擅自進入房屋，屬於無故侵入他人住宅，仍然有觸犯刑法第306條侵入住居罪之問題。

### 12. 租賃期間可不可以調漲租金？

原則上租賃契約約定之租金不得隨意調漲，但依民法第442條規定，租賃物為不動產者，因其價值之升降，當事人得聲請法院增減其租金。但其租賃物定有期限者，不在此限。因此若租屋契約未定有期限，則依上開規定，若房屋價值「明顯」升高，出租人得依法聲請法院增加租金。至於定有租賃期限雖然沒有民法第442條規定的適用，但仍然可以依照民法第227條之2第1項規定，以契約成立後「情事變更」，非當時所得預料，而依其原有效果顯失公平為理由，聲請法院增、減其租金。

### 13. 如果租約是房東預先擬定好的定型化契約，應注意與應記載事項及不得記載事項有無牴觸或缺漏。

## Tips 新版房屋租賃定型化契約規範重點解析

1. 應記載事項：
   (1) 擔保金（押金）最高不得超過2個月房屋租金的總額。
   (2) 租賃期間管理費、水費、電費、瓦斯費及其他費用及其支付方式。且應注意電費尚應區分「夏月」與「非夏月」，並均不得超過台灣電力股份有限公司所定當月用電量最高級距之每度金額。
   (3) 租賃契約房屋稅、地價稅、銀錢收據之印花稅均由出租人負擔，其他有關稅費、代辦費始可另行約定。
   (4) 房屋及附屬設備損壞，原則由出租人負責修繕，但損壞係因可歸責於承租人之事由，出租人可不負修繕義務。
   (5) 租賃雙方得否提前終止租約之約定、應提前通知之期間、違約賠償金額最高不得超過1個月租金及預收租金之返還。
   (6) 房屋返還之點交手續，及承租人未依約定返還房屋時，出租人得向承租人請求未返還房屋期間之相當月租金額外，並得請求相當月租金額一倍（未足1個月者，以日租金折算）之違約金至返還為止。
   (7) 承租人因疾病、意外產生有長期療養之需要，得提前終止租約，出租人不得要求任何賠償。
   (8) 承租人違法使用、擅自轉租、毀損租賃物不修繕、未經出租人同意裝修或裝修有損害結構安全，出租人得檢附相關事證，以書面終止租約，不用事先通知。
   (9) 出租人為修繕租賃住宅所為之必要行為，應於相當期間先期通知，承租人無正當理由不得拒絕。出租人於修繕期間，致租賃住宅全部或一部不能居住使用者，承租人得請求出租人扣除該期間全部或一部之租金。
   (10) 出租人於租賃期間亦不得藉任何理由要求調漲租金。
   (11) 租賃住宅係供居住使用，承租人不得擅自變更用途（不得變更為非住宅使用）。
   (12) 出租人應出示有權出租本租賃住宅之證明文件及國民身分證或其他足資證明身分之文件，供承租人核對。
   (13) 出租人處理承租人遺留物所生費用，得由押金中抵充，如有不足，並得向承租人請求給付不足之費用。
   (14) 新版住宅租賃合約規定不以有「門牌號碼」為限，有房屋稅籍編號、位置略圖，都可以確認租賃標的，都應該受到住宅租賃合約的保障，以免出租人藉故不受規範。
2. 不得記載事項：
   (1) 不得約定承租人不得申報租賃費用支出。
   (2) 不得約定承租人不得遷入戶籍。
   (3) 不得約定應由出租人負擔之稅賦，若較出租前增加時，其增加部分由承租人負擔。
   (4) 出租人故意不告知承租人房屋有瑕疵者，不得約定排除民法上瑕疵擔保責任。

# 什麼是押金（押租金）？承租人可否不付租金，主張押租金直接與租金抵充？出租人不退還押租金，承租人可否不返還房屋？房屋出售後屆期終止租約，可否要求新房東返還押租金？

**Key Word**

最高法院 65 年台上
字第 2714 號判例

查上訴人所交被上訴人之三萬元
係押租金，而押租金之性質，乃
擔保租金之給付，如承租人有欠
租情事，自可由出租人主張抵付
租金，不得謂出租人有收取押租
金者，即係承認延長租期。

## 什麼是押金（押租金）？

押金（押租金）一般民間又稱為保證金、擔保金等，其目的是為了擔保承租人租金的給付、承租人對房屋所造成損害賠償，以及在租約期滿時承租人按時返還房屋。依據土地法第 99 條的規定，押金不得超過租金的二倍（即 2 個月相當金額），超過的部分房客有權利對房東主張用來抵付房租。

## 押租金可否直接與租金抵充？

押租金的目的是在擔保出租人的租金債權及損害賠償。因此，租賃關係終了後，若承租人欠有租金或負有損害賠償債務，出租人可以用押租金抵充該債務；至於租賃關係尚未終止時，由於是否抵充涉及出租人是否需提前返還押租金，實務上認為如承租人有欠租情事，即使租賃關係尚未終止，出租人仍可以押租金主張抵付租金（最高法院 65 年台上字第 2714 號判例參照）。

## 出租人不退還押租金，承租人可否不返還房屋？

實務上認為承租人交付押租金予出租人，在於擔保其租賃債務之履行，故在租賃關係終了後，承租人依法負有返還租賃房屋的義務，且不得以出租人不退還押租金為由而拒絕返還房屋。

## 房屋出售後屆期終止租約，可否要求新房東返還押租金？

常見在租賃期間房屋發生買賣的情形，租約到期後，承租人欲取回押金時，新房東卻以原屋主未移交押金而不願返還押租金，舊房東又已經找不到人，造成承租人無法取回押金的窘境。然實務上當原屋主未將押租金與預付租金移交給新房東時，新房東並不具有返還該押租金或預付租金的義務（參前揭65年台上字第156號判例）。

**參見附件** 35：租賃事件相關存證信函撰寫例稿

**Key Word**

### 最高法院 77 年度 台上字第 2177 號民事判決

押租金並非租賃契約之內容或要素，民法第425條所謂對於受讓人繼續存在之租賃契約，係指第421條第1項所定意義之契約而言，若因擔保承租人之債務而接受押租金，則為別一契約，並不包括在內。是故押租金契約並不隨租賃契約而移轉。

**Key Word**

### 最高法院 77 年度 台上字第 2213 號民事判決

押租金係以擔保承租人之租賃債務為目的。是押租金返還請求權，應於租賃關係終了，租賃物交還，承租人已無債務不履行情事，且押租金尚有餘額時，始能產生。

**Key Word**

### 最高法院 93 年度 台簡上字第 18 號民事判決

押租金契約固為要物契約，惟於承租人有更迭之情形，前承租人將原有押租金返還請求權，經合意由前承租人將其上開債權讓與後承租人，以代押租金之交付，自已具備要物性。

第 8 章

# 夫妻財產制的選擇與剩餘財產分配

# 34 我國夫妻財產制的種類有幾種？其內容分別為何？

## 認識我國夫妻財產制的種類

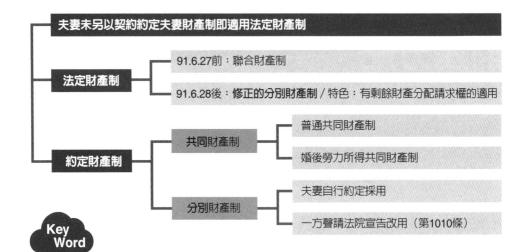

**夫妻未另以契約約定夫妻財產制即適用法定財產制**

**法定財產制**
- 91.6.27前：聯合財產制
- 91.6.28後：修正的分別財產制／特色：有剩餘財產分配請求權的適用

**約定財產制**
- 共同財產制
  - 普通共同財產制
  - 婚後勞力所得共同財產制
- 分別財產制
  - 夫妻自行約定採用
  - 一方聲請法院宣告改用（第1010條）

**Key Word**

### 法定財產制

法定財產制是指夫妻在婚前或婚後未以契約訂立夫妻財產制時，其婚姻關係存續中，當然應適用的一般夫妻財產制。

**Key Word**

### 約定財產制

約定財產制是指夫妻在婚前或婚後，以書面契約方式就民法所規定約定財產制中的「約定共同財產制」和「約定分別財產制」，選擇其中一種，為其夫妻財產制。

## 各種夫妻財產制的內容

### 1. 法定財產制（修正的分別財產制）

| 夫妻財產分類 | 區分：<br>①婚前財產。<br>②婚後財產（包括婚前財產所生孳息）。 |
|---|---|
| 財產所有權 | 夫妻各自所有 |
| 財產管理權 | 各自管理、管理費用各自負擔 |
| 財產使用收益 | 各自使用收益 |

| | |
|---|---|
| 財產處分權 | 各自處分 |
| 家庭生活費用 | 由夫妻各依其經濟能力、家事勞動或其他情事分擔之（民法第1003-1條）。 |
| 家庭生活費用所生債務 | 由夫妻負連帶責任（民法第1003-1條）。 |
| 各自債務清償 | ①各自對其債務負清償責任（民法第1023條）。<br>②夫妻之一方以自己財產清償他方之債務時，雖於婚姻關係存續中，亦得請求他方償還（民法第1023、1046條）。 |
| 自由處分金 | 夫妻於家庭生活費用外，得協議一定數額供妻（或夫）自由處分。 |
| 報告義務 | 法定財產制關係存續中，夫妻就其婚後財產，互負報告之義務（民法第1022條）。 |
| 剩餘財產分配 | 婚後財產扣除債務後的差額，應平均分配，即夫妻財產較多的一方，應給付差額半數給財產較少的一方。 |
| 保全措施<br>（第1020-1條） | ①無償行為有害及他方之剩餘財產分配請求權者，他方得聲請法院撤銷之。<br>②有償行為於行為時明知有損於他方之剩餘財產分配請求權者，以受益人受益時亦知其情事者為限，他方得聲請法院撤銷之。 |
| 交易安全 | ①民法第1020-1條所定撤銷權，設有短期除斥期間，即六個月間不行使，或自行為時起經過一年而消滅（民法第1020-2條）。<br>②夫妻財產制契約之登記，不影響依其他法律所為財產權登記之效力（民法第1008條）。 |

### 自由處分金

依民法第1018-1條規定，夫妻於家庭生活費用外，得協議一定數額之金錢，供夫或妻自由處分。如無協議，配偶一方得訴請法院依實際狀況酌定。蓋民法第1018-1條之立法理由明文提及自由處分金數額之多寡，宜由夫妻依其收入扣除家庭生活費用後，協議定之。協議不成，由法院依實際狀況酌定。其性質乃評價配偶對「家庭勞動辛苦之對價」，是以，性質屬於配偶婚後之勞務收入。

### 家務有給制

家務有給是指從事家事、育兒等家庭內勞動之活動，應屬有價，而應獲得適當報酬之意。依據民法第1003-1條規定，家事勞動亦為家庭生活費用之內涵。

| | |
|---|---|
| 夫妻財產分類 | 區分：<br>①共同財產（民法第 1031 條）。<br>②特有財產（民法第 1031-1 條）。 |
| | 特有財產的範圍：<br>一、專供夫或妻個人使用之物。<br>二、夫或妻職業上必需之物。<br>三、夫或妻所受之贈物，經贈與人以書面聲明為其特有財產者。<br>特有財產適用關於分別財產制之規定。 |
| 財產所有權 | ①共同財產：公同共有。<br>②特有財產：各自所有。 |
| 財產管理權 | ①共同財產：共同管理（得特別約定由一方管理）（第 1032 條）。<br>②特有財產：各自管理。 |
| 財產管理費用 | ①共同財產：由共同財產負擔。<br>②特有財產：由特有財產負擔。 |
| 財產處分權 | ①共同財產：應得他方之同意（第 1033 條）。<br>②特有財產：各自處分。 |
| 債務清償 | 由共同財產及特有財產負連帶清償責任。 |
| 共同財產關係消滅時之處理 | ①一方死亡時，共同財產之半數，歸屬於死亡者之繼承人，其他半數歸屬於生存之他方（第 1039 條）。<br>②離婚時，夫妻各取回其訂立共同財產制契約時之財產。共同財產制關係存續中取得之共同財產，由夫妻各得其半數（第 1040 條）。 |
| 家庭生活費用 | 由夫妻各依其經濟能力、家事勞動或其他情事分擔之（民法第 1003-1 條）。 |

### 3. 約定財產制：所得共同財產制

| 夫妻財產分類 | 區分：<br>①勞力所得財產。<br>②非勞力所得財產。 |
| --- | --- |
| | 勞力所得財產的範圍：<br>①包括薪資、工資、紅利、獎金、其他與勞力所得有關之財產收入及勞力所得之孳息及代替利益。<br>②不能證明為勞力所得或勞力所得以外財產者，推定為勞力所得。 |
| 財產關係 | ①勞力所得財產：以勞力所得財產為共同財產，適用共同財產制規定。<br>②非勞力所得財產：適用分別財產制。 |

### 4. 約定財產制：分別財產制

(1) 約定分別財產制，夫妻各保有其財產之所有權，各自管理及使用收益及處分，內容原則上與法定財產制相同。

(2) 不適用剩餘財產差額分配請求權。

**Tips**

先生（或太太）賺錢只供自己花用，不肯負擔家庭生活費用，可以請求他方給付嗎？

依民法第1003-1條規定，請求對方依雙方的經濟能力分擔家庭生活費用，沒有在工作的一方（不分夫或妻），也可以用家事勞動的方式來分擔家庭生活費用。

**Tips**

先生（或太太）說我賺的錢一半要交給他，依法我可以拒絕嗎？

依民法第1017-1條前段規定，夫妻財產是各自所有的，所以賺錢就是自己的，買來的不管是不動產或動產也是自己的，可以自由處分，在夫妻離婚分配剩餘財產之前，是不需要分一半給對方的。

# 何謂剩餘財產（差額）分配請求權？剩餘財產分配的數額應如何計算？

## 精神撫慰金

慰撫金，即法律上所指精神慰撫金之簡稱，又稱非財產上損害賠償。依我國民法，行為人不法侵害他人的人格權，包括身體、健康、名譽、自由、信用、隱私、貞操等等。被害人雖未受到財產上損害，依民法第195條第1項規定，仍有權請求加害人賠償相當的金額，即所謂「精神慰撫金」。實務上認為非財產上的損害係屬於精神上之痛苦，即為慰撫金，而學說對於慰撫金定義乃是指權益被侵害所生非財產上損害（即精神或肉體痛苦），所支付之相當數額之金錢，旨在填補被害人所受之損害及慰撫其痛苦。

## 何謂剩餘財產（差額）分配請求權？

1. 法律設計剩餘財產分配請求權的目的，在於肯定夫妻一方的家事勞動辛勞或其他付出，使其得以分配他方在婚姻關係存續中增加的財產。茲分析法律要件分析如下：

| 剩餘財產分配請求權的要件分析（第 1030-1 條） |
| --- |
| 法定財產制關係消滅時，包括：<br>①離婚。<br>②夫妻一方死亡（剩餘財產分配請求權優先於遺產繼承）。<br>③婚後約定改用分別財產制。<br>④結婚經撤銷。 |
| 以夫或妻「現存」之「**婚後財產**」為標的 |
| 扣除：<br>①婚姻關係存續中所負債務。<br>②繼承取得之財產。<br>③無償取得之財產。<br>④慰撫金。 |
| 夫妻雙方剩餘財產如有「差額」，應**平均分配**（即夫妻財產較多的一方，應給付差額半數給財產較少的一方）。 |

**Tips** 夫妻間贈與是否屬於「無償取得」之財產，不用列入剩餘財產的計算範圍？

1. 所稱「其他無償取得之財產」自包含夫或妻受妻或夫贈與之財產在內（最高法院98年度台上字第495號民事判決）。

2. 一方須證明移轉登記原因為夫妻贈與之不動產實際上並非夫妻贈與（可能為借名登記或其他法律關係），始得將該不動產排除在「無償取得之財產」外，而仍將之列為應分配之剩餘財產範圍。

**2. 不列入分配的「婚前財產」範圍（民法第 1017 條）**

(1) 結婚前夫妻「各自所有」的財產。

(2) 改用法定財產制「前」的財產。

**3. 應列入分配的「婚後財產」範圍（民法第 1017 條）**

(1) 結婚後所取得的財產。

(2) 「不能證明」婚前或婚後取得之財產。

(3) 婚前財產於婚姻關係存續中所產生的「孳息」。

**4. 剩餘財產分配請求權的消滅時效（民法第 1030-1 條第 4 項）**

(1) 自請求權人知有剩餘財產分配差額時起，2 年間不行使而消滅。

(2) 自法定財產制關係消滅時起（離婚或一方死亡），逾 5 年間不行使亦同。

**5. 婚後財產的計算時點（民法第 1030-4 條）**

(1) 現存婚後財產，其價值計算以法定財產制關係消滅時為準（即兩願離婚或死亡時）。

(2) 因判決而離婚者，以起訴時為準。

(3) 追加計算之婚後財產，其價值計算以處分時為準。

**6.** 剩餘財產差額之分配請求權，應自夫妻一方知悉他方財產較多而有所謂剩餘財產的「差額」時起，2 年內行使其權利。另自法定財產制關係消滅時起（離婚時）逾 5 年者，也不能再行使此項請求權（民法第 1030-1 條第 4 項）。

**Tips** 提起離婚訴訟的證據準備時間

　　由於我國裁判離婚事由中關於「難以維持婚姻之重大事由」認定較為嚴格，故於提起離婚訴訟前，欲訴請離婚之一方往往需要耗費許多時間、精力去蒐集證據，但此時如果夫妻關係已經劣化而難以挽回，婚後財產較多之一方因擔憂日後要給付剩餘財產差額而積極移轉財產，導致「起訴時」婚後財產所剩無幾，而影響剩餘財產分配請求權行使之額度，嚴重者甚至還有可能要給付他方剩餘財產，甚為不公。建議讀者訴請離婚固然要有充足的準備，但仍不宜耽擱太久，以免影響起訴時現存婚後財產之價值計算。

### ▶ 剩餘財產分配的數額應如何計算？

1. 「婚前財產」與「婚後財產」均由夫妻各自所有（民法第 1017 條第 1 項）。

2. 法定財產制關係消滅時，夫或妻現存之婚後財產，扣除婚姻關係存續所負債務後，如有剩餘，其雙方剩餘財產之差額，應平均分配。但下列財產不在此限（民法第 1030-1 條）：

 (1) 婚姻關係存續中所負債務。

 (2) 繼承取得之財產。

 (3) 無償取得之財產。

 (4) 慰撫金。

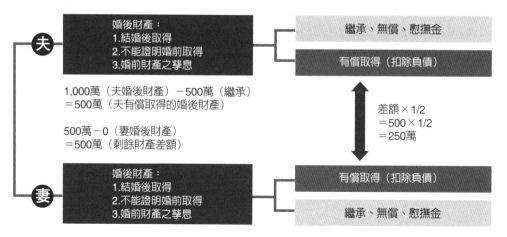

**例如**

離婚時，夫婚後財產中有償取得經扣除負債後計為 1,000 萬元，但其中有 500 萬元的資本是繼承所得，而妻婚後僅從事家務沒有任何婚後財產，但有 1,000 萬元婚前財產、受夫贈與價值 2,000 萬元不動產，則夫妻剩餘財產之差額為 500 萬元，即妻得向夫請求剩餘財產差額分配請求權為 250 萬元（計算式詳下列說明）。

 1,000 萬（夫婚後財產）－ 500 萬（繼承所得）＝ 500 萬
　　　（夫有償取得的婚後財產）

 無婚後財產，受夫贈與價值 2,000 萬元不動產不列入計算。

**差額**

500 萬（夫婚後財產）－ 0（妻婚後財產）＝ 500 萬
（夫妻剩餘財產差額）

500 x1/2 ＝ 250 萬
（妻得向夫請求之差額）

請求 250 萬

夫 500 萬　　妻 0

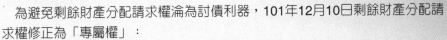

　為避免剩餘財產分配請求權淪為討債利器，101年12月10日剩餘財產分配請求權修正為「專屬權」：

1. 夫妻一方受破產宣告當然改用、債權人聲請宣告改用均已刪除，即不再因而發生剩餘財產差額分配。

2. 明定剩餘財產分配請求權不得讓與或繼承，具一身專屬性（即債權人不能再代位夫或妻一方，介入請求他方給付剩餘財產差額並加以求償，修法後債權人無法藉此訴請夫或妻一方拍賣財產償還他方債務。

3. 修法前經債權人向法院聲請宣告債務人改用分別財產制或已代位債務人起訴請求分配剩餘財產而尚未確定之事件，適用修正後的規定（施行第6-3條）。

4. 但如果夫或妻為他方作保（擔任連帶保證人），仍不因修法而免除保證責任，且即使離婚也不能免除。

5. 夫妻一方發生無償行為、通謀虛偽的脫產行為仍可能遭債權人訴請法院撤銷（民法第87條第1項、第244條）。

# 法律如何保障我的剩餘財產分配請求權？如何預防配偶惡意脫產，刻意減少剩餘財產分配請求權？

**Key Word**

### 無償行為 vs. 有償行為

法律上所謂無償行為，是指法律行為當事人僅單（一）方負有給付義務，他方無償取得。例如：贈與行為。而所謂有償行為，是指為法律行為當事人雙方互相負有給付義務。例如：買賣、租賃等。

## ▷法律如何保障我的剩餘財產分配請求權？

### 1. 夫妻就婚後財產互負報告義務

夫妻就其「婚後財產」，互負報告之義務（民法第 1022 條）。

### 2. 他方浪費、不當減少財產可請求提前分配

因不當減少其婚後財產，而對他方剩餘財產分配請求權有侵害之虞時，法院因他方之請求，得宣告改用分別財產制（民法第 1010 條第 1 項第 5 款），一旦宣告改用後即可提前主張分配剩餘財產，不用等到離婚。

### 3. 一方對婚後財產的「無償行為」，他方可以訴請撤銷

夫或妻於婚姻關係存續中就其婚後財產所為之無償行為，有害及法定財產制關係消滅後他方之剩餘財產分配請求權者，他方得聲請法院撤銷之（民法第 1020-1 條第 1 項）。

### 4. 一方對婚後財產的「有償行為」要以受益人明知有損害他方於剩餘財產分配請求權者，始可訴請撤銷

夫或妻於婚姻關係存續中就婚後他方之剩餘財產分配請求權者，須以受益人受益時亦知其情事者為限，他方得聲請法院撤銷之（民法第 1020-1 條第 2 項）。

### 5. 婚前、婚後財產的債務清算

夫或妻之一方以其婚後財產清償其婚前所負債務，或以其婚前財產清償婚姻關係存續中所負債務，除已補償者外，於法定財產制關係消滅時，應分別納入現存之婚後財產或婚姻關係存續中所負債務計算（民法第 1030-2 條）。

**例如**

先生以婚後賺取的勞力所得 200 萬元清償婚前債務，則於計算剩餘財產時，便應將該 200 萬元計入婚後財產之差額，則如離婚時先生有財產 1,000 萬元，太太沒有財產，其剩餘財產分配請求權之數額即為 600 萬元。

**計算式**

1,000 萬（現存婚後財產）＋ 200 萬（清償婚前債）＝ 1,200 萬
1,200 萬（先生婚後財產）－ 0（太太婚後財產）＝ 1,200 萬
1,200 X 1/2 ＝ 600 萬（剩餘財產分配請求權之數額）

### 6. 他方惡意減少婚後財產時可以追加計算五年

夫或妻為減少他方對於剩餘財產之分配，而於法定財產制關係消滅前 5 年內處分其婚後財產者，應將該財產追加計算，視為現存之婚後財產（民法第 1030-3 條第 1 項）。

### 7. 對受領利益的第三人亦得請求返還（民法第 1030-3 條第 2 項、第 3 項）

(1) 分配權利人於義務人不足清償其應得之分配額時，得就其不足額，對受領之第三人於其所受利益內請求返還。但受領為「有償」者，以顯不相當對價取得者為限。

婚後財產：0　　　婚後財產：0
105.12.31離婚

先生　　　　元配

應追加計算1,000萬元
元配得請求剩餘財產500萬元

101.1.1
贈與（假買賣）
價值1,000萬元

小三

(2) 前項對第三人之請求權，於知悉其分配權利受侵害時起 2 年間不行使而消滅。自法定財產制關係消滅時起，逾 5 年者，亦同。

8. 對受領利益第三人的請求權，應自夫妻一方知悉其分配權利受侵害時起 2 年內行使其權利。另自法定財產制關係消滅時起（離婚時）逾 5 年者，也不能再行使此項請求權（民法第 1030-3 條第 3 項）。

**Tips** 配偶一方死亡時，如何善用剩餘財產分配請求權節稅（遺產稅）？

1. 配偶一方死亡時，生存之他方可善用剩餘財產分配請求權節稅，但繼承人應於完成財產過戶登記事宜後，將所移轉之財產明細表連同事實證明文件向國稅局回報。運用剩餘財產差額分配請求權可以降低遺產總額，達到遺產稅節稅的效果（但98年1月23日後遺產稅已改採單一稅率10%，效果不若過往顯著。總的來說，如果遺產數額在1,200萬元以下的較無影響，遺產數額龐大的節稅效果則佳）。

2. 經核准扣除夫妻剩餘財產分配請求權後，國稅局為避免剩餘財產分配請求權淪為民眾作為規避遺產稅之工具，對於經稅捐機關核准減除請求權之遺產稅申報案件，會專案列管追蹤繼承人於核准日起2年內履行交付及辦理移轉登記之情形。繼承人應於繳納遺產稅及完成財產過戶登記事宜後，將所移轉之財產明細表連同事實證明文件向國稅局回報，若未將原核准請求權部分之遺產移轉過戶至生存配偶之名下時，則原先於計算遺產稅已扣除之夫妻剩餘財產差額分配請求權金額將不予認列，全體繼承人就此部分除須再行補納原先未納之遺產稅外，並應再加計利息。

3. 嗣後回流可能會遭贈與稅選案查核，應特別注意！

**Tips** 不動產、名車、保險箱、古董和心愛的毛小孩是誰的？

1. 不動產、汽車原則上都以登記名義認定所有權歸屬，登記先生的就是先生的，登記太太的就是太太的，除非一方能證明有借名登記的情況存在（例如：先生為了躲避債權人追債而將房子過戶借名登記給太太）。
2. 銀行保險箱內的珠寶、不記名證券、貴重物品，如果無法證明是先生還是太太的，原則上會被認為是保險箱租用人所有，除非他方可以舉證證明實際上為其所有。
3. 家中古董、毛小孩法律上都是所謂的動產，於適用法定財產制之夫妻，對於不能證明為夫或妻所有之財產，推定為夫妻分別共有，但性質上不可能分割，實務上處理方式通常是鑑價後補償一半差額給對方。

**Tips** 先生（或太太）都拿婚後賺的錢，來還婚前購買房屋的貸款，日後離婚時他方應如何主張？

依民法第1030-2條第1項規定，先生（或太太）如果以婚後財產（薪水）清償婚前債務（房屋貸款），離婚時（法定財產制關係消滅時），應分別納入現存之婚後財產或婚姻關係存續中所負債務計算。

**Tips** 先生（或太太）婚後都不事生產、不負擔家計，離婚時他方可以怎麼主張權利？

依民法第1030-1條第2項規定，夫妻財產差額平均分配顯失公平者，法院得調整或免除其分配額。另亦可參考最高法院見解「夫妻一方如有不務正業，或浪費成習等情事，於財產之累積或增加並無貢獻或協力，欠缺參與分配剩餘財產之正當基礎時，自不能使之坐享其成，獲得非分之利益，於此情形，若就夫妻剩餘財產差額平均分配顯失公平者，法院得依民法第1030-1條第2項規定調整或免除其分配額，以期公允」（最高法院100年度台上字第2031號判決參照）。

## 配偶有無主張剩餘財產分配，遺產分配有何不同？

甲夫乙妻於民國60年1月1日經公開儀式結婚，但迄今未辦理結婚戶籍登記，亦未曾約定夫妻財產制，甲於民國（下同）100年1月1日起訴請求裁判離婚，102年1月1日裁判離婚判決確定，102年2月1日起訴請求分配剩餘財產，訴訟中於103年1月1日死亡，問甲之遺產應如何繼承？乙有無主張剩餘財產分配有無不同？

| 財產標示 | | | | | |
|---|---|---|---|---|---|
| | 1 | 2 | 3 | 4 | 5 |
| 登記名義 | 乙 | 乙 | 乙 | 甲 | 甲 |
| 取得日期 | 59年 | 60年 | | 100年 | 71年 |
| 取得原因 | 買賣 | 嫁妝 | 房地A租金 | 買賣 | 夫妻贈與 |
| 財產種類 | 房地A | 現金 | 存款 | 房地B | 房地C |
| 財產價值 | 1,700萬 | 100萬 | 200萬 | 1,400萬 | 1,000萬 |
| 財產性質 | 婚前財產 | 婚前財產 | 婚後財產 | 婚後財產 | 特有財產 |

### 計算式

（1）乙不主張剩餘財產分配時

1,400萬＋1,000萬＝2,400萬（遺產總額）

2,400萬÷4＝600萬（乙、A、B、C之應繼遺產）

（2）乙要主張剩餘財產分配時

1,400萬元（甲婚後財產）－200萬元（乙婚後財產）＝1,200萬元

1,200萬元×1/2＝600萬（乙得主張的剩餘財產）

2,400萬－600萬＝1,800萬

1,800萬÷4＝450萬（乙、A、B、C之應繼遺產）

450萬＋600萬＝1,050萬（乙可分得之總額）

## 經濟弱勢一方如何利用假扣押程序來保全剩餘財產分配請求權？

1. 前述追加計算或追回減少的婚後財產，都是事後救濟的方式，實務上常見剩餘財產分配訴訟勝訴後對方已經脫產（或甚至連小三都已經脫產）的情況，為了避免這種情形發生，有經驗的律師都會建議處於婚姻關係中經濟弱勢的一方，於訴請離婚並分配剩餘財產之前，預先聲請對他方的財產實施假扣押，禁止其為不利處分以防止脫產。

2. 另依民事訴訟法第 526 條第 4 項規定「債權人之請求係基於家庭生活費用、扶養費、贍養費、夫妻剩餘財產差額分配者，前項法院所命供擔保之金額不得高於請求金額之十分之一。」因此婚姻中經濟弱勢一方得僅以請求金額十分之一提供擔保（一般情形則為三分之一），即得向法院聲請假扣押，以避免婚姻經濟弱勢之一方因無法提供高額擔保金，即造成無法預先凍結他方財產以防止脫產之結果。

**Key Word**

### 民事訴訟法第 526 條

請求及假扣押之原因，應釋明之。

前項釋明如有不足，而債權人陳明願供擔保或法院認為適當者，法院得定相當之擔保，命供擔保後為假扣押。

請求及假扣押之原因雖經釋明，法院亦得命債權人供擔保後為假扣押。

夫或妻基於剩餘財產差額分配請求權聲請假扣押者，前項法院所命供擔保之金額不得高於請求金額之十分之一。

# 約定夫妻財產制應如何辦理登記？如何選擇約定夫妻財產制？

## 約定夫妻財產制的要式性

**1.** 約定夫妻財產制應簽立書面（民法第 1007 條）。

**2.** 夫妻財產契約之訂立、變更、廢止，非經登記不得以之對抗第三人（登記只是對抗第三人的要件，不是生效要件）（民法第 1008 條）。

**3.** 婚姻關係存續中可以隨時變更。

> **參見附件 36：夫妻財產制契約登記聲請書**

> **參見附件 37：夫妻分別財產制契約書（含財產目錄）**

> **參見附件 38：夫妻動產財產清冊**

> **參見附件 39：夫妻財產不動產清冊**

## 如何選擇約定夫妻財產制

**1.** 一般未選擇約定財產制的夫妻，皆適用法定的修正分別財產制，原則上夫妻財產各別所有，僅有剩餘財產分配請求權的適用。

**2. 如何依需求選擇夫妻財產制？**

　(1) 欲使夫妻財產共同行使，要處分共同財產時要得到他方同意的，休戚與共，可以選擇共同財產制（實務上少見）；如果希望僅以婚後取得的薪資、紅利、獎金與其他勞力所能共同行使的夫妻，則可以選擇勞力所得共同制（對收入較少的一方有利）。

(2) 如果夫妻希望結婚歸結婚，財產所得一概互不干涉，或者一方經營事業容易產生風險，可以**選擇改用分別財產制（實務上常見）**，則不僅夫妻財產分別行使、債務分別負擔，甚至沒有剩餘財產分配請求權的適用，對於經濟弱勢的一方是較爲不利的。

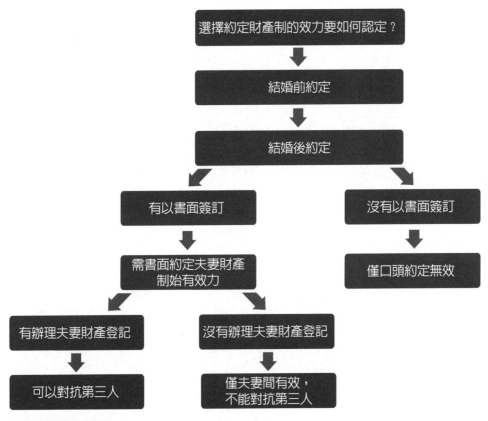

## ▷ 結婚「前」可不可以先約定夫妻財產制？

夫妻得於結婚「前」或結婚後，以契約就本法所定之約定財產制中，選擇其一，爲其夫妻財產制（民法第 1004 條）。

選擇約定財產制的效力要如何認定？

結婚前約定

結婚後約定

有以書面簽訂 　　　　　　　　　　沒有以書面簽訂

需書面約定夫妻財產制始有效力 　　　僅口頭約定無效

有辦理夫妻財產登記 　　沒有辦理夫妻財產登記

可以對抗第三人 　　僅夫妻間有效，不能對抗第三人

**可能產生的影響**

已約定適用共同財產制之共同財產處分應得他方同意，如未得他方同意即予以處分會發生無權處分問題，此時如經登記即可以對抗第三人，主張他方之處分行為應構成所謂無權處分（適用民法第 118 條）。

147

# 第 9 章

## 兩願離婚與裁判離婚之權益保障

# 38 兩願離婚時，擬定離婚協議書時應注意哪些事項？如何保障相關權益？

## Key Word

### 兩願離婚

法律上所謂兩願離婚即一般民間所稱之「協議離婚」或「合意離婚」，是指雙方都有意願要結束婚姻的情形下，由二名見證人見證下協議離婚。應特別注意：一、若要離婚當事人為未成年，需經由法定代理人（原則上父母都要）的同意，否則離婚協議無效；二、曾經結婚但未辦理結婚登記者，應先辦理結婚登記再同時辦理離婚登記。

## Key Word

### 登記生效主義

指以登記為公示方法，且登記成立或生效的要件，具有創設性效力，未經登記不生效力。例如：法人之成立需辦理「設立登記」，非經向主管機關登記，不得成立。

**兩願離婚，應以「書面」為之，有「二人」以上證人之簽名並應向戶政機關為離婚之登記（民法第1050條）**

離婚後戶籍不一定要遷出（可以繼續同住），但應在 30 日內申辦離婚登記，逾期會受罰。

1. 除一方在監或在外國者外，夫妻應持離婚協議書、身分證，一同前往戶政事務所辦理兩願離婚登記。

**2. 見證人不必陪同**，不必攜帶見證人身分證，透過電腦連線查證。

**3. 未成年人離婚須經法定代理人（父母雙方）同意**

(1) 應以書面為之（夫妻雙方應簽立離婚協議書，但不以戶政機關提供的範本為限）。

 **參見附件 40：律師事務所版離婚協議書範例**

(2) 應有二人以上見證人之簽名（見證人需同時「在場」見聞確認雙方離婚意願，再當場親自簽名於離婚協議書上，亦即夫妻雙方、見證人二名應四人同時在場一起確認離婚協議書內容後完成簽名，才能算是合法的離婚協議）。

> **Tips**
>
> 　　實務上偶見離婚協議書上見證人沒有在場見聞的情形，如果日後經訴訟程序確認沒有在場見聞雙方離婚卻預先簽名，除將涉及刑事偽造文書罪嫌外，更會導致兩願離婚協議因而無效，且「離婚登記」也會跟著無效，如果已經再婚則會成為重婚，不可不慎。

(3) 應向戶政機關為離婚之登記（登記生效主義）

未經登記不生離婚效力，至於簽署離婚協議書後應於多久時間內辦理離婚登記，法律則沒有限制，夫妻雙方於離婚協議書簽立後可隨時持離婚協議書，一同前往戶政機關辦理離婚登記。只是，如果超過 30 日期限仍未申請離婚登記，會因逾期而遭依戶籍法科罰，不會因而即不能登記。

## ▶ 夫妻財產的分配、贍養費及剩餘財產的給付應明確記載

**1. 夫妻財產分配**

夫妻雙方可於離婚時經協議決定夫妻財產要如何分配或給付，一般未曾改用約定夫妻財產制的夫妻，皆適用法定財產制（修正分別財產制），名下財產各自擁有、各自使用收益處分，債務各自負擔清償。

### 2. 剩餘財產分配請求權

如有約定行使夫妻剩餘財產分配請求權的,應協議後載明在離婚協議書中;如果雙方無法協議,也可以擱置財產分配問題,再經由訴訟程序來請求,但須注意應在協議離婚後 5 年內,或知悉有差額而有所謂剩餘財產分配請求權時起 2 年內為之,逾期即請求權時效消滅。

### 3. 贍養費

夫妻無過失之一方,因判決離婚而陷於生活困難者,他方依法應給與相當之贍養費。但訴訟上要證明因離婚即造成一方生活陷於困難並不容易,除非在離婚時已經罹患疾病無法工作,或者是年紀已大與社會脫節太久,無法投入職場獲得收入來源的情況,否則並不容易透過判決取得贍養費,因此實務上贍養費大多是透過離婚協議取得的。

4. 如已協議夫妻財產如何分配者,應於離婚協議書中載明「各自拋棄夫妻剩餘財產分配及其他一切財產上之請求權」,以免日後衍生夫妻財產分配爭議。

5. 其他家中如有珠寶、黃金、家具、家電等動產,而有需要分配者,宜以列表、附件方式清點;另不能證明婚前取得的財產或婚前財產的孳息,依法都應列入婚後財產計算剩餘財產分配。

### 6. 加速條款

各項定期性贍養費、扶養費給付宜約定加速條款,或最好能設定抵押權擔保,以避免他方於離婚後不履行。

**Tips**

　　夫妻剩餘財產分配請求權必須在請求權人知道有剩餘財產起「兩年」內,或從法定財產關係消滅即離婚或一方死亡時起的「五年」內,對財產較多的一方行使,離婚若超過五年,該剩餘財產分配請求權便會因時效消滅而無法行使(告了也沒用)。例如:太太在離婚後第四年後才輾轉得知先生有一棟房子借名登記在第三人名下,表示「我剛剛知道我前夫有一筆財產,我要分一半」,此時原本只需要在知悉後2年行使剩餘財產分配請求權即可,但因為距離婚滿5年僅剩1年,所以太太必須趕在1年內行使剩餘財產分配請求權。

## 未成年子女親權由夫或妻行使應明確記載

1. 應明確約定離婚後子女親權應由哪一方行使（監護權），未經約定者，需共同行使，程序上相當不便，故通常以由父或母一方單獨行使為宜。

2. 實務上一般決定應由夫妻哪一方來行使親權，有以下幾個參考標準：**幼兒隨母原則**、**維持現狀原則**、**友善父母原則（指關係最佳的一方）**、**子女意願原則**、**同性別優先原則**及**子女最佳利益原則**。

**Key Word**

**加速條款**

加速條款就是指，債務人一旦沒有達到雙方約定的條件，債權人依條款約定有權利主張「債權到期」進而請求給付（不需通知、催告，可以直接向法院請求債務人給付、執行）。

## 未成年子女扶養費用的負擔方式應明確記載

1. 子女扶養費用之分擔宜明確約定由未行使親權之一方以如何之方式負擔，即應明確約定每月扶養費用給付之數額、每月幾日前給付、自何時開始給付及給付的方式等（以直接約定匯款銀行及帳號為宜，現金給付日後不易證明）。

**Tips**　扶養費用的認定標準

　　撫養費用應以「子女名義」由行使親權人之一方為法定代理人，向他方請求給付子女撫養費。而給付標準不一，若有協議約定，則應按協議約定支付；若無約定，目前實務見解多數認為應依照行政院主計處每年所公布之全國各縣市消費支出標準計算撫養費較為合理。以台北市為例，104年每人每月平均消費支出約新台幣27,216元，如夫妻平均分擔，則每人每月應付約13,608元，為合理的扶養費數額。另外，法院也會要求提出日常生活費用單據作為參考依據，且子女有多人者實務上則會比例減輕，不會直接以倍數計算。

2. 除一般生活費用外，如有保險費、學雜費或註冊費等大筆的支出，也可以事先約定雙方應如何分擔，例如約定由他方負擔二分之一，並於收受他方通知後 10 日內匯入指定的帳戶。

**Key Word**

## 離因損害賠償

所謂離因損害賠償係構成離婚原因之侵權行為所生之損害。例如：因他方之通姦行為對配偶成立侵權行為，得依民法第185條、第195條規定於訴請離婚時，一併請求他方負損害賠償責任。

**Key Word**

## 民法第 1055 條第 5 項

法院得依請求或依職權，為未行使或負擔權利義務之一方酌定其與未成年子女會面交往之方式及期間。但其會面交往有妨害子女之利益者，法院得依請求或依職權變更之。

3. 為避免日後他方有資力卻故意拖延遲付，可以約定於子女成年前，一期（或二期）未付即視為全部到期（加速條款），以免他方遲付時也僅能每月請求給付一次，缺乏保障。

4. 可約定不得挪用為私人用途。

## 子女探視權的行使方式應明確記載

1. 未行使子女親權（監護權）之一方，法律上對於子女擁有探視的權利，但如果能在協議書上寫明固定的探視時間與地點、接送子女方式、特定節日或寒暑假期間之相處時間及可否出國等細節均應詳細約定，寫的越詳細，未來問題會越少。

2. 實務常見草率記載可「隨時」探視子女的約定，這種看似便利的約定，但執行上往往發生他方聯絡不上或「恰巧」不在的困擾，日後即使進行訴訟舉證對方刻意刁難探視也不容易，因此不建議讀者採用。

**參見附件 41：子女親權行使、扶養及探視約定條款範本**

## 得約定繼續共同居住

離婚後固然是男婚女嫁各不相干，但現實並非如此，尤其子女常有照顧需要，一時之間難以安排的情況，因此，離婚後並不一定要規定誰搬出去，誰留在原住所，仍可以共同居住（戶籍也沒有遷出的必要），但非所有權人的一方為求多少有點保障，可以約定繼續居住原址（只是若房屋出售仍對買方不生拘束力）。

**Tips**　子女探視權的落實方法

　　依民法第1055條第5項規定未行使或負擔權利義務之一方對於未成年子女有「會面交往權」，行使親權之他方「不得拒絕」探視未成年子女。建議在簽立離婚協議書時可以明確、詳細地約定有關「非行使親權人與未成年子女會面交往的方式」，包括「多久可以探視一次」、「每次探視時間多長」、「如何交接孩子」、「每多久孩子可以到非監護權人的住所、同住多久」等問題。但實務上仍常見行使親權人違反「會面交往權」的協議，利用各種巧妙的藉口，阻礙對方與未成年子女會面交往，為了避免此種情形，筆者建議：

1. 可以在離婚協議書針對會面交往的阻礙，約定「行使親權一方如連續無故阻礙他方會面交往權之行使達三次以上，應無條件同意改定由他方行使親權，絕無異議」，以嚇阻會面交往的阻礙行為。

2. 另外，針對會面交往權的阻礙，也可以約定「違約金」的方式，約定「行使親權人（每次）阻礙他方探視未成年子女之權利時，應賠償他方精神上損害賠償新台幣○萬元」，以嚇阻會面交往的阻礙行為。

3. 未行使親權一方可以依民法第195條第1項、第3項規定，請求「精神上損害賠償」（慰撫金）。

4. 已經經過法院酌定會面交往方式及期間的（或者經家事調解成立的），可以向法院聲請強制執行，但7歲以上仍應尊重未成年子女意願，透過執行法院核發限期自動履行命令。

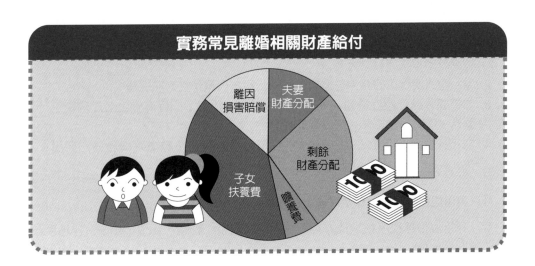

實務常見離婚相關財產給付

離因損害賠償

夫妻財產分配

剩餘財產分配

子女扶養費

贍養費

# 因無法兩願離婚而訴請裁判離婚時，應注意哪些事項？如何保障相關權益？

## 起訴前的證據準備

**1. 應盡量蒐集能支持離婚事由的證據**

(1) 發生爭吵時他方如有口出惡言或一方口頭承認錯誤的情形，可以錄音。另，手機簡訊或對話紀錄也可以作為證據。

(2) 發生肢體衝突時，無論傷勢如何都要驗傷，必要時應向法院申請保護令。

(3) 發現配偶外遇通姦要冷靜請警方協同到場蒐證。

(4) 配偶離家不歸時，可以通報失蹤。

(5) 發生爭執時可以通知自己的親人到場，日後可作證。

**Tips** 什麼情況可申請保護令？

1. 所謂家庭暴力是指家庭成員間實施身體、精神或經濟上之騷擾、控制、脅迫或其他不法侵害之行為。

2. 當被害人遭受家庭暴力之急迫危險時，可申請緊急性暫時保護令。

3. 當被害人遭受家庭暴力，如有未達急迫危險情況，但確有安全上之現實考量時，可向法院申請一般性暫時保護令。

4. 當被害人遭受家庭暴力，有必要聲請保護令時，可向法院申請通常保護令。

**2. 可以利用假扣押程序以保全財產上請求權**

可以利用假扣押程序扣押他方存款、薪水、現金、股票、基金、車子、房地產及一切有財產價值的物品請求，且請求家庭生活費用、扶養費、贍養費或夫妻剩餘

財產差額分配者，其假扣押擔保金為聲請時所主張債權的十分之一以下，非常有利（參照民事訴訟法第 526 條第 4 項條文）。

## 應主張「法定」離婚事由，並準備足以支持、證明法定離婚事由的證據

1. 當夫妻雙方對離婚或離婚的條件沒有辦法達成共識，不得已必須進行裁判離婚的訴訟程序時，主動（先）提起離婚訴訟之一方依法必須先具備下列法定的離婚事由，始得訴請離婚（民法第 1052 條）
   (1) 重婚。
   (2) 與配偶以外之人合意性交。
   (3) 夫妻之一方對他方為不堪同居之虐待。
   (4) 夫妻之一方對他方之直系親屬為虐待，或夫妻一方之直系親屬對他方為虐待，致不堪為共同生活。
   (5) 夫妻之一方以惡意遺棄他方在繼續狀態中。
   (6) 夫妻之一方意圖殺害他方。
   (7) 有不治之惡疾。
   (8) 有重大不治之精神病。
   (9) 生死不明已逾三年。
   (10) 因故意犯罪，經判處有期徒刑逾 6 個月確定。
   (11) 有前述情形以外之「重大事由」，難以維持婚姻，夫妻之一方得請求離婚。

2. 提起裁判離婚訴訟前，必須先蒐集足以構成上開法定離婚事由的證據，畢竟一旦訴諸公堂雙方你來我往互相攻訐對方缺點、互揭醜事的情況，總是難免，沒有足夠的證據來形成法官有利心證，最終只是淪為一場鬧劇，而不易獲得裁判離婚的結果，徒使婚姻關係更加緊繃。

### 通姦

所謂與人通姦，並不限縮在一般所認知的「男與女」且「性器官接合」等兩項要件，民法修正後性交定義已配合刑法第 10 條修正而擴及口交、異物插入肛門或性器官等行為，其次性交的對象民法上也不再僅限於異性間所為，同性間也可能發生。

### 不堪同居之虐待

所謂「不堪同居之虐待」包含造成身體或精神上痛苦之行為，法院會斟酌當事人之教育程度、社會地位等情事，判斷一方之行為是否已逾越夫妻通常所能忍受之程度而有侵害人格尊嚴與人身安全。

### 惡意遺棄

所謂「惡意遺棄」，是指無正當理由而不為同居且也不盡扶養義務的情形，程序上需先提起請求履行同居之訴，他方不履行後再提出離婚之訴。縱使無法證明構成惡意離家，目前實務上大多可以接受據此主張具有難以維持婚姻之重大事由而准予離婚。

是指與人之身體、機能及健康有
礙而為一般人所厭惡之疾病,且
有傳染性,足以威脅同居生活之
安全而不治之惡疾為限,例如:
花柳病、痲瘋病、愛滋病等於人
之身體機能及健康有礙,而為恆
情所厭染之病症;若僅係生理機
能上之缺陷,若無傳染他方之危
險,縱屬不治,亦不能認為惡疾
而為離婚之事由。實務上認為,
中風、精神病、植物人、癌症等
疾病,在客觀上並非一般人所厭
惡之疾病,也難認為有妨害婚姻
目的及危害對方及其子女之健康
之情形,非屬「不治之惡疾」。

所謂「難以維持婚姻之重大事
由」實務上的判斷標準為「應衡
量夫妻之教育程度、身分及社會
地位,斟酌破壞夫妻共同生活之
具體情事,是否客觀上達於動搖
夫妻之共同生活,導致夫妻已喪
失維持婚姻之意欲以為斷,亦即
婚姻是否已生破綻,並無回復之
希望,其難以維持婚姻之事實,
是否已達於倘處於同一境況,任
何人均將喪失維持婚姻希望之程
度以決之」(最高法院95年度台
上字第1497號民事判決意旨參
照)。

## 何謂難以維持婚姻之重大事由?

1. 所謂難以維持婚姻之重大事由(第 1052 條第 2
   項),其立法目的無非是第 1 項各款列舉之離婚
   原因,過於嚴格,故增列第 2 項,即夫妻一方之
   事由,雖不備同條第 1 項所列各款之要件,只要
   按其事由之情節,在客觀上確屬難以維持婚姻生
   活者,無過失之一方仍得訴請法院准予裁判離
   婚。法院會視具體情形(故意或過失、行為態樣、
   頻率、次數、程度、影響等)整體,個別(例如
   雙方學歷、身分、地位等)判斷有無難以維持為
   難以維持婚姻之情形產生。例如:在外通姦生子
   並長期分居;未經他方同意而使用他方信用卡,
   無誠摯互信基礎,且對金錢運用之價值觀差異,
   分居已逾數年;長期激烈爭執、長期離家,返家
   時出言辱罵恐嚇,甚且動手毆打他方。

2. **夫妻雙方都有責任,責任較輕的一方仍可請求離婚**
   實務上認為就「難以維持婚姻之重大事由」,應
   由夫妻之一方負責者,僅他方得請求離婚;如難
   以維持婚姻之重大事由,夫妻雙方均須負責時,
   應比較衡量雙方之有責程度,僅許責任較輕之一
   方,得向責任較重之他方請求離婚;如雙方之有
   責程度相同時,則雙方均得請求離婚,始符公平。

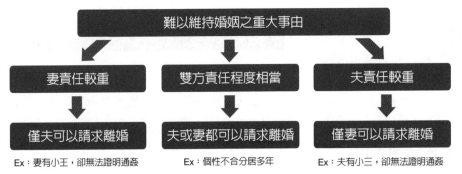

難以維持婚姻之重大事由

妻責任較重 | 雙方責任程度相當 | 夫責任較重

僅夫可以請求離婚 | 夫或妻都可以請求離婚 | 僅妻可以請求離婚

Ex：妻有小王，卻無法證明通姦 | Ex：個性不合分居多年 | Ex：夫有小三，卻無法證明通姦

## 裁判離婚的法律程序

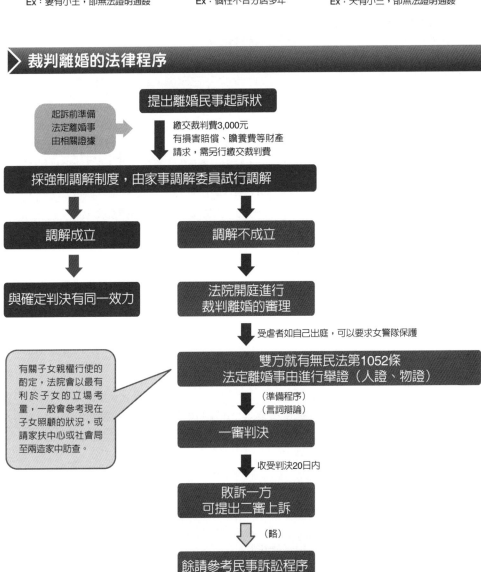

提出離婚民事起訴狀

起訴前準備
法定離婚事
由相關證據

繳交裁判費3,000元
有損害賠償、贍養費等財產
請求，需另行繳交裁判費

採強制調解制度，由家事調解委員試行調解

調解成立 | 調解不成立

與確定判決有同一效力 | 法院開庭進行
裁判離婚的審理

受虐者如自己出庭，可以要求女警隊保護

有關子女親權行使的
酌定，法院會以最有
利於子女的立場考
量，一般會參考現在
子女照顧的狀況，或
請家扶中心或社會局
至兩造家中訪查。

雙方就有無民法第1052條
法定離婚事由進行舉證（人證、物證）

（準備程序）
（言詞辯論）

一審判決

收受判決20日內

敗訴一方
可提出二審上訴

（略）

餘請參考民事訴訟程序

贍養費支付之數額，依婚姻關係存續中之生活程度定之。

法院通常是審酌下列各款情形，決定贍養費之數額（民法第1057條）：1.雙方之財產、年齡、身體及健康狀況；2.雙方之社會地位與生活水準；3.贍養義務人應負扶養義務之人數；4.造成婚姻破裂之責任因素；5.結婚之久暫及對家庭之貢獻；6.其他影響贍養費支付之重大事由。

# 「非財產上損害賠償」及「贍養費」的請求

## 1. 夫妻離婚的非財產上損害賠償（民法第 1056 條）

夫妻之一方，因判決離婚而受有損害者，得向有過失之他方，請求賠償。前項情形，雖「非財產上（慰撫金）」之損害，受害人亦得請求賠償相當之金額。但以受害人無過失者為限。

### 法律要件分析

(1) 須在夫妻婚姻關係存續期間發生法定離婚事由，至他方配偶受有非財產上之損害（受有精神上的痛苦）。

(2) 限於請求之一方（即受害人）對於法定離婚事由沒有過失。

#### 案例

太太在家中撞見先生與自己的好朋友發生超友誼關係，並因而提出裁判離婚獲准，則由於先生對於離婚的原因是屬有責任的一方，故太太可依民法第 1056 條規定向先生請求非財產上的損害賠償。

## 2. 夫妻離婚後的贍養費請求權（民法第 1057 條）

夫妻「無過失之一方」，因判決離婚而陷於生活困難者，他方縱無過失，亦應給與相當之贍養費。

### 法律要件分析

(1) 須請求贍養費之一方無過失。

(2) 須請求之一方因離婚而陷於生活困難。

(3) 被請求之他方配偶縱然對於離婚之原因發生無過失，亦應給付相當之贍養費。

(4) 贍養費之數額應按夫或妻之生活需要、被請求之他方配偶經濟能力及身分地位定之。

#### 案例

先生在某大醫院當醫生，因夫妻雙方長期冷漠對待相敬如「冰」，終至婚姻無法存續，而經法院以難以維持婚姻之重大事由裁判離婚（民法第 1052 條第 2 項），但太太因操持家務照顧子女成年，平時並無工作，且已近 50 歲不易自營生活，則就算先生對於離婚事由並無過失，亦應依太太的生活需要及自己的經濟能力，依民法第 1057 條規定給付贍養費。

**Tips** 離婚給付需否課稅？

夫妻離婚依離婚協議或法院判決，配偶之一方應給付予他方之財產，性質屬於扶養義務的延伸，非屬贈與行為，免予課徵贈與稅。但未記載於離婚協議書之給付，於離婚後給付他方，如欲主張亦屬離婚約定之給付，應負舉證責任，如無法證明係離婚當時約定之給付，且屬無償移轉時，就會有遭國稅局課徵贈與稅的風險。

### ▶ 離婚後如何決定「子女親權」行使

1. 有關離婚後如何決定「子女親權」行使於民法第1055條、第1055-1條、第1055-2條、非訟事件法第125條等固有相關明文強調法院及公權力介入，但原則上尊重離婚父母自行協議，例外得由法院改定，不受該協議效力之拘束，情形有二：一為協議結果不利於該子女，另一情形是行使、負擔權利義務之一方有未盡保護教養或對未成年子女有不利之情事時，他方仍得請求法院改定。

Key Word

**子女最佳利益**

法院為前條裁判時，應依子女之最佳利益，審酌一切情狀，尤應注意下列事項：
一、子女之年齡、性別、人數及健康情形。二、子女之意願及人格發展之需要。三、父母之年齡、職業、品行、健康情形、經濟能力及生活狀況。四、父母保護教養子女之意願及態度。五、父母子女間或未成年子女與其他共同生活之人間之感情狀況。六、父母之一方是否有妨礙他方對未成年子女權利義務行使負擔之行為。七、各族群之傳統習俗、文化及價值觀。前項子女最佳利益之審酌，法院除得參考社工人員之訪視報告或家事調查官之調查報告外，並得依囑託警察機關、稅捐機關、金融機構、學校及其他有關機關、團體或具有相關專業知識之適當人士就特定事項調查之結果認定之。

**Tips** 夫妻分居時子女的親權如何行使？

父母分居時對於未成年子女親權行使準用離婚之民法第1055條、第1055-1條及第1055-2條關於夫妻離婚效果之規定（民法第1089-1條）。惟如父母有不能同居之正當理由或法律另有規定，例如：父母已由法院依家庭暴力防治法第13條第2項第3款命遷出住居所而未能同居，或依同條第6款定暫時親權行使或負擔之人，或依本法或兒童及少年福利法第48條等規定停止親權一部或全部者等，自不得再依本條準用前述之規定，爰於本條但書將上開情形予以排除。

2. 爭取行使親權時，應明確列舉他方不適任行使親權的原因（例如：他方經濟能力不佳不事生產、有菸酒癮、會無端責打子女或將子女孩子托給娘家隔代教養等），且需提出證據證明，必要時亦可請法官傳訊相關證人，但過程往往相當不堪，不利於日後家庭關係修復。

3. 爭取行使親權時，應同時說明一方適任行使親權的原因（例如：盡心盡力照顧孩子、日後工作時有適當之人可代爲照顧子女，以及對於子女的未來計畫爲何），且應提出具體的證明，始能在爭取親權的訴訟中證明子女最佳利益以取得親權。

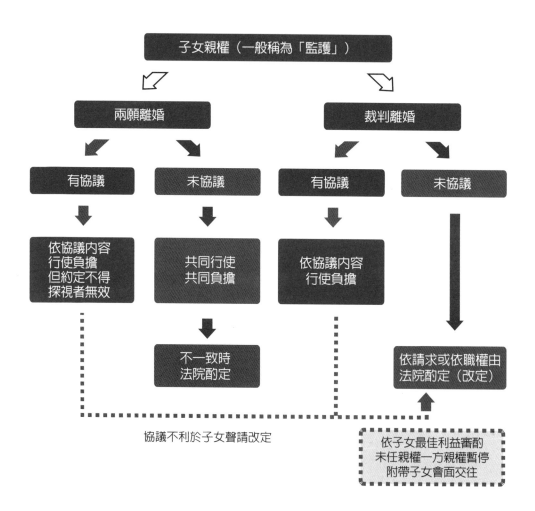

## 子女姓氏（從姓）之變更

1. 子女姓氏應在父母於出生登記前以書面約定從父姓（或母姓），未約定或約定不成者，於戶政事務所抽籤決定之。另外，子女於未成年前，得由父母以書面約定變更爲父姓或母姓。子女成年後，也可以自行變更爲父姓或母姓。但都各以一次爲限（民法第 1059 條）。

2. 在不符合上述可以協議或自行變更的情況下，父母一方想變更未成年子女姓氏的，則必須請求法院爲子女之利益，宣告變更子女之姓氏爲父姓或母姓，且必須具備以下法律上的理由：(1) 父母離婚者；(2) 父母之一方或雙方死亡者；(3) 父母之一方或雙方生死不明滿 3 年者；(4) 父母之一方顯有未盡保護或教養義務之情事者。

3. 實務上在審酌可否依請求宣告變更未成年子女姓氏，主要是判斷是否是「爲子女利益」而爲變更。至於何謂對子女有不利影響，實務上認定標準不一；另外，實務上准許變更姓氏大多是以「父母之一方顯有未盡保護或教養義務之情事」。筆者建議爲了避免認定上發生疑義，夫妻在離婚協議書上可以約定「有下列各種情事之一時，視爲維持原姓氏對子女爲不利益，他方得請求宣告法院變更子女姓氏：(1) 擅自挪用未成年子女扶養費用；(2) …… (3) ……」。

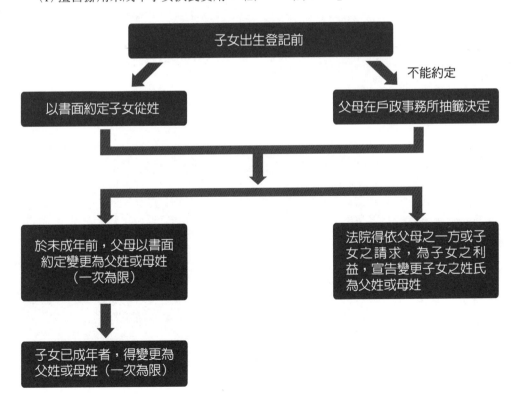

# 第 10 章

# 如何預立有效的遺囑

# 40 如何預立「自書遺囑」？

## 預立有效遺囑的基本條件

**1.** 無行為能力人不得為遺囑，僅有意思能力不得為之。

**2.** 未滿 16 歲之未成年人不得為遺囑。

**3.** 決定遺囑能力的時期，以立遺囑時為準（立遺囑必須在意識清醒下為之，已受監護宣告、心神喪失或精神錯亂的情況都無法有效預立遺囑，必要時可請醫師在場證明立遺囑人精神狀況正常），至於立遺囑後始喪失行為能力或陷於心神喪失，則不影響已經生效的遺囑效力。

## 如何預立「自書遺囑」（民法第1190條）？

**1.** 須立遺囑人自己「書寫」遺囑全文，可以用複寫紙複寫，但不可交由他人代筆或以電腦繕打列印。

**2.** 須記明立遺囑之年、月、日。

**3.** 須立遺囑人「親自簽名」。

4. 文字如有增減、塗改，應註明增減、塗改之處所及字數，另行親自簽名，且不宜以印章或指印代替簽名。

## 自書遺囑的優點與缺點

1. **優點：**立遺囑人可秘密為之且隨時可以自行處理，遺囑內容不會被事先公開，減少生前發生繼承人分配不均的糾紛，且原則上不用支出公證費或代筆遺囑之委託見證費用。

2. **缺點：**方式過於簡略，立遺囑人因不具法律專業導致自書遺囑內容常有模糊地帶、不易理解或難以執行的問題；且沒有見證人，容易發生偽造或變造的情事與真偽爭執；又遺囑如果沒有交給適當的保管人，也容易發生隱匿遺囑而使遺囑內容根本無法落實的情形。

### Key Word

### 公證

公證制度，是指公證人做成公證書，用以證明當事人在公證人面前做成法律行為或證明公證人親自見聞某項私權事實。公證制度係由法院公證人或民間公證人，透過國家公權力，就人民之法律行為或私權事實，依其請求做成公證書，來幫助一般民眾保存證據，或保障私權預防糾紛，具有保全證據、預防糾紛及疏減訟源的功能。經公證人做成之公證書具有實質之證據力。

### Tips　自書遺囑可以透過公證人「認證」補強證明力

自書遺囑宜經公證人認證，以補強證明力，其注意事項如下：
1. 立遺囑人應攜帶身分證、印章親自到場，不得由他人代理。
2. 立遺囑人應攜帶下列文件：
   (1) 預立之自書遺囑一式3至6份（可以複寫），其中1份由負責認證之公證人留存，另1份送交全國公證人公會聯合會保存。
   (2) 財產權利證明文件，例如：國稅局財產總清冊或財產總歸戶證明書、土地及建物房屋所有權狀、土地及建物謄本、存摺、存單或股票等。
   (3) 財產價值證明文件，即載有課稅現值之房屋稅單、土地公告現值證明等。
   (4) 準備立遺囑人原始未分戶之戶籍謄本、繼承系統表（立遺囑人如不會製作繼承系統表，許多民間公證人事務所皆有協助製作的服務，事前可以先諮詢各該民間公證人事務所）。

# 如何預立「公證遺囑」？

## 預立有效遺囑的基本條件

**1.** 無行為能力人不得為遺囑，僅有意思能力不得為之。

**2.** 未滿 16 歲之未成年人不得為遺囑。

**3.** 決定遺囑能力的時期，以立遺囑時為準（立遺囑必須在意識清醒下為之，已受監護宣告、心神喪失或精神錯亂的情況都無法有效預立遺囑，必要時可請醫師在場證明立遺囑人精神狀況正常），至於立遺囑後始喪失行為能力或陷於心神喪失，則不影響已經生效的遺囑效力。

## 如何預立「公證遺囑」（民法第1191條）？

見證人　見證人

遺囑

立遺囑人

公證人

口述遺囑意旨
簽名（不能簽名可按指印）

認證

筆記、宣讀、講解
經立遺囑人認可

1. 須指定二人以上之「見證人」，見證人有身分和能力的限制（民法第 1198 條）。
2. 須在公證人及見證人等三人面前「口述」遺囑意旨。
3. 須由公證人筆記、宣讀、講解後，經立遺囑人認可無誤。
4. 須記明年、月、日，由公證人、見證人及立遺囑人等**四人**在場一同簽名。立遺囑人如「不能」簽名者，才可以由公證人將其事由記明公證書，並由立遺囑人親自按指印代替簽名。
5. 其他遺囑公證應攜帶之文件及注意事項，與遺囑認證同。

## 公證遺囑的優點與缺點

**1. 優點**

立遺囑人只要能夠口述遺囑意旨，就可以進行公證遺囑，對於文盲或不擅書寫、不諳繼承法令卻有預立遺囑需求之人，相當方便；且遺囑既然經過公證，則其證明效力及真實性日後都不易受到質疑。

**2. 缺點**

一旦遺產價值、數額較高，公證費用亦隨之提高，且製作上的便利性不如自書遺囑，需公證人與二名不是公證人的同居人、助理人或受僱人擔任見證人配合一起「到場」進行公證，程序較為繁複。

**Key Word**

**遺囑見證人的身分限制**

公證遺囑、密封遺囑及代筆遺囑均要求指定二人以上之見證人，預立遺囑的方式才會有效；另外，遺囑的內容若有所不明，亦有賴在場的見證人證明其真意，故遺囑見證人既須立於公正立場且具足夠能力，其本身與遺產繼承有利害關係者，自不宜擔任遺囑見證人，故民法第1198條規定下列之人不得擔任遺囑見證人：
一、未成年人。
二、受監護或輔助宣告之人。
三、繼承人及其配偶或其直系血親。
四、受遺贈人及其配偶或其直系血親。
五、為公證人或代行公證職務人之同居人助理人或受僱人。

# 42 如何預立「密封遺囑」？

## 預立有效遺囑的基本條件

1. 無行為能力人不得為遺囑，僅有意思能力不得為之。
2. 未滿 16 歲之未成年人不得為遺囑。
3. 決定遺囑能力的時期，以立遺囑時為準（立遺囑必須在意識清醒下為之，已受監護宣告、心神喪失或精神錯亂的情況都無法有效預立遺囑，必要時可請醫師在場證明立遺囑人精神狀況正常），至於立遺囑後始喪失行為能力或陷於心神喪失，則不影響已經生效的遺囑效力。

## 如何預立「密封遺囑」（民法第1192條）？

1. 由立遺囑人自己書寫，或由繕寫人代為繕「寫」，但二者均應親自簽名。

2. 指定二人以上之見證人「同行」至公證人處所。

3. 立遺囑人應將遺囑密封，並於密封處親自簽名。

4. 向「公證人」提出密封遺囑並陳述其為自己的遺囑；如果是由繕寫人繕寫而非立遺囑人自己書寫，並應陳述繕寫人之姓名及住所。

5. 由公證人於密封遺囑封面記明該遺囑提出之年、月、日及遺囑人所為之陳述，並由立遺囑人、公證人及見證人一同簽名。

## ▶ 密封遺囑效力的轉換（民法第1193條）

1. 密封遺囑無論是由立遺囑人自己書寫，或是由繕寫人代為「繕寫」，都必須以書寫方式為之，不可繕「打」，且書寫人都要親自簽名。

2. 密封遺囑如果是由立遺囑人自己書寫的，且又符合自書遺囑的要件者，就算程序上不符合密封遺囑的要求，也有自書遺囑的效力；反之，由繕寫人代為繕寫的密封遺囑，一旦欠缺上開任一個密封遺囑的程序要件，就不能轉換成自書遺囑而有效，其結果將形同不曾預立遺囑而應依繼承法之規定決定遺產的繼承。

**Key Word**

### 遺囑須親自簽名

遺囑係要式行為，須依法定之方式為之，始有效力，否則依民法第73條前段規定，應屬無效。此係法定特別要件，應無民法第3條第2項得以印章代替簽名規定之適用，遺囑之立遺囑人或見證人兼代筆人未親自簽名，而僅蓋「簽名章」者，既未具法定特別要件，該遺囑應屬無效。

圖解實用民事法律　第十章‧如何預立有效的遺囑

171

# 43 如何預立「代筆遺囑」？

## 預立有效遺囑的基本條件

**1.** 無行為能力人不得為遺囑，僅有意思能力不得為之。

**2.** 未滿 16 歲之未成年人不得為遺囑。

**3.** 決定遺囑能力的時期，以立遺囑時為準（立遺囑必須在意識清醒下為之，已受監護宣告、心神喪失或精神錯亂的情況都無法有效預立遺囑，必要時可請醫師在場證明立遺囑人精神狀況正常），至於立遺囑後始喪失行為能力或陷於心神喪失，則不影響已經生效的遺囑效力。

## 如何預立「代筆遺囑」（民法第1194條）？

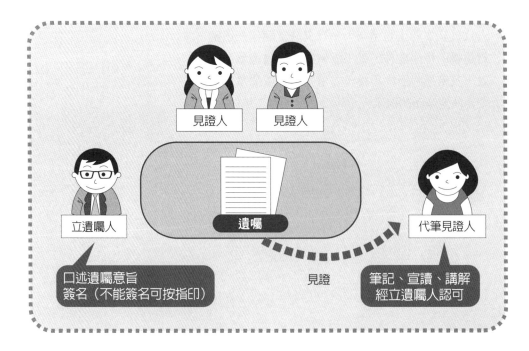

1. 指定「三人」以上之見證人到場見證。
2. 由立遺囑人口述遺囑意旨，使見證人之一筆記、宣讀、講解後（即代筆見證人），經立遺囑人認可遺囑。
3. 代筆人見證人須記明立遺囑之年、月、日，並由代筆人見證人親自簽名。
4. 須由見證人三人（包括代筆見證人一人）及立遺囑人一同簽名為之；立遺囑人如不能簽名者，應按「指印」代之。

## 代筆遺囑的方式要求

1. 按照文義解釋，只有在立遺囑人「不能簽名」時才可以按指印代替，其他見證人並不能以按指印方式代替簽名；且立遺囑人僅能以「指印」代替簽名，也不能以印章代替簽名。
2. 依法代筆人必須是見證人之一，為免混淆，實務上均直接註明「代筆見證人」；至於偶見僅簽署「代筆人」而非「代筆見證人」的案例，實務上雖有認為法律既然規定係由見證人中之一人代筆，故不以署名為「代筆見證人」為必要，但筆者仍建議應直接以「代筆見證人」稱之並務必「簽名」，以免因為見證人形式上僅有二人而使代筆遺囑效力遭到質疑。
3. 既然稱為「代筆」遺囑，文義上代筆人見證人自然應以「筆」書寫遺囑（可以複寫），雖然實務上已經放寬得以電腦或自動化機器製作之書面取代手寫（最高法院 86 年度台上字第 432 號判決、最高行政法院 101 年度判字第 49 號判決意旨參照），但基於保險起見，實務上在法律明文修正開放代筆遺囑得以繕打為製作方式之前，仍不建議貿然嘗試。

參見附件 42：代筆遺囑範例

### 遺囑認證

我國法律並沒有規定遺囑須經由公證人認證後始發生效力，但是實務上為了有效舉證遺囑真偽，有時會在代筆遺囑簽立同時請求公證人認證。此外，於遺囑保管之考量，依公證法相關規定遺囑分由法院與所屬民間公證人及全國公證人公會聯合會永久保管，且目前就遺囑之保管尚未另行徵收保管費。

# 44 如何預立「口授遺囑」？

## 預立有效遺囑的基本條件

1. 無行為能力人不得為遺囑，僅有意思能力不得為之。
2. 未滿 16 歲之未成年人不得為遺囑。
3. 決定遺囑能力的時期，以立遺囑時為準（立遺囑必須在意識清醒下為之，已受監護宣告、心神喪失或精神錯亂的情況都無法有效預立遺囑，必要時可請醫師在場證明立遺囑人精神狀況正常），至於立遺囑後始喪失行為能力或陷於心神喪失，則不影響已經生效的遺囑效力。

## 如何預立「口授遺囑」（民法第1195條）？

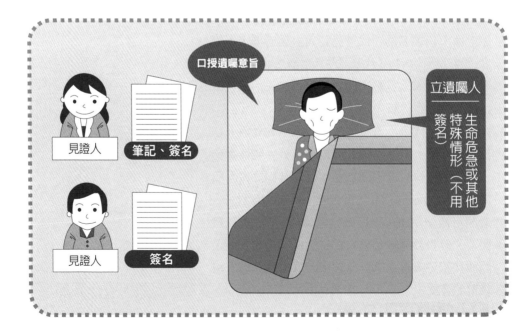

1. 限於立遺囑人生命危急或其他特殊情形，不能依前述方式預立遺囑時，始得進行口授遺囑。
2. 指定「二人」以上之見證人到場見證。
3. 須由立遺囑人「親自」口授遺囑意旨。
4. 須由見證人中之一人將遺囑意旨，據實作成筆記。
5. 須記明年、月、日，由筆記之見證人及另一見證人共同簽名。

## ▶ 口授遺囑經過三個月失效與認定

1. 口授遺囑，自遺囑人能依其他方式為遺囑之時起，經過 3 個月而失其效力（民法第 1196 條）。
2. 口授遺囑，應由見證人中之一人或利害關係人，於為遺囑人死亡後 3 個月內，提經親屬會議認定其真偽，對於親屬會議之認定如有異議，得聲請法院判定之。
3. **親屬會議不能召開而無法決議，對口授遺囑之認定有無補救之方法？**

    口授遺囑完成後，如無前述規定之親屬，或親屬不足法定人數時，法院得因有召集權人之聲請，於其他親屬中指定之。親屬會議不能召開或召開有困難時，依法應經親屬會議處理之事項，由有召集權人聲請法院處理之。親屬會議經召開而不為或不能決議時，亦同（民法第 1132 條）。

**Key Word**

### 親屬會議

依民法規定應開親屬會議時，由當事人、法定代理人或其他利害關係人召集親屬會議。親屬會議，以會員五人組織之，會員應就未成年人、受監護宣告之人或被繼承人之下列親屬與順序定之：

一、直系血親尊親屬。
二、三親等內旁系血親尊親屬。
三、四親等內之同輩血親。

前項同一順序之人，以親等近者為先；親等同者，以同居親屬為先，無同居親屬者，以年長者為先。有關親屬會議之組織及程序，請參照民法第1129條至第1137條之規定。

# 遺囑內容有無限制？遺囑指定應繼分可否違反「特留分」的規定？

**Key Word**

## 特留分

我國有關特留分的比例規定在民法第1223條：①直系血親卑親屬之特留分，為其應繼分二分之一；②父母之特留分，為其應繼分二分之一；③配偶之特留分，為其應繼分二分之一；④兄弟姊妹之特留分，為其應繼分三分之一；⑤祖父母之特留分，為其應繼分三分之一。應繼財產中，除去債務額算定之特留分，如果因為遺囑內容安排而受到侵害，可依民法第1225條規定，就其應得之數不足者，按其不足之數由遺贈財產扣減之。受遺贈人有數人時，應按其所得遺贈價額比例扣減。

## 遺囑內容的限制

1. 預立遺囑指定應繼分或遺贈時，應注意民法關於特留分規定，必須在不侵害他人特留分的範圍內，始得以遺囑自由處分遺產（但繼承人如不主張特留分，此時縱有侵害繼承人權益，遺囑指定應繼分仍然有效）。

2. 受遺囑贈與的人，有其資格限制，在以下情況將被禁止接受遺囑贈與（民法第1188條準用第1145條）：

   (1) 故意致被繼承人或應繼承人於死或雖未致死因而受刑之宣告者。

   (2) 以詐欺或脅迫使被繼承人為關於繼承之遺囑，或使其撤回或變更之者。

   (3) 以詐欺或脅迫妨害被繼承人為關於繼承之遺囑，或妨害其撤回或變更者。

   (4) 偽造、變造、隱匿或湮滅被繼承人關於繼承之遺囑者。

   (5) 對於被繼承人有重大之虐待或侮辱情事，經被繼承人「表示」其不得繼承者（表示失權）。

   第（2）款至第（4）款之規定，如經被繼承人「宥恕」者，其繼承權不喪失。

## ▶ 遺囑指定應繼分可否違反「特留分」的規定？

被繼承人在不違反特留分的範圍內，得自由處分其遺產（或為遺贈），為民法第1187條所明定。但實務上常見的問題是，立遺囑人在預立遺囑時，往往無法預先判斷有無侵害到其他繼承人的特留分（應繼分1/2），導致在立遺囑人死亡時發生遺囑內容侵害繼承人特留分的情況。不過，即使遺囑內容違反特留分的規定，其法律效果只是特留分受到影響的繼承人可以依照民法第1225條規定，得就其應得之數不足部分，按其不足之數由遺贈財產扣減之（扣減權），並非凡是侵害特留分之指定應繼分或遺贈均為無效。換言之，**特留分受侵害時的扣減權乃是繼承人之權利，可以主張也可以不主張**，且立遺囑人在生前無法禁止繼承人主張特留分，而遺囑違反特留分的結果，也不會因遺囑經過公證或認證而有所差異，只是公證人應告知立遺囑人特留分相關法律規定及效果，並註明「於繼承開始時，其遺囑內容如有違反特留分之規定者，相關繼承人得依法扣減之」等文字（公證法施行細則第71條），再由立遺囑人自行考慮遺囑若違反特留分規定的後果而已。

## ▶ 特留分的「扣減權」的時效：2年

1. 民法對於特留分扣減權並無明文規定時效限制。
2. 最高法院103年度台上字第880號判決：扣減權應類推適用民法第1146條第2項有關繼承回復請求權之消滅期間規定，解為自扣減權人知其特留分被侵害之時起，2年間不行使而消滅。
3. 行使扣減權應向侵害特留分而受利益之其他共同繼承人全體以意思表示為之。

## ▶ 債權人可否代位繼承人主張特留分，並藉以獲得清償？

實務上債權人固然可以代位債務人對遺產主張分割，因自被繼承人死亡時其遺產即成繼承人的財產，無關身分權，僅是單純財產權的問題，故可代位。但**特留分的扣減權由身分所延伸之權利，具一身專屬性，故不可以代位主張扣減權**，只能在繼承人自行行使扣減權後，債權人才可對特留分聲請強制執行，以至於實務上偶見被繼承人生前故意以指定應繼分方式身負鉅額債務之繼承人不能繼承遺產，再私下給付（贈與）該繼承人或其配偶、子女之情形。

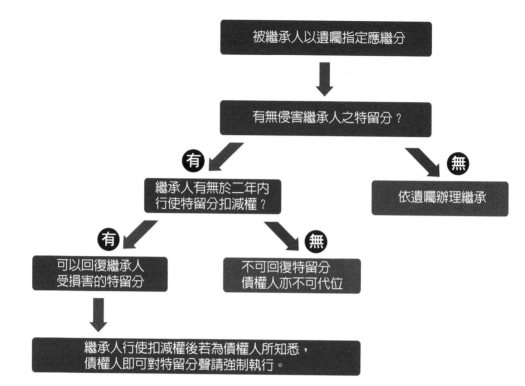

被繼承人以遺囑指定應繼分

有無侵害繼承人之特留分？

有

繼承人有無於二年內行使特留分扣減權？

無

依遺囑辦理繼承

有

可以回復繼承人受損害的特留分

無

不可回復特留分債權人亦不可代位

繼承人行使扣減權後若為債權人所知悉，債權人即可對特留分聲請強制執行。

**Tips** 遺囑信託

　　自書遺囑宜經公證人認證，以補強證明力，其注意事項如下：

1. 「遺囑信託」是立遺囑人以合法「遺囑」方式將其財產的全部或一部為「受益人」利益或特定目的而設立的信託，此種遺囑信託性質上為「單獨行為」。應加以區別的是生前與他人訂立契約，以其「死亡」為「條件」或「始期」而設立的信託，仍是信託契約，不是「遺囑信託」。另外，為避免繼承人拒不交付、移轉信託財產，建議立遺囑人仍應指定遺囑執行人（民法第1209條、第1210條）。

2. 遺囑信託的優點：可委由遺囑執行人（可能即信託受託人）管理信託財產來貫徹立遺囑人對財產安排的意志，避免因繼承人揮霍或不當投資等因素，導致無法照顧後人的遺願。

3. 遺囑信託的運作模式：

## 立遺囑人預立遺囑信託之有效遺囑

①載明遺產交付信託之意願
②指定遺囑執行人
③指定信託受託人、監察人、受益人
　及信託財產管理及利益分配方式

立遺囑人死亡時生效

### 遺囑執行人

赴國稅局申報並繳納遺產稅

### 遺囑執行人

將遺產依信託意旨交付信託受託人

### 信託監察人

監督受託人處理信託事務

**參見附件** 43：**公證遺囑之遺囑信託範例**

### 信託受託人

①依遺囑信託意旨管理信託財產
②依立遺囑人遺囑指定之分配方式將
　信託利益交付「受益人」

---

## ▷ 附表：各種預立遺囑方式（要件）一覽表

| 種類 | 立遺囑人是否需要親自簽名？ | 見證人數 | 方式 | 需否公證 |
|---|---|---|---|---|
| 自書 | ○<br>立遺囑人須親自簽名。 | X | 由立遺囑人親自書寫，<br>不可代筆或打字。 | X |
| 公證 | 原則：○<br>公證人、2 名見證人及<br>立遺囑人應一同簽名。<br><br>例外：X<br>立遺囑人不能簽名時，<br>可按指印代替。 | 2 人 | 由公證人筆記、宣讀、講解，<br>經立遺囑人認可，再由公證人、<br>見證人及立遺囑人一同簽名。 | ○ |
| 密封 | ○<br>立遺囑人應於遺囑及<br>封縫處簽名。 | 2 人 | 立遺囑人自書，亦可由他人繕寫<br>（應陳述繕寫人姓名、住所），<br>再由公證人、立遺囑人及見證人<br>一同簽名。 | ○ |
| 代筆 | 原則：○<br>立遺囑人及 2 名見證人、<br>代筆見證人均應一同簽名。<br><br>例外：X<br>立遺囑人不能簽名時，<br>可按指印代替。 | 3 人 | 由立遺囑人口述遺囑意旨，<br>代筆見證人筆記、宣讀、講解，<br>經立遺囑人認可。再由見證人、代筆<br>見證人及立遺囑人一同簽名。 | X |
| 口授 | X<br>由筆記見證人及<br>另一見證人共同簽名。 | 2 人 | 立遺囑人不能依其他方式為遺囑時，<br>由見證人中 1 人將遺囑意旨作成筆記。再<br>由筆記見證人及其他見證人<br>共同簽名。 | X |

第 11 章

繼承的權益保障與處理技巧

# 46 親人過世，我需要去辦拋棄繼承嗎？

得知我也是繼承人之一後，我應該怎麼做才能避免繼承到天外飛來的債務？

## 98年5月22日以後死亡的繼承案件改採全面的「限定繼承」（民法第1148條第2項）

新法修正後繼承人應依法完成清算程序，**已無須急於知悉繼承開始時 3 個月內辦理所謂限定繼承或拋棄繼承**；繼承人對於被繼承人之債務，概以因繼承所得遺產為限，負清償責任（有限責任），以避免繼承到貧窮的不公平現象、防止因債務掏空繼承人之固有財產。因此，發生親戚過世或不知被繼承人有無負債的情況，依照現行民法第 1148 條第 2 項規定已經不用急著去辦理拋棄繼承，以免日後即使有可能獲得遺產，也不能再繼承。且拋棄後，不能再撤回。

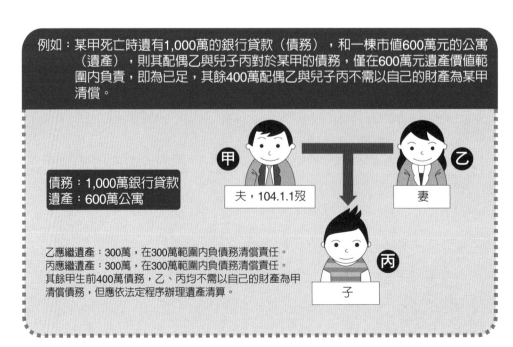

例如：某甲死亡時遺有1,000萬的銀行貸款（債務），和一棟市值600萬元的公寓（遺產），則其配偶乙與兒子丙對於某甲的債務，僅在600萬元遺產價值範圍內負責，即為已足，其餘400萬配偶乙與兒子丙不需以自己的財產為某甲清償。

債務：1,000萬銀行貸款
遺產：600萬公寓

甲　夫，104.1.1歿　乙　妻

丙　子

乙應繼遺產：300萬，在300萬範圍內負債務清償責任。
丙應繼遺產：300萬，在300萬範圍內負債務清償責任。
其餘甲生前400萬債務，乙、丙均不需以自己的財產為甲清償債務，但應依法定程序辦理遺產清算。

## 98年5月22日以前死亡的繼承案件，現在應如何處理才能保障自己的權益？

1. 繼承人無法主張直接適用新法改採限定繼承，而強制執行範圍將不以遺產爲限，繼承人原有的財產，亦可能爲強制執行的範圍。

2. **繼承人如果符合法律規定的下列四種情形之一，且「由繼承人繼續履行債務顯失公平」時，仍然可以適用限定繼承以遺產爲限負清償責任**

   (1) 繼承人為無行為能力人或限制行為能力人

   **繼承編施行法第 1-1 條第 2 項：**

   96 年 12 月 14 日修正施行前被繼承人死亡，繼承人爲無行爲能力人或限制行爲能力人（20 歲以下未成年人），未能於修正施行前之法定期間爲限定或拋棄繼承，由其繼續履行繼承債務顯失公平者，於修正施行後，以所得遺產爲限，負清償責任。

   (2) 代負履行責任之保證債務

   **繼承編施行法第 1-2 條第 1 項：**

   97 年 1 月 4 日修正施行前被繼承人死亡，繼承人對於繼承開始後，始發生代負履行責任之保證契約債務，由其繼續履行債務顯失公平者，得以所得遺產爲限，負清償責任。

   **繼承編施行法第 1-3 條第 2 項：**

   98 年 5 月 22 日修正施行前被繼承人死亡，繼承人對於繼承開始以前已發生代負履行責任之保證契約債務，由其繼續履行債務顯失公平者，以所得遺產爲限，負清償責任。

   (3) 代位繼承

   **繼承編施行法第 1-3 條第 3 項：**

   98 年 5 月 22 日修正施行前被繼承人死亡，繼承人已依民法第 1140 條之規定代位繼承，由其繼續履行繼承債務顯失公平者，以所得遺產

### Key Word

#### 拋棄繼承

拋棄繼承是指被繼承人所有權利義務（財產及債務），繼承人概予拋棄，經辦理拋棄繼承即使事後發現被繼承人遺有大筆財產，但因繼承人已拋棄繼承之故，被繼承人財產將歸於國庫，除拋棄繼承之程序不合法外，無從以錯誤爲由撤銷拋棄繼承。

### Key Word

#### 限定繼承

限定繼承是指繼承人以繼承所得的財產，償還被繼承人生前之債務，如果被繼承人的債務超過遺產，繼承人亦無需要以自己固有財產償還被繼承人債務，遺產清償債務如果有剩餘，則歸繼承人獲得，對於繼承人而言最爲有利。

為限，負清償責任。但債權人證明顯失公平者，不在此限。

**(4) 無法知悉繼承債務存在**

**繼承編施行法第 1-3 條第 4 項：**

98 年 5 月 22 日修正施行前被繼承人死亡，繼承人因不可歸責於己之事由或未同居共財者，於繼承開始時無法知悉繼承債務之存在，致未能於修正施行前之法定期間為限定或拋棄繼承，且由其繼續履行繼承債務顯失公平者，於修正施行後，以所得遺產為限，負清償責任。

**3. 繼承人於修正施行前已清償之債務（或保證債務、代位繼承），仍不得請求債權人返還**

（1）已清償之債務，仍不能請求返還，切勿因無法忍受債權人一再催討即以個人原有財產清償被繼承人生前債務，應盡快先依法辦理清算程序。

（2）實務上常見資產公司私下迫使繼承人與其簽立和解契約之債權人簽立「和解契約」的情況，一旦簽立和解契約後被繼承人的債權人即可依據和解契約對繼承人原有個人財產強制執行，因此建議讀者切勿私下和解，應盡量尋求適用限定繼承的機會。

**4. 何謂「由繼承人繼續履行繼承債務顯失公平」？**

實務上認為所謂「由其繼續履行繼承債務顯失公平」，應以繼承人與繼承債務發生之關聯性、繼承人有無於繼承開始前自被繼承人處取得財產，及取得多寡等，為判斷之準據。一般而言，下列情形屬於由繼承人繼續履行債務顯失公平：

（1）債務之發生與繼承人無直接關聯（例如：非為協助繼承人創業、出國留學、結婚、購置不動產等原因而發生借款債務）。

（2）被繼承人未曾於繼承開始前，贈與繼承人逾所

負債務之財產。

(3) 繼承債務顯著高於被繼承人之遺產。

(4) 繼承債務高於繼承人財力所能負擔之範圍；一旦繼承債務，將導致繼承人生活困頓、影響繼承人之人格發展及生存權。

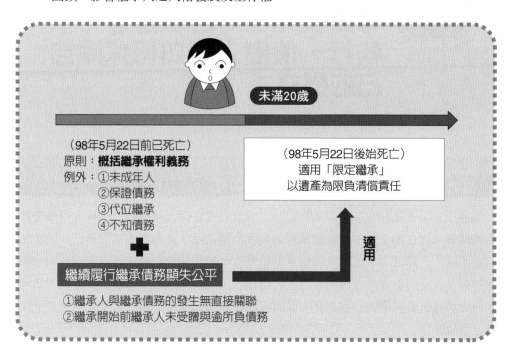

5. 98 年 5 月 22 日前死亡繼承案件，但繼承人原有個人財產已遭債權人聲請強制執行（查封、拍賣），繼承人應如何救濟？

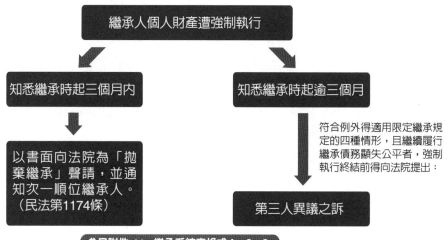

參見附件 44：繼承系統表格式 1、2、3

# 47

## 被繼承人生前有脫產之嫌，導致於死亡時已無遺產可供執行，債權人應如何保障自己的權益？

> ### 繼承人在被繼承人死亡前二年內受財產贈與須追加計算，視為所得之遺產，對債權人負有限的清償責任

實務上常見被繼承人生前有脫產之嫌，導致於死亡時已無遺產，債權人可追加計算被繼承人死亡前2年的財產贈與視為繼承所得遺產，負有限的清償責任（民法第1148-1條）。詳言之，繼承人在繼承開始前2年內（即死亡或死亡宣告前2年），從被繼承人受有財產之「贈與」者，該財產視為其所得遺產，需追加計算視為繼承所得之遺產，負有限的清償責任。該贈與的財產如已移轉或滅失，其價額，依贈與時之價值計算。

例如：某甲知悉自己罹患癌症後，遂於101年1月1日將其銀行帳戶內現金100萬元贈與其配偶某乙，並將價值900萬元的不動產贈與兒子某丙，故若某甲在103年1月1日前死亡（2年內），而未遺留任何遺產，則對於某甲生前的1,000萬債務，某乙應追加計算在100萬的範圍內負有限的清償責任，某丙則應追加計算在900萬的範圍內負有限的清償責任。

反之，如果某甲在103年1月2日後才病逝（超過2年），則本件即毋庸追加計算生前贈與的財產數額為清償某甲債務的有限責任範圍。

繼承人受有贈與

101.1.1　　　　　　　　　　　　103.1.2

繼承人

被繼承人於贈與2年後才死亡，贈與不用追加計算為所得遺產，債權人受償範圍不及於贈與財產。

被繼承人於贈與後2年內死亡，追加計算視為繼承所得遺產，對債權人負有限的清償責任。

> ## 應繼遺產及應繼分的計算，不適用繼承人在被繼承人死亡前二年內受財產贈與追加計算的規定，其他繼承人不得主張追加計算

1. 民法第 1148-1 條是因為我國繼承制度改採概括繼承責任限定，為平衡被繼承人之債權人與繼承人之利益所為的規定，其立法目的是為了避免被繼承人於生前將遺產贈與繼承人，以減少繼承開始時之繼承人所得遺產，致影響被繼承人債權人之權益，故明定該等財產視同所得遺產，其追加計算的效力只是在擴大責任財產的範圍，並不會影響被繼承人生前自由處分財產的效力。

2. 實務上常見被繼承人在死亡前偷偷將財產贈與給比較用心照顧自己的子女，其他繼承人在被繼承人死亡後發現生前財產已有贈與，並不能依民法第 1148-1 條規定向受有贈與的繼承人主張要追加計算應繼遺產，故無法對他方受贈與之財產主張權利。例外的情況僅在因結婚、分居、營業所為之「生前特種贈與」（民法第 1173 條），可就其受贈數額予以歸扣，將款項歸扣加計於遺產總額，依應繼分計算繼承之數額，已受應繼分足額分配之繼承人，就不能再就現存之遺產主張繼承權利，但依實務仍不能請求返還生前多受分配（贈與）的數額。

### 「視為所得遺產」 vs.「歸扣」

民法第1148-1條規定被繼承人於贈與後2年內死亡追加計算視為繼承所得遺產，與民法第1173條規定結婚、分居、營業之生前特種贈與歸扣，二者法律效果並不相同。民法第1148-1條規定之追加計算視為繼承所得遺產，僅係視為責任財產的範圍，亦屬遺產稅之課徵範圍，只是使被繼承人之債權人受償範圍增加，不影響繼承人間應繼遺產及應繼分之計算。民法第1173條規定之歸扣則是直接影響應繼遺產、應繼分及特留分之計算。

### 民法第 1148-1 條

繼承人在繼承開始前二年內，從被繼承人受有財產之贈與者，該財產視為其所得遺產。
前項財產如已移轉或滅失，其價額，依贈與時之價值計算。

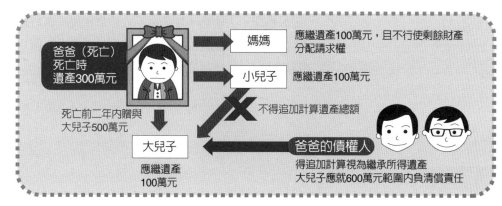

# 48 我想繼承遺產，請問誰可以繼承遺產？要如何分配？

## Key Word

### 喪失繼承權

我國民法規定的喪失繼承權有三種（民法第1145條）：1.絕對失權：故意致被繼承人或應繼承人於死或雖未致死因而受刑之宣告者；2.相對失權：(1)以詐欺或脅迫使被繼承人為關於繼承之遺囑，或使其撤回或變更之者。(2)以詐欺或脅迫妨害被繼承人為關於繼承之遺囑，或妨害其撤回或變更之者。(3)偽造、變造、隱匿或湮滅被繼承人關於繼承之遺囑者。此三款事由如經被繼承人宥恕者，其繼承權不喪失；3.表示失權：對於被繼承人有重大之虐待或侮辱情事，經被繼承人表示其不得繼承者。

## 如何決定遺產繼承人（民法第1138條）

1. **當然繼承人：**配偶。
2. **血親繼承人：**（按下列繼承順位決定有無遺產繼承權）
   (1) 直系血親卑親屬（以親等近者為先）。
   (2) 父母。
   (3) 兄弟姊妹。
   (4) 祖父母。

### 說明

同一順位繼承人皆已死亡或拋棄繼承時，下一順位之繼承人才會有繼承權利。舉例來說，某甲在死亡前其第一順位繼承人子女已全部拋棄繼承，且沒有其他直系血親卑親屬時，第二順位繼承人即父母才會有遺產繼承權。

3. **代位繼承人（民法第 1140 條）**

   限於被繼承人的第一順位直系血親卑親屬，有於繼承開始前死亡或喪失繼承權的情況，其直系血親卑親屬始有代位繼承的權利。

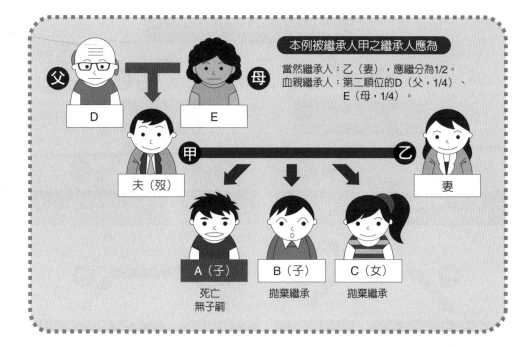

本例被繼承人甲之繼承人應為

當然繼承人：乙（妻），應繼分為1/2。
血親繼承人：第二順位的D（父，1/4）、
E（母，1/4）。

父 D

母 E

夫（歿） 甲 ━━━━━━ 乙 妻

A（子） B（子） C（女）

死亡 拋棄繼承 拋棄繼承
無子嗣

## 遺產應如何分配（應繼分的決定）？

1. 配偶的剩餘財產分配請求權優先於遺產的分配（民法第 1030-1 條），扣除剩餘財產分配後的部分才是可以分配的遺產。但應注意 101 年 12 月 10 日法律修正後剩餘財產分配請求權已不得讓與或繼承，因此，如有剩餘財產請求權之一方剛好是被繼承人，剩餘財產請求權便無法由其他人代為請求而增加遺產的數額。

2. 遺產應如何分配（民法第 1144 條）？

| 繼承情形 | 應繼分的決定 | |
|---|---|---|
| 除配偶外，無其他順位繼承人時 | 當然繼承人應繼分為遺產全部 | |
| 配偶與第一順位的**直系血親卑親屬**同為繼承時 | 配偶與其他繼承人平均分配 | |
| 配偶與第二順位的**父母**同為繼承時 | 配偶應繼分為 1/2 | 其餘 1/2，由該順位繼承人按人數平均繼承 |
| 配偶與第三順位的**兄弟姊妹**同為繼承時 | | |
| 配偶與第四順位的**祖父母**同為繼承時 | 配偶應繼分為 2/3 | 其餘 1/3，由該順位繼承人按人數平均繼承 |

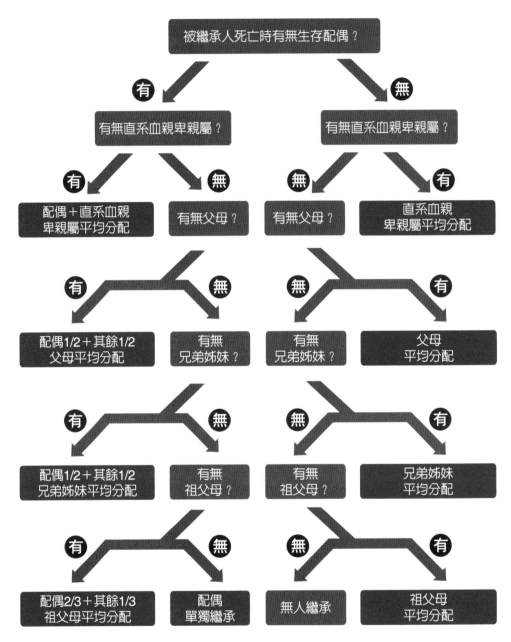

### 3. 遺產繼承費用由遺產支付（民法第 1150 條）

關於遺產管理、分割及執行遺囑之費用，由遺產中支付之。但因繼承人之過失而支付者，不在此限。

包括：遺產保管費用、訴訟費用、為清償債務而變賣遺產的費用、遺產管理人報酬、編製遺產清冊費用、遺產分割過程費用、分割財產的清算費用、遺囑之提示、

交付遺贈、遺囑執行人報酬、殯葬費。

### 4. 遺產分割前為「公同共有」，其處分應經全體繼承人的同意（民法第 1151 條）

繼承人有數人時，在分割遺產前，各繼承人對於遺產全部為公同共有。從而，遺產在分割前，各繼承人未經全體繼承人的同意，對於遺產不得為任何處分或為其他權利的行使。

**Key Word**

**分別共有**

數人按其「應有部分」對一物有所有權者，除契約另有約定之外，各共有人按其應有部分，對於共有物之全部，有使用收益之權（民法第817條、第818條）。各共有人對於應有部分並無事實上處分之權（拆解、變造、出租收益），僅有法律上處分之權（移轉所有權、設定負擔）。

**Tips** 被繼承人死亡後可否繼續領用其存款？

實務上常見持有被繼承人提款卡或銀行存摺、印章的少數繼承人，在未經其他繼承人的同意之下，於被繼承人死亡後領用其銀行存款，而有涉犯侵占罪、偽造文書罪之虞，且所領取的款項如用途未明或其用途非屬所謂遺產繼承的費用，日後仍應加計為遺產範圍（反之，支付被繼承人生前醫療、看護費用，只要能好好保存相關費用單據，則不用擔心上開問題）。

**Tips**

被繼承人於生前預立遺囑指定應繼分，如有侵害各該繼承人特留分的情形，被侵害的繼承人可依民法第1225條規定行使扣減權，向受遺贈人或其他繼承人請求回復（返還）其特留分額度。

### 5. 遺產應如何分割？

(1) 遺囑指定分割（民法第 1165 條）

由被繼承人於生前預立遺囑指定應繼分及分

**Key Word**

公同共有

指數共有人基於一公同關係，共有一物，沒有屬於自己的應有部分。公同共有關係須依法律或習慣成立，非得任由當事人意思決定（民法第827條），相關成立公同共有關係之法律規定或習慣有：1.遺產（民法第1151條）；2.同一信託（信託法第28條）；3.合夥財產（民法第668條）；4.祭祀公業。

割方法，如遺囑禁止遺產之分割者，其禁止之效力以 10 年為限。

(2) 被繼承人全體協議分割

　　A.需經「全體」繼承人同意，不能多數決。

　　B.未成年人或胎兒由法定代理人（通常為父母）或胎兒母親代理為協議分割，但未成年人或胎兒與父母利益相反時，法院可選任特別代理人為協議分割。

**Tips**

遺產分割協議性質上還是債權契約，有民法消滅時效的適用，一旦超過15年，便會因為罹於時效而不能請求法院按照遺產分割協議為分割，只能依照民法共有物分割相關規定請求分割，屆時法院不一定會按照分割協議進行分割。

(3) 請求法院裁判分割（民法第 1164 條）

　　繼承人得隨時請求法院按照應繼分就遺產為分割。但法律另有規定或契約另有訂定者（即不能分割的協議），不在此限。

## 遺產總額如何確定？

1. **應繼遺產總額＝被繼承人死亡時之財產（現金、股票、動產、不動產等）－清償債務＋收取債權**〔包括：（1）一般債權；（2）繼承人對被繼承人債務之扣還（民法第 1172 條）；（3）繼承人因結婚、分居、營業而受被繼承人贈與之歸扣（民法第 1173 條）〕。

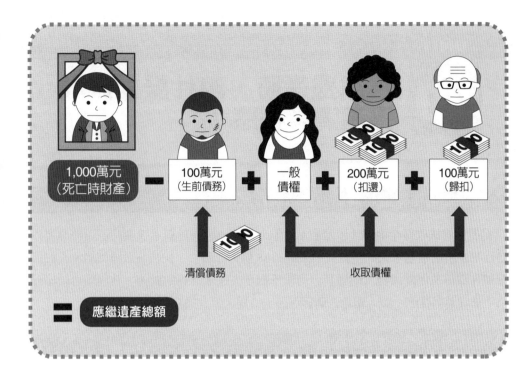

**2.遺產繼承的相關費用,依民法第 1150 條規定應由遺產支付。一般而言,繼承費用之種類包括:**

(1) 遺產管理費用(保管費、納稅等)。

(2) 遺產分割費用(分割、清算所需規費、代辦費等)。

(3) 遺囑執行費用(遺囑提示、執行遺囑費用等)。

(4) 喪葬費用(遺產及贈與稅法第 17 條)。

# 49 繼承遺產時，為什麼要辦理遺產清算程序？

## 我該如何申報遺產清冊並經法院實施清算程序？

　　為配合修法改採全面的「限定繼承」制度，使繼承人於繼承遺產時不用擔心要以自己財產清償被繼承人的債務（民法第 1148 條第 2 項），民法為釐清被繼承人的債權債務關係並保障債權人的權利，仍賦予繼承人遺產清算的義務，其程序可約略分為「法院清算程序」與「繼承人清算程序」二種，筆者簡介如次：

## 建議向法院辦理清算程序

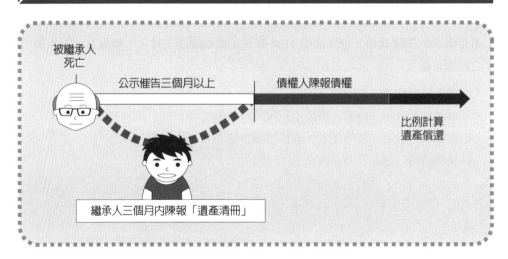

被繼承人
死亡

公示催告三個月以上　　　　債權人陳報債權

比例計算
遺產償還

繼承人三個月內陳報「遺產清冊」

### 1. 應在三個月內開具遺產清冊

(1) 繼承人應於繼承開始時起「三個月」內，開具「遺產清冊」陳報法院（民法第 1156 條）：

繼承人於知悉其得繼承之時起 3 個月內開具遺產清冊陳報法院。法院因繼承人之聲請，認為必要時，得延展之。繼承人有數人時，其中一人已開具遺產清冊陳報法院者，其他繼承人視為已陳報。

(2) 債權人得向法院聲請命繼承人於 3 個月內提出遺產清冊，法院因繼承人之聲請，認爲必要時，亦得延展之（民法第 1156-1 條第 1 項）。

(3) 法院於知悉債權人以訴訟程序或非訟程序向繼承人請求清償繼承債務時，得依職權命繼承人於 3 個月內提出遺產清冊，法院因繼承人之聲請，認爲必要時，亦得延展之（民法第 1156-1 條第 2 項）。

**2. 公示催告命債權人於一定期限內報明其債權，繼承人在該期限內不得償還債務（目的是爲維持各債權人間債權之公平性）**

(1) 繼承人將遺產清冊陳報法院時，法院應依公示催告程序公告，命被繼承人之債權人於一定期限內報明其債權。前項一定期限，不得在 3 個月以下（民法第 1157 條）。

(2) 繼承人在公示催告陳報債權期限內，不得對於被繼承人之任何債權人償還債務（民法第 1158 條）。

(3) 期限屆滿後，繼承人對於在該期限內報明之債權及繼承人所已知之債權，均應按其數額，比例計算，以遺產分別償還（有限責任）。

(4) 繼承人非依規定償還債務後，不得對受遺贈人交付遺贈。

**3.** 繼承人違反前開程序致債權人受有損害者，應負賠償之責。受有損害之債權人，對於不當受領之債權人或受遺贈人，得請求返還其不當受領之數額（民法第 1161 條）。

**4.** 債權人不於一定期限內報明其債權，而又爲繼承人所不知者，僅得就賸餘遺產，行使其權利（民法第 1162 條）。

**Key Word**

**遺贈**

遺贈是指遺囑人以遺囑，將其財產無償給與他人的法律行為。遺贈的「財產」得為特定的財產（如特定汽車、不動產、有價證券），亦得為抽象部分（如不動產權利範圍三分之一）。贈與和遺贈最大的不同，是遺贈必須以遺囑為之，故屬要式行為，且為單獨行為，且16歲以上之未成年人不用法定代理人之允許，即可立遺囑（民法第1186條第2項），但贈與行為則必須為年滿20歲之成年人，始得為之。另遺囑不得侵害特留分，贈與則無此限制。

1. 繼承人未開具遺產清冊陳報法院者,對於被繼承人債權人之全部債權,仍應按其數額,比例計算,以遺產分別償還(民法第 1162-1 條)。

2. 繼承人自行清算違反前開規定者,被繼承人之債權人得就應受清償而未受償之部分,對該繼承人行使權利。繼承人對於債權人應受清償而未受償部分之清償責任,不以所得遺產爲限。但繼承人爲無行爲能力人或限制行爲能力人,仍以所得遺產爲限負責(民法第 1162-2 條)。

3. 繼承人違反前開自行清算規定,致被繼承人之債權人受有損害者,亦應負賠償之責(仍非負無限責任,僅就債權人「所受損害」負賠償責任)。另受有損害之債權人,對於不當受領之債權人或受遺贈人,亦得請求返還其不當受領之數額。

**Tips** 繼承人不得主張限定繼承利益的例外情形

　　繼承人倘有民法第1163條所定下列情形之一者,不受「限定繼承」的保護,對債權人負無限責任,不得主張第1148條第2項所定之有限責任利益:
1. 隱匿遺產情節重大。
2. 在遺產清冊爲虛僞之記載情節重大。
3. 意圖詐害債權人之權利而爲遺產之處分。

注意!

　　實務上如有下列情形,可能遭法院認定「隱匿遺產情節重大」或「在遺產清冊爲虛僞之記載情節重大」:
1. 繼承人於被繼承人死亡前 2 年內曾自被繼承人受有贈與。
2. 被繼承人生前投保死亡保險而未指定受益人,該保險金額亦爲遺產,被繼承人卻漏未記載於遺產清冊。
3. 被繼承人生前租用保險箱存放貴重物品或有價證券,繼承人明知卻故意隱匿。

## 繼承人開具遺產清冊

**應備文件**

①繼承人戶籍謄本及被繼承人除戶謄本。
②陳報人印鑑證明。
③遺產清冊：記載被繼承人財產狀況，包括財產與
　債務及已知債權人。
④全體繼承人名冊。
⑤繼承系統表。

知悉其得繼承之時起
三個月內

## 向被繼承人戶籍地法院陳報

## 法院裁定期限公示催告 命債權人陳報債權

申報權利期間：
不得在三個月以下
應通知其他繼承人

## 清算程序由繼承人自行分配償還 （清償債務及遺贈交付）

①申報權利期間內不得對任何債權人償還債務。
②申報權利期間屆滿後，就已報明債權及已知債
　權，依比例以遺產償還。
③非依規定償還債務，不得對遺贈人交付遺贈。
④債權人不依限申報，且為繼承人所不知，僅得
　就賸餘財產，行使權利。

申報權利期間屆滿後六個月內
（得聲請延展陳報期間）

## 陳報分配償還遺產債務狀況， 經法院審核後准予備查

**參見附件 45：陳報遺產清冊家事聲請狀（法院範本）**

**參見附件 46：遺產清冊表格**

**參見附件 47：債權人聲請命繼承人提出遺產清冊家事聲請狀**

# 50 什麼是扣還、歸扣、扣減？有沒有行使權利的時間限制？

## ▶ 債務「扣還」、特種贈與「歸扣」及特留分「扣減」

| 種類 | 繼承人債務<br>扣還 | 生前特種贈與<br>歸扣 | 特留分<br>扣減 |
|---|---|---|---|
| 意義 | 繼承人中如對於被繼承人負有債務者，於遺產分割時，應按其債務數額，由該繼承人之應繼分內扣還（民法第1172條）。 | 繼承人中有在繼承開始前因結婚、分居或營業，已從被繼承人受有財產之贈與者，應將該贈與價額加入繼承開始時被繼承人所有之財產中，為應繼遺產。但被繼承人於贈與時有反對之意思表示者，不在此限（民法第1173條）。 | 繼承人之特留分：<br>1. 直系血親卑親屬、父母、配偶，為其應繼分1/2。<br>2. 兄弟姊妹、祖父母，為其應繼分1/3。<br><br>應得特留分之人，如因被繼承人所為之遺贈，致其應得之數不足者，得按其不足之數由遺贈財產扣減之（民法第1225條）。 |
| 制度功能 | 確定應繼遺產的總金額（權利混同的例外） | 確定應繼遺產的總金額（應繼分之前付） | 繼承權救濟的功能 |
| 標的 | 生前債務 | 限於生前特種贈與：<br>1. 結婚<br>2. 分居<br>3. 營業 | 限於死後行為；<br>1. 遺贈<br>2. 死因贈與<br>3. 指定應繼分<br>★不包括生前贈與 |
| 權利人 | 繼承人 | 繼承人 | 繼承人 |
| 行使對象 | 負有債務的繼承人 | 受生前特種贈與的繼承人 | 受遺贈之人（不限於受遺贈之繼承人）、受指定應繼分之繼承人 |

| 種類 | 繼承人債務<br>扣還 | 生前特種贈與<br>歸扣 | 特留分<br>扣減 |
|---|---|---|---|
| 法律<br>效果 | 應繼分＞生前債務：<br>應繼分扣除債務後，仍得繼承餘額。 | 應繼分＞生前特種贈與：<br>應繼分扣除生前特種贈與後仍得繼承餘額。 | 行使特留分扣減權，可以回復繼承人受到侵害的特留分。 |
| | 應繼分＝生前債務：<br>不得再受遺產分配。 | 應繼分＝生前特種贈與：<br>不得再受遺產分配。 | |
| | 應繼分＜生前債務：<br>應返還差額予其他繼承人。 | 應繼分＜生前特種贈與：<br>①學說：應返還差額予其他繼承人。<br>②實務：不用返還差額，僅不再受遺產分配。 | |
| 時效<br>問題 | 遺產**分割時**即按債務數額，由應繼分內扣還，扣還本身沒有行使的時效問題。 | 生前特種贈與於繼承**開始時**即自動加計在被繼承人應繼遺產中，歸扣本身沒有行使時效問題。 | 自扣減權人知其特留分被侵害之時起 2 年間不行使而消滅。自繼承開始起逾 10 年者亦同。 |
| | 1. 因扣還或歸扣而行使之繼承回復請求權，自知悉被侵害之時起，因 2 年間不行使或自繼承開始時起逾 10 年而消滅。<br>2. 如依繼承法律關係與不當得利請求權，其請求權消滅時效則依民法第 125 條規定為 15 年。 | | |

### Key Word

**扣減權的消滅時效**

分割方法之指定，得就遺產全部或一部為之，縱令違反特留分之規定，其指定亦非無效，僅特留分被侵害之人得行使扣減權而已。此項特留分扣減權性質上為物權之形成權，民法就此雖未設消滅期間，惟特留分權利人行使扣減權，與正當繼承人行使繼承回復請求權之法律效果相類似，涉及親屬關係暨繼承權義，為早日確定有關扣減之法律關係，以保護交易安全，應類推適用民法第1146條第2項規定，即自扣減權人知其特留分被侵害之時起2年間不行使而消滅，自繼承開始起逾10年者亦同（最高法院103年度台上字第880號民事判決）。

## 行使繼承回復請求權消滅時效（民法第1146條）

1. 因扣還或歸扣致繼承權被侵害者，被害人或其法定代理人得請求回復之。繼承回復請求權，自知悉被侵害之時起，因 2 年間不行使或自繼承開始時起逾 10 年而消滅。

2. 特留分扣減權的消滅時效：類推適用民法第 1146 條規定自扣減權人知其特留分被侵害之時起 2 年間不行使而消滅。自繼承開始起逾 10 年者亦同。

3. 因扣還或歸扣請求返還差額予其他「全體」繼承人時，實務上認為可依繼承之法律關係及不當得利（民法第 179 條）之法則請求，則消滅時效應依民法第 125 條規定為 15 年。

## 繼承人債務「扣還」與生前特種贈與「歸扣」於遺產繼承處理之不同

# 附錄

# 借貸契約書

貸與人　　　　　　　　　　（以下簡稱甲方）

借用人　　　　　　　　　　（以下簡稱乙方）

茲為乙方向甲方借貸金錢，經雙方同意訂立本借貸契約，條件如下：

第1條：甲方願將金錢新台幣　　　　　　　元貸與乙方。

第2條：□甲方於本契約成立同時，將前條金錢如數匯入乙方指定之帳戶：

＿＿＿＿＿＿＿＿＿＿＿＿＿＿＿＿＿＿＿＿＿＿＿＿＿＿（帳戶名稱及帳號）

　　　　□前條借貸款項業於借款契約書簽立當日親收足訖無訛。＿＿＿＿＿＿（借款人親簽）

第3條：本借貸金錢期間自民國　　年　　月　　日起至民國　　年　　月　　日止。

第4條：乙方於借貸期間屆滿時，應將借用金錢向甲方全部清償，不得為部分清償或怠於履行。

第5條：約定利息：

　　　　□無約定利息。

　　　　□有約定利息。

　　　　（1）本借貸金錢約定利息，依法定利率計算。

　　　　（2）前條約定利息之支付期為每月　　日，由乙方支付甲方，不得有拖延短欠。

　　　　（3）乙方如逾清償期限時，其逾期後違約金定為每百元按日新台幣　　元計算。

　　　　（4）乙方如有怠於支付利息貳次以上時，雖在借貸期間存續中，甲方得隨時終止本借貸契約，乙方不得有異議。

　　　　（5）本借貸契約依前條為終止時，乙方應即借用金錢全部及積欠利息一併償還甲方，不得拖延短欠。

第6條：本借貸契約之履行地點，為甲方之住所所在地。

第7條：乙方依本契約清償借款及利息，應依匯入甲方指定之帳戶：

＿＿＿＿＿＿＿＿＿＿＿＿＿＿＿＿＿＿＿＿＿＿＿＿＿＿（帳戶名稱及帳號）

第8條：乙方如有對於借貸金錢不為清償時，應逕受強制執行。（經公證適用）

（以下空白）

　　　　　　　　貸與人（即甲方）：

　　　　　　　　住　　址：

　　　　　　　　借用人（即乙方）：

　　　　　　　　住　　址：

中　　華　　民　　國　　　　年　　　　月　　　　日

# 本票

憑票准於中華民國 　　　　　年 　　　　　月 　　　　　日

無條件支付＿＿＿＿＿＿＿＿＿＿＿＿＿＿＿＿＿＿＿＿＿＿（貸與人）

新臺幣＿＿＿＿＿＿＿＿＿＿＿＿＿＿＿＿＿＿＿＿＿元整

並約定遵守事項如下：
本本票免除作成拒絕證書，並免除票據法第八十九條之通知義務。

　　　　　　　　　　發票人（親簽）：＿＿＿＿＿＿＿＿＿＿

　　　　　　　　　　身分證統一編號：＿＿＿＿＿＿＿＿＿＿

　　　　　　　　　　地址：＿＿＿＿＿＿＿＿＿＿＿＿＿＿＿

　　　　　　　　　　電話：＿＿＿＿＿＿＿＿＿＿＿＿＿＿＿

中　　華　　民　　國　　　　　年　　　　　月　　　　　日

# 離婚協議書

<table>
<tr><td rowspan="3">立協議書人</td><td></td><td>姓　名</td><td>出生日期</td><td>身分證號碼</td><td>戶　籍　地　址</td></tr>
<tr><td>男方</td><td></td><td></td><td></td><td></td></tr>
<tr><td>女方</td><td></td><td></td><td></td><td></td></tr>
</table>

茲因男女雙方，同意離婚，經雙方議定條件如下：

一、本離婚書簽訂後，雙方應共同至戶政機關辦理離婚登記，登記後解除婚姻關係。

二、雙方在婚姻存續中所生子（女）＿＿＿＿＿＿＿＿＿＿＿＿＿＿，約定歸 ＿＿ 方監護
　　（即權利義務之行使與負擔）。

三、其他：


　　　　　　　　　　離婚人（男）：　　　　　　　　　　（簽章）

　　　　　　　　　　法定代理人（父）：
　　　　　　　　　　　　　　　　（母）：　　　　　　　　（簽章）

　　　　　　　　　　離婚人（女）：　　　　　　　　　　（簽章）

　　　　　　　　　　法定代理人（父）：
　　　　　　　　　　　　　　　　（母）：　　　　　　　　（簽章）

　　　　　　　　　　證人：　　　　　　　　　　　　　　（簽章）

　　　　　　　　　　身分證統號：

　　　　　　　　　　戶籍地址：

　　　　　　　　　　證人：　　　　　　　　　　　　　　（簽章）

　　　　　　　　　　身分證統號：

　　　　　　　　　　戶籍地址：


中　華　民　國　　　　年　　　　月　　　　日

說明：未成年人離婚，應得法定代理人之同意。（離婚雙方當事人均已成年者，法定代理人欄位免填）

# 土地房屋現況說明書──不動產買賣契約書附件

填表日期　　年　　月　　日

| 項次 | 內　　　容 | 是 否 | 說　　　　明 |
|---|---|---|---|
| 1 | 是否為共有土地 | □ □ | 若是，□有□無分管協議書 |
| 2 | 土地現況是否有出租情形 | □ □ | 若有，則□賣方於點交前終止租約<br>　　　　□以現況點交<br>　　　　□另外協議 |
| 3 | 土地現況是否有被他人占用情形 | □ □ | 若有，□賣方應於交屋前□拆除□排除<br>　　　　□以現況點交<br>　　　　□其他 |
| 4 | 是否有地上物 | □ □ | 若有，地上物□建築改良物<br>　　　　　　□農作改良物<br>　　　　　　□其他 |
| 5 | 是否有未登記之法定他項權利 | □ □ | □不知<br>□知<br>□ ＿＿＿＿＿＿ |
| 6 | 建築改良物是否有包括未登記之改建、增建、加建、違建部分： | □ □ | □不知<br>□知<br>□壹樓＿＿＿平方公尺　　□＿＿＿樓＿＿＿平方公尺<br>□頂樓＿＿＿平方公尺　　□其他＿＿＿＿＿平方公尺 |
| 7 | 是否有車位之分管協議及圖說 | □ □ | □有書面或圖說（請檢附）<br>□口頭約定<br>車位管理費□有，月繳新台幣＿＿＿＿＿＿元<br>　　　　　□無<br>　　　　　□車位包含在大樓管理費內<br>使用狀況□固定位置使用 □需承租 □需排隊等侯<br>　　　　□需定期抽籤，每＿＿＿＿＿月抽籤。<br>　　　　□每日先到先停。<br>　　　　□其他＿＿＿＿＿＿＿＿＿＿＿ |
| 8 | 建築改良物是否有滲漏水之情形 | □ □ | 若有，滲漏水處：＿＿＿＿＿＿＿＿＿＿＿＿＿<br>　　　　□以現況交屋<br>　　　　□賣方修繕後交屋 |
| 9 | 建築改良物是否曾經做過輻射屋檢測 | □ □ | 檢測結果：<br>輻射是否異常□是　　　　　　□以現況交屋<br>　　　　　　□否　　　　　　□賣方修繕後交屋<br>（民國七十一年至七十三年領得使用執照之建築物，應特別留意檢測。如欲進行改善，應向行政院原子能委員會洽詢技術協助。） |
| 10 | 是否曾經做過海砂屋檢測（氯離子檢測事項） | □ □ | 檢測日期：＿＿年＿＿月＿＿日（請附檢測證明文件）<br>檢測結果：＿＿＿＿＿＿＿＿＿＿＿＿＿＿＿＿<br>（參考值：依 CNS 3090 規定預力混凝土為 0.15 kg /m$^3$，鋼筋混凝土為 0.3 kg /m$^3$。） |

| 11 | 本建築改良物（專有部分）於賣方產權是否曾發生兇殺或自殺致死之情事 | ☐ ☐ | |
|----|------|-----|---|
| 12 | 屋內自來水及排水系統是否正常 | ☐ ☐ | ☐以現況交屋<br>☐若不正常，賣方修繕後交屋 |
| 13 | 建築改良物現況是否有出租之情形 | ☐ ☐ | 若有，則☐賣方應於交屋前☐排除<br>　　　　　　　　　　　　　　☐終止租約<br>　　　　　☐以現況交屋<br>　　　　　☐其他 |
| 14 | 建築改良物現況是否有被他人占用之情形 | ☐ ☐ | 若有，則☐賣方應於交屋前排除<br>　　　　　☐以現況交屋<br>　　　　　☐其他 |
| 15 | 建築改良物現況是否占用他人土地之情形 | ☐ ☐ | 若有，則☐賣方應於交屋前解決<br>　　　　　☐以現況交屋 |
| 16 | 是否使用自來水廠之自來水 | ☐ ☐ | |
| 17 | 是否使用天然瓦斯 | ☐ ☐ | |
| 18 | 是否有住戶規約 | ☐ ☐ | 若有，詳見住戶規約 |
| 19 | 是否約定專用協議 | ☐ ☐ | ☐有規約約定（請檢附）<br>☐依第 _____ 次區分所有權會議決定<br>管理費☐有使用償金<br>　　　　☐有增繳新台幣 _____ 元／月<br>使用範圍☐空地　☐露台<br>　　　　☐非避難之屋頂平台<br>　　　　☐非供車位使用之防空避難室<br>　　　　☐其他 |
| 20 | 是否有管理委員會或管理負責人 | ☐ ☐ | 若有，管理費為☐月繳 ____ 元　☐季繳 ____ 元<br>　　　　　　　　☐年繳 ____ 元　☐其他 _____ |
| 21 | 管理費是否有積欠情形 | ☐ ☐ | 若有，管理費 _____ 元，由☐買方☐賣方支付。 |
| 22 | 是否有附屬設備 | ☐ ☐ | ☐冷氣 ____ 台　　☐沙發 ____ 組　☐床組 ____ 件<br>☐熱水器 ____ 台　☐窗簾 ____ 組　☐燈飾 ____ 件<br>☐梳妝台 ____ 件　☐排油煙機　　　☐流理台<br>☐瓦斯爐　☐天然瓦斯（買方負擔錶租保證金費用）<br>☐電話： ____ 具<br>（買方負擔過戶費及保證金）　☐其他 _____ |

注意：一、輻射屋檢測，輻射若有異常，應洽請行政院原子能委員會確認是否為輻射屋。
　　　二、海砂屋檢測，海砂屋含氯量，將因採樣點及採樣時間之不同而異，目前海砂屋含氯量尚
　　　　　無國家標準值。
　　　　　其他重要事項：
　　　　　1.
　　　　　2.
　　　　　3.

　　　　受託人： _____ （簽章）

　　　　委託人： _____ （賣方簽章）


簽　章　日　期：　　　　　　　　年　　　　　　月　　　　　　日

# 法律統一用字表

中華民國 62 年 3 月 13 日立法院第 1 屆第 51 會期第 5 次會議及中華民國 75 年 11 月 25 日第 78 會期第 17 次會議認可

中華民國 104 年 12 月 16 日立法院第 8 屆第 8 會期第 14 次會議通過新增一則

| 用字舉例 | 統一用字 | 曾見用字 | 說　　明 |
|---|---|---|---|
| 公布、分布、頒布 | 布 | 佈 | |
| 徵兵、徵稅、稽徵 | 徵 | 征 | |
| 部分、身分 | 分 | 份 | |
| 帳、帳目、帳戶 | 帳 | 賬 | |
| 韭菜 | 韭 | 韮 | |
| 礦、礦物、礦藏 | 礦 | 鑛 | |
| 釐訂、釐定 | 釐 | 厘 | |
| 使館、領館、圖書館 | 館 | 舘 | |
| 穀、穀物 | 穀 | 谷 | |
| 行蹤、失蹤 | 蹤 | 踪 | |
| 妨礙、障礙、阻礙 | 礙 | 碍 | |
| 賸餘 | 賸 | 剩 | |
| 占、占有、獨占 | 占 | 佔 | |
| 牴觸 | 牴 | 抵 | |
| 雇員、雇主、雇工 | 雇 | 僱 | 名詞用「雇」 |
| 僱、僱用、聘僱 | 僱 | 雇 | 動詞用「僱」 |
| 贓物 | 贓 | 臟 | |
| 黏貼 | 黏 | 粘 | |
| 計畫 | 畫 | 劃 | 名詞用「畫」 |
| 策劃、規劃、擘劃 | 劃 | 畫 | 動詞用「劃」 |
| 蒐集 | 蒐 | 搜 | |
| 菸葉、菸酒 | 菸 | 煙 | |
| 儘先、儘量 | 儘 | 盡 | |
| 麻類、亞麻 | 麻 | 蔴 | |
| 電表、水表 | 表 | 錶 | |
| 擦刮 | 刮 | 括 | |
| 拆除 | 拆 | 撤 | |
| 磷、硫化磷 | 磷 | 燐 | |
| 貫徹 | 徹 | 澈 | |
| 澈底 | 澈 | 徹 | |
| 祇 | 祇 | 只 | 副詞 |
| 並 | 並 | 并 | 連接詞 |
| 聲請 | 聲 | 申 | 對法院用「聲請」 |
| 申請 | 申 | 聲 | 對行政機關用「申請」 |
| 關於、對於 | 於 | 于 | |
| 給與 | 與 | 予 | 給與實物 |
| 給予、授予 | 予 | 與 | 給予名位、榮譽等抽象事物 |
| 紀錄 | 紀 | 記 | 名詞用「紀錄」 |
| 記錄 | 記 | 紀 | 動詞用「記錄」 |
| 事蹟、史蹟、遺蹟 | 蹟 | 跡 | |
| 蹤跡 | 跡 | 蹟 | |
| 糧食 | 糧 | 粮 | |
| 覆核 | 覆 | 複 | |
| 復查 | 復 | 複 | |
| 複驗 | 複 | 復 | |
| 取消 | 消 | 銷 | |

# 郵局存證信函用紙

| 副 | 正 | | | |
|---|---|---|---|---|
| 本 | 本 | | | |

|  郵　局　　　　存證信函第　　　號 | 〈寄件人如為機關、團體、學校、公司、商號請加蓋單位圖章及法定代理人簽名或蓋章〉 |
|---|---|
| | 一、寄件人　姓名：　　　　　　　　　　　　　　　　　　印<br>　　　　　　詳細地址： |
| | 二、收件人　姓名：<br>　　　　　　詳細地址： |
| | 三、副　本　姓名：<br>　　收件人　詳細地址：<br>（本欄姓名、地址不敷填寫時，請另紙聯記） |

| 格\行 | 1 | 2 | 3 | 4 | 5 | 6 | 7 | 8 | 9 | 10 | 11 | 12 | 13 | 14 | 15 | 16 | 17 | 18 | 19 | 20 |
|---|---|---|---|---|---|---|---|---|---|---|---|---|---|---|---|---|---|---|---|---|
| 一 | | | | | | | | | | | | | | | | | | | | |
| 二 | | | | | | | | | | | | | | | | | | | | |
| 三 | | | | | | | | | | | | | | | | | | | | |
| 四 | | | | | | | | | | | | | | | | | | | | |
| 五 | | | | | | | | | | | | | | | | | | | | |
| 六 | | | | | | | | | | | | | | | | | | | | |
| 七 | | | | | | | | | | | | | | | | | | | | |
| 八 | | | | | | | | | | | | | | | | | | | | |
| 九 | | | | | | | | | | | | | | | | | | | | |
| 十 | | | | | | | | | | | | | | | | | | | | |

本存證信函共　　頁，正本　　份，存證費　　元，
　　　　　　　　　副本　　份，存證費　　元，
　　　　　　　　　附件　　張，存證費　　元，
　　　　　　　　　加具正本　份，存證費　　元，
　　　　　　　　　加具副本　份，存證費　　元，合計　元。

| 黏 | 貼 |
|---|---|

經　　　　郵局　　　正
年　月　　日證明　副　本內容完全相同　　郵戳　　經辦員　主管　　印

郵　票　或
郵　資　券

| 備<br><br>註 | 一、存證信函需送交郵局辦理證明手續後始有效，自交寄之日起由郵局保存之副本，於三年期滿後銷燬之。<br>二、在　　頁　　行第　　格下塗改　　增刪　　字　印（如有修改應填註本欄並用寄件人印章，但塗改增刪每頁至多不得逾二十字。）<br>三、每件一式三份，用不脫色筆或打字機複寫，或書寫後複印、影印，每格限書一字，色澤明顯、字跡端正。 | 處 | |
|---|---|---|---|

騎縫郵戳　　　　　　　騎縫郵戳

# 民事 聲請公示送達 狀

聲　請　人：甲○○　　住：○○縣○○鄉○○路○○巷○○號
相　對　人：乙○○　　身分證字號：
　　　　　　　　　　　生日：民國　　年　　月　　日
　　　　　　　　　　　住：○○縣○○鎮○○路○○號○○樓

為聲請准予公示送達事：

聲請事項
一、請准將聲請人於民國105年1月1日對相對人所發如附件所示之存證信函所示意思表示之通知
　　為公示送達。
二、聲請費用由相對人負擔。

事實及理由
一、按「表意人非因自己之過失，不知相對人之姓名、居所者，得依民事訴訟法公示送達之規定，
　　以公示送達為意思表示之通知。」，民法第97條定有明文。復按民事訴訟法第149條第項第1
　　款所謂「應為送達之處所不明者」，係指以用相當之方法探查，仍不知其應為送達之處所而言
　　（最高法院82年度台上字第272號判例意旨參照）。
二、經查，聲請人於103年4月3日與相對人簽訂「不動產買賣契約書」乙紙，向伊買受坐落於
　　○○縣○○鎮○○路○○巷○○弄○○號房地（下稱系爭房地），即相對人原本戶籍地址之所
　　設（聲證一）。
三、惟聲請人因系爭房地買賣事宜，向相對人寄發撤銷意思表示之存證信函（詳附件），該意思表
　　示送達至相對人「○○縣○○鎮○○路○○巷○○弄○○號」之址，卻因相對人之住所「遷移
　　不明」遭退件（聲證二），致無法送達，足證本件相對人應受送達處所不明。
四、聲請人另詢問買賣系爭房地之房屋仲介關於相對人之住址，該名房屋仲介，亦拒絕回覆（聲證
　　三）。又因相對人原本戶籍地址即設於系爭房地，於系爭房地移轉登記後，其戶籍地址已遷至
　　他處，非聲請人所能知，則聲請人已為相當之探查，仍不知應為送達之處所。
五、因此，聲請人實非因自己之過失，不知相對人之住、居所，並已經相當探查，其應為送達之處
　　所仍不明，為此，聲請人**先懇請 鈞院賜准調閱相對人之戶籍謄本**，俾查調其最新之戶籍地址；
　　並爰依民事訴訟法第149條第1項之規定，**聲請准將聲請人於105年1月1日對相對人所發如
　　附件所示之存證信函所示意思表示之通知為公示送達。**
六、綜上所陳，狀祈 鈞院鑒核，賜准調閱相對人之戶籍謄本及聲請之事項，俾維權益，實感德便。

　　　　謹　狀
　　臺灣宜蘭地方法院 民事庭 公鑒

證　據：
聲證一：不動產買賣契約書影本乙份。
聲證二：退件信封封面影本乙份。
聲證三：對話記錄列印乙份。
附　件：存證信函影本乙份。

　　　　　　　　　　　　　　　　　　具　狀　人：甲　○　○

中　華　民　國　一　○　五　年　一　月　一　日

# 郵局存證信函用紙

```
          郵　局
存證信函第　　　號
```

（寄件人如為機關、團體、學校、公司、商號請加蓋單位圖章及法定代理人簽名或蓋章）

一、寄件人　姓名：游敏傑律師　　㊞

　　　　　　詳細地址：臺北市中正區忠孝東路二段88號6樓603室

二、收件人　姓名：甲○○

　　　　　　詳細地址：台北市○○區○○路○○號○○樓

三、副本收件人　姓名：

　　　　　　詳細地址：

（本欄姓名、地址不敷填寫時，請另紙聯記）

| 行\格 | 1 | 2 | 3 | 4 | 5 | 6 | 7 | 8 | 9 | 10 | 11 | 12 | 13 | 14 | 15 | 16 | 17 | 18 | 19 | 20 |
|---|---|---|---|---|---|---|---|---|---|---|---|---|---|---|---|---|---|---|---|---|
| 一 | 受 | 文 | 者 | ： | 甲 | ○ | ○ | | | | | | | | | | | | | |
| 二 | 發 | 文 | 日 | 期 | ： | 中 | 華 | 民 | 國 | 一 | ○ | 五 | 年 | 四 | 月 | 十 | 三 | 日 | | |
| 三 | 發 | 文 | 字 | 號 | ： | 寰 | 律 | 字 | 第 | 1 | 0 | 5 | 0 | 0 | 4 | 號 | | | | |
| 四 | 主 | 旨 | ： | 為 | 代 | 本 | 所 | 當 | 事 | 人 | 乙 | ○ | ○ | 函 | 告 | | 台 | 端 | 應 | 履 |
| 五 | | | | 行 | 同 | 居 | 義 | 務 | 並 | 即 | 刻 | 停 | 止 | 監 | 督 | 權 | 侵 | 害 | 之 | 略 |
| 六 | | | | 誘 | 犯 | 行 | ， | 將 | 二 | 名 | 女 | 兒 | 攜 | 回 | 住 | 所 | 同 | 住 | ， | 請 |
| 七 | | | | 查 | 照 | 。 | | | | | | | | | | | | | | |
| 八 | 說 | 明 | ： | | | | | | | | | | | | | | | | | |
| 九 | 壹 | 、 | 依 | 本 | 所 | 當 | 事 | 人 | 乙 | ○ | ○ | 之 | 委 | 任 | 意 | 旨 | 辦 | 理 | ， | 合 |
| 十 | | | 先 | 敘 | 明 | 。 | | | | | | | | | | | | | | |

```
本存證信函共　　　頁，正本　　　份，存證費　　　元，
　　　　　　　　　　　副本　　　份，存證費　　　元，
　　　　　　　　　　　附件　　　張，存證費　　　元，
　　　　　　　　　加具正本　　　份，存證費　　　元，
　　　　　　　　　加具副本　　　份，存證費　　　元，合計　　　元。
```

```
經　　　郵局　正
年　月　日證明　副　本內容完全相同　郵戳　　經辦員
　　　　　　　　　　　　　　　　　　　　　　　主管　㊞
```

黏　　黏

郵　票　或
郵　資　券

貼

備註

一、存證信函需送交郵局辦理證明手續後始有效，自交寄之日起由郵局保存之副本，於三年期滿後銷燬之。

二、在　　頁　　行第　　格下增刪　　　塗改　字　㊞ 如有修改應填註本欄並蓋用（寄件人印章，但塗改增刪）每頁至多不得逾二十字。

三、每件一式三份，用不脫色筆或打字機複寫，或書寫後複印、影印，每格限書一字，色澤明顯、字跡端正。

騎縫郵戳　　　　騎縫郵戳

# 郵局存證信函用紙

副　正
本　本

郵　局

存證信函第　　號

〈寄件人如為機關、團體、學校、公司、商號請加蓋單位圖章及法定代理人簽名或蓋章〉

一、寄件人
姓名：　　　　　　　　　　　　　　　　　　印
詳細地址：

二、收件人
姓名：
詳細地址：

三、副本收件人
姓名：
詳細地址：

（本欄姓名、地址不敷填寫時，請另紙聯記）

| 格行 | 1 | 2 | 3 | 4 | 5 | 6 | 7 | 8 | 9 | 10 | 11 | 12 | 13 | 14 | 15 | 16 | 17 | 18 | 19 | 20 |
|---|---|---|---|---|---|---|---|---|---|---|---|---|---|---|---|---|---|---|---|---|
| 一 | 貳 | 、 | 茲 | 據 | 當 | 事 | 人 | 來 | 所 | 委 | 稱 | 略 | 以 | ： | 「 | | | | | |
| 二 | | 一 | 、 | 查 | 本 | 人 | 與 | 配 | 偶 | 甲 | ○ | ○ | 自 | 民 | 國 | （ | 下 | 同 | ） | ○ |
| 三 | | | ○ | 年 | 間 | 即 | 以 | 台 | 北 | 縣 | ○ | ○ | 區 | ○ | ○ | 街 | ○ | ○ | 號 | |
| 四 | | | 為 | 夫 | 妻 | 之 | 住 | 所 | ， | 詎 | 甲 | ○ | ○ | 於 | 1 | 0 | 5 | 年 | ○ | |
| 五 | | | ○ | 月 | ○ | ○ | 日 | 即 | 以 | 子 | 女 | 教 | 養 | 觀 | 念 | 不 | 合 | 為 | 由 | |
| 六 | | | 要 | 求 | 離 | 婚 | ， | 並 | 擅 | 自 | 離 | 家 | ， | 惟 | 依 | 民 | 法 | 第 | 1 | |
| 七 | | | 0 | 0 | 1 | 條 | 本 | 文 | 規 | 定 | ， | 夫 | 妻 | 互 | 負 | 同 | 居 | 之 | 義 | |
| 八 | | | 務 | ， | 故 | | 台 | 端 | 自 | 應 | 依 | 法 | 履 | 行 | 夫 | 妻 | 同 | 居 | 義 | |
| 九 | | | 務 | ， | 不 | 得 | 擅 | 自 | 遷 | 離 | 夫 | 妻 | 婚 | 後 | 住 | 所 | 。 | | | |
| 十 | | 二 | 、 | 次 | 查 | ， | 甲 | ○ | ○ | 擅 | 自 | 離 | 家 | 違 | 反 | 同 | 居 | 義 | 務 | ， |

本存證信函共　　頁，正本　　份，存證費　　元，
　　　　　　　　副本　　份,存證費　　元，
　　　　　　　　附件　　張,存證費　　元，
　　　　　　　　加具正本　　份,存證費　　元，
　　　　　　　　加具副本　　份,存證費　　元,合計　　元。

經　　　郵局正
年　月　日證明副本內容完全相同

郵戳

經辦員
主管　　印

黏　　　貼

郵　票　或
郵　資　券

書

備註

一、存證信函需送交郵局辦理證明手續後始有效，自交寄之日起由郵局保存之副本，於三年期滿後銷燬之。

二、在　　頁　　行第　　格下增刪　　字　　印（如有修改應填註本欄並蓋用寄件人印章，但塗改增刪）每頁至多不得逾二十字。

三、每件一式三份，用不脫色筆或打字機複寫，或書寫後複印、影印，每格限書一字，色澤明顯、字跡端正。

騎縫郵戳　　　　　　騎縫郵戳

# 郵局存證信函用紙

| | | 正本 副本 | | 郵　局 | 〈寄件人如為機關、團體、學校、公司、商號請加蓋單位圖章及法定代理人簽名或蓋章〉 |
|---|---|---|---|---|---|

存證信函第　　　號

一、寄件人　姓名：　　　　　　　　　　　　　　　印
　　　　　　詳細地址：

二、收件人　姓名：
　　　　　　詳細地址：

三、副本收件人　姓名：
　　　　　　　　詳細地址：

（本欄姓名、地址不敷填寫時，請另紙聯記）

| 行＼格 | 1 | 2 | 3 | 4 | 5 | 6 | 7 | 8 | 9 | 10 | 11 | 12 | 13 | 14 | 15 | 16 | 17 | 18 | 19 | 20 |
|---|---|---|---|---|---|---|---|---|---|---|---|---|---|---|---|---|---|---|---|---|
| 一 | | | | 並 | 擅 | 自 | 將 | 二 | 名 | 未 | 成 | 年 | 女 | 兒 | 丙 | ○ | ○ | 、 | 丁 | ○ |
| 二 | | | | ○ | 置 | 於 | 其 | 父 | 母 | 家 | 中 | ， | 至 | 今 | 本 | 人 | 除 | 於 | 今 | 年 |
| 三 | | | | 3 | 月 | ○ | ○ | 日 | 見 | 到 | 丙 | ○ | ○ | 一 | 次 | ， | 已 | 無 | 法 | 自 |
| 四 | | | | 由 | 與 | 二 | 名 | 女 | 兒 | 正 | 常 | 接 | 觸 | 以 | 行 | 使 | 親 | 權 | ： | 包 |
| 五 | | | | 括 | 今 | 年 | 4 | 月 | ○ | ○ | 日 | 依 | 約 | 前 | 往 | | 台 | 端 | 娘 | 家 |
| 六 | | | | 欲 | 攜 | 回 | 二 | 名 | 女 | 兒 | 前 | 往 | 掃 | 墓 | 祭 | 祖 | ， | 竟 | 遭 | 阻 |
| 七 | | | | 擋 | 於 | 門 | 外 | 無 | 法 | 接 | 到 | 二 | 名 | 女 | 兒 | ； | 至 | 4 | 月 | ○ |
| 八 | | | | ○ | 日 | 依 | 雙 | 方 | 約 | 定 | 應 | 由 | 本 | 人 | 帶 | 二 | 名 | 女 | 兒 | 回 |
| 九 | | | | 家 | ， | 惟 | | 台 | 端 | 於 | 是 | 日 | 下 | 午 | 先 | 藏 | 匿 | 次 | 女 | 丙 |
| 十 | | | | ○ | ○ | 不 | 讓 | 本 | 人 | 與 | 之 | 見 | 面 | ， | 於 | 交 | 付 | 長 | 女 | 丙 |

本存證信函共　　頁，正本　　份，存證費　　元，
　　　　　　　　　副本　　份，存證費　　元，
　　　　　　　　　附件　　張，存證費　　元，
　　　　　　　　加具正本　　份，存證費　　元，
　　　　　　　　加具副本　　份，存證費　　元，合計　　元。

| 黏 | 貼 |
|---|---|

經　　　郵局　　正
年　月　日證明　副　本內容完全相同

郵戳

經辦員
主管　　印

| 郵　票　或 郵　資　券 |
|---|

備註

一、存證信函需送交郵局辦理證明手續後始有效，自交寄之日起由郵局保存之副本，於三年期滿後銷燬之。

二、在　　頁　　行第　　格下增刪　　字　　印（如有修改應填註本欄並蓋用寄件人印章，但塗改增刪）塗改　　字　每頁至多不得逾二十字。

三、每件一式三份，用不脫色筆或打字機複寫，或書寫後複印、影印，每格限書一字，色澤明顯、字跡端正。

騎縫郵戳　　　　　騎縫郵戳

# 郵局存證信函用紙

正本　副本

| 郵　局 存證信函第　　號 | 〈寄件人如為機關、團體、學校、公司、商號請加蓋單位圖章及法定代理人簽名或蓋章〉 |
|---|---|
| | 一、寄件人　姓名：　　　　　　　　　　　　　　　　　　印 |
| | 　　　　　　詳細地址： |
| | 二、收件人　姓名： |
| | 　　　　　　詳細地址： |
| | 三、副本收件人　姓名： |
| | 　　　　　　詳細地址： |
| | （本欄姓名、地址不敷填寫時，請另紙聯記） |

| 格\行 | 1 | 2 | 3 | 4 | 5 | 6 | 7 | 8 | 9 | 10 | 11 | 12 | 13 | 14 | 15 | 16 | 17 | 18 | 19 | 20 |
|---|---|---|---|---|---|---|---|---|---|---|---|---|---|---|---|---|---|---|---|---|
| 一 | | | | ○ | ○ | 予 | 本 | 人 | 時 | ， | 更 | 與 | 其 | 母 | 戊 | ○ | ○ | 合 | 力 | 拉 |
| 二 | | | | 扯 | 長 | 女 | 丙 | ○ | ○ | ， | 致 | 丙 | ○ | ○ | 受 | 驚 | 嚇 | 大 | 哭 | ， |
| 三 | | | | 迫 | 使 | 本 | 人 | 須 | 待 | 丙 | ○ | ○ | 冷 | 靜 | 緩 | 和 | ， | 同 | 日 | 稍 |
| 四 | | | | 晚 | 前 | 往 | 台 | 端 | 娘 | 家 | 欲 | 接 | 回 | 二 | 名 | 女 | 兒 | ， | 社 | |
| 五 | | | | 區 | 大 | 樓 | 警 | 衛 | 竟 | 告 | 知 | 住 | 戶 | 已 | 交 | 代 | 不 | 能 | 讓 | 本 |
| 六 | | | | 人 | 進 | 入 | ， | 去 | 電 | 台 | 端 | 時 | 亦 | 拒 | 不 | 接 | 聽 | 來 | 電 | 。 |
| 七 | | | | 從 | 而 | ， | 已 | 足 | 認 | 定 | 彼 | 等 | 所 | 為 | 係 | 屬 | 侵 | 害 | 本 | 人 |
| 八 | | | | 對 | 二 | 名 | 女 | 兒 | 監 | 督 | 權 | 之 | 略 | 誘 | 犯 | 行 | ， | 則 | | 台 |
| 九 | | | | 端 | 及 | 其 | 父 | 母 | 顯 | 係 | 刻 | 意 | 藏 | 匿 | 子 | 女 | ， | 將 | 二 | 名 |
| 十 | | | | 子 | 女 | 移 | 置 | 自 | 己 | 實 | 力 | 支 | 配 | 下 | ， | 使 | 本 | 人 | 事 | 實 |

本存證信函共　　頁，正本　　份，存證費　　元，
　　　　　　　　副本　　份，存證費　　元，
　　　　　　　　附件　　張，存證費　　元，
　　　　　　　　加具正本　　份，存證費　　元，
　　　　　　　　加具副本　　份，存證費　　元，合計　　元。

經　　郵局　正
　年　月　日證明　副　本內容完全相同　　郵戳　　經辦員　主管　印

黏　　黏

郵票　或 郵資　券

備註

一、存證信函需送交郵局辦理證明手續後始有效，自交寄之日起由郵局保存之副本，於三年期滿後銷燬之。

二、在　頁　行第　格下增刪　字　塗改 印（如有修改應填註本欄並蓋用寄件人印章，但塗改增刪每頁至多不得逾二十字）

三、每件一式三份，用不脫色筆或打字機複寫，或書寫後複印、影印，每格限書一字，色澤明顯、字跡端正。

書

騎縫郵戳　　　騎縫郵戳

# 郵局存證信函用紙

<table>
<tr><td rowspan="5">副本 正本</td><td rowspan="5">郵　局<br><br>存證信函第　　　號</td><td colspan="2">〈寄件人如為機關、團體、學校、公司、商號請加蓋單位圖章及法定代理人簽名或蓋章〉</td></tr>
<tr><td>一、寄件人</td><td>姓名：　　　　　　　　　　　　　印<br>詳細地址：</td></tr>
<tr><td>二、收件人</td><td>姓名：<br>詳細地址：</td></tr>
<tr><td>三、副本<br>　　收件人</td><td>姓名：<br>詳細地址：</td></tr>
<tr><td colspan="2">（本欄姓名、地址不敷填寫時，請另紙聯記）</td></tr>
</table>

| 格\行 | 1 | 2 | 3 | 4 | 5 | 6 | 7 | 8 | 9 | 10 | 11 | 12 | 13 | 14 | 15 | 16 | 17 | 18 | 19 | 20 |
|---|---|---|---|---|---|---|---|---|---|---|---|---|---|---|---|---|---|---|---|---|
| 一 | | | | 上 | 陷 | 於 | 不 | 能 | 行 | 使 | 監 | 督 | 權 | 之 | 狀 | 態 | ， | 核 | 其 | 所 |
| 二 | | | | 為 | 業 | 已 | 涉 | 犯 | 刑 | 法 | 第 | 2 | 4 | 1 | 條 | 第 | 1 | 項 | 、 | 第 |
| 三 | | | | 3 | 項 | 之 | 略 | 誘 | 罪 | ， | 併 | 此 | 敘 | 明 | 。 | | | | | |
| 四 | | 三 | 、 | 綜 | 上 | ， | 爰 | 委 | 請 | 寰 | 宸 | 法 | 律 | 事 | 務 | 所 | 游 | 敏 | 傑 | 律 |
| 五 | | | | 師 | 代 | 為 | 函 | 告 | | 台 | 端 | ， | 應 | 依 | 法 | 履 | 行 | 同 | 居 | 義 |
| 六 | | | | 務 | 並 | 即 | 刻 | 停 | 止 | 監 | 督 | 權 | 侵 | 害 | 之 | 略 | 誘 | 犯 | 行 | ， |
| 七 | | | | 將 | 二 | 名 | 女 | 兒 | 攜 | 回 | 住 | 所 | 同 | 住 | ， | 否 | 則 | 定 | 將 | 委 |
| 八 | | | | 請 | 律 | 師 | 依 | 法 | 追 | 究 | 一 | 切 | 相 | 關 | 民 | 、 | 刑 | 事 | 法 | 律 |
| 九 | | | | 責 | 任 | ， | 以 | 維 | 權 | 益 | ， | 絕 | 無 | 寬 | 貸 | 。 | 」 | 等 | 語 | 前 |
| 十 | | | | 來 | 。 | | | | | | | | | | | | | | | |

本存證信函共　　　頁，正本　　　份，存證費　　　元，
　　　　　　　　　副本　　　份，存證費　　　元，
　　　　　　　　　附件　　　張，存證費　　　元，
　　　　　　　　加具正本　　份，存證費　　　元，
　　　　　　　　加具副本　　份，存證費　　　元，合計　　元。

黏　貼

郵票或郵資券

經　　　郵局正
年　月　　日證明副本內容完全相同　　　郵戳　　　經辦員
　　　　　　　　　　　　　　　　　　　　　　　主管　　　印

| 備註 | 一、存證信函需送交郵局辦理證明手續後始有效，自交寄之日起由郵局保存之副本，於三年期滿後銷燬之。<br>二、在　　頁　　行第　　格下塗改　　字　　　　如有修改應填註本欄並蓋用<br>　　　　　　　　　　　　　　　增刪　　字　印（寄件人印章，但塗改增刪）<br>　　　　　　　　　　　　　　　　　　　　　　　　每頁至多不得逾二十字。<br>三、每件一式三份，用不脫色筆或打字機複寫，或書寫後複印、影印，每格限書一字，色澤明顯、字跡端正。 |
|---|---|

騎縫郵戳　　　　　　　　　　騎縫郵戳

# 郵局存證信函用紙

|  | 郵　局 | 〈寄件人如為機關、團體、學校、公司、商號請加蓋單位圖章及法定代理人簽名或蓋章〉 |
|---|---|---|

存證信函第　　　號

一、寄件人　　姓名：乙○○、丙○○、丁○○　　[印]
　　　　　　　詳細地址：

二、收件人　　姓名：
　　　　　　　詳細地址：

三、副　本　　姓名：
　　　收件人　詳細地址：

（本欄姓名、地址不敷填寫時，請另紙聯記）

| 格行 | 1 | 2 | 3 | 4 | 5 | 6 | 7 | 8 | 9 | 10 | 11 | 12 | 13 | 14 | 15 | 16 | 17 | 18 | 19 | 20 |
|---|---|---|---|---|---|---|---|---|---|---|---|---|---|---|---|---|---|---|---|---|
| 一 | 被 | 繼 | 承 | 人 | ： | 甲 | ○ | ○ | | | | | | | | | | | | |
| 二 | 死 | 亡 | 時 | 住 | 所 | ： | ○ | ○ | 市 | ○ | ○ | 區 | ○ | ○ | 路 | ○ | ○ | 巷 | ○ | ○ |
| 三 | 弄 | ○ | ○ | 號 | ○ | ○ | 樓 | | | | | | | | | | | | | |
| 四 | 繼 | 承 | 權 | 拋 | 棄 | 人 | 乙 | ○ | ○ | 、 | 丙 | ○ | ○ | 及 | 丁 | ○ | ○ | 等 | 係 | 被 |
| 五 | 繼 | 承 | 人 | 甲 | ○ | 之 | 合 | 法 | 繼 | 承 | 人 | ， | 因 | 被 | 繼 | 承 | 人 | 甲 | ○ | |
| 六 | ○ | 於 | 民 | 國 | ○ | ○ | 年 | ○ | ○ | 月 | ○ | ○ | 日 | 亡 | 故 | ， | 拋 | 棄 | 繼 | |
| 七 | 承 | 等 | 人 | 於 | ○ | ○ | 年 | ○ | ○ | 月 | ○ | ○ | 日 | 知 | 悉 | 對 | 被 | 繼 | 承 | |
| 八 | 人 | ○ | ○ | ○ | 之 | 遺 | 產 | 依 | 法 | 有 | 繼 | 承 | 權 | ， | 並 | 已 | 於 | ○ | ○ | |
| 九 | 年 | ○ | ○ | 月 | ○ | ○ | 向 | 台 | 灣 | ○ | ○ | 地 | 方 | 法 | 院 | 聲 | 請 | 拋 | 棄 | 繼 |
| 十 | 承 | 權 | 。 | 茲 | 依 | 民 | 法 | 第 | 1 | 1 | 7 | 4 | 條 | 第 | 3 | 項 | 之 | 規 | 定 | ， |

本存證信函共　　　頁，正本　　　份，存證費　　　元，
　　　　　　　　　　副本　　　份，存證費　　　元，
　　　　　　　　　　附件　　　張，存證費　　　元，
　　　　　　　加具正本　　　份，存證費　　　元，
　　　　　　　加具副本　　　份，存證費　　　元，合計　　　元。

黏　　　貼

經　　　　郵局正
年　月　日證明　副本內容完全相同

郵戳　　　經辦員
　　　　　主管　　　[印]

郵　票　或
郵　資　券

處

騎縫郵戳　　　　騎縫郵戳

# 郵局存證信函用紙

| | 正<br>本 | | | |
|---|---|---|---|---|
| 副 | | | | |

| 郵　　局 | （寄件人如為機關、團體、學校、公司、商號請加蓋單位圖章及法定代理人簽名或蓋章） |
|---|---|
| | 一、寄件人　姓名：　　　　　　　　　　　　　　　印 |
| | 　　　　　　詳細地址： |
| 存證信函第　　　號 | 二、收件人　姓名： |
| | 　　　　　　詳細地址： |
| | 三、副本收件人　姓名： |
| | 　　　　　　詳細地址： |
| | （本欄姓名、地址不敷填寫時，請另紙聯記） |

| 格<br>行 | 1 | 2 | 3 | 4 | 5 | 6 | 7 | 8 | 9 | 10 | 11 | 12 | 13 | 14 | 15 | 16 | 17 | 18 | 19 | 20 |
|---|---|---|---|---|---|---|---|---|---|---|---|---|---|---|---|---|---|---|---|---|
| 一 | 通 | 知 | 收 | 件 | 人 | 即 | 應 | 為 | 繼 | 承 | 之 | 人 | ， | 被 | 繼 | 承 | 人 | ○ | ○ | ○ |
| 二 | 之 | 遺 | 產 | 由 | | 台 | 端 | 等 | 人 | 繼 | 承 | ， | 絕 | 無 | 異 | 議 | ， | 特 | 此 | 通 |
| 三 | 知 | 。 | | | | | | | | | | | | | | | | | | |
| 四 | | | | | | | 中 | 華 | 民 | 國 | ○ | ○ | ○ | 年 | ○ | ○ | 月 | ○ | ○ | 日 |
| 五 | | | | | | | | | | | | | | | | | | | | |
| 六 | | | | | | | | | | | | | | | | | | | | |
| 七 | | | | | | | | | | | | | | | | | | | | |
| 八 | | | | | | | | | | | | | | | | | | | | |
| 九 | | | | | | | | | | | | | | | | | | | | |
| 十 | | | | | | | | | | | | | | | | | | | | |

| 本存證信函共　　　頁，正本　　　份，存證費　　　元， | | |
|---|---|---|
| 　　　　　　　　　　副本　　　份，存證費　　　元， | 黏 | 貼 |
| 　　　　　　　　　　附件　　　張，存證費　　　元， | | |
| 　　　　　　　加具正本　　　份，存證費　　　元， | | |
| 　　　　　　　加具副本　　　份，存證費　　　元，合計　　　元。 | | |

| 經　　　郵局 | 正 | 郵戳 | 經辦員 | 印 | 郵　票　或 |
|---|---|---|---|---|---|
| 年　月　日證明 | 副 | 本內容完全相同 | 主管 | | 郵　資　券 |

| 備<br>註 | 一、存證信函需送交郵局辦理證明手續後始有效，自交寄之日起由郵局保存之副本，於三年期滿後銷燬之。 | 處 |
|---|---|---|
| | 二、在　　　頁　　行第　　　格下增刪　　　字　　塗改　　印（如有修改應註明本欄並蓋用寄件人印章，但塗改增刪）每頁至多不得逾二十字。 | |
| | 三、每件一式三份，用不脫色筆或打字機複寫，或書寫後複印、影印，每格限書一字，色澤明顯、字跡端正。 | |

騎縫郵戳　　　　　　　　騎縫郵戳

# 和解契約書（車禍）

立和解契約書人：

＿＿＿＿＿＿＿＿（下稱甲方）

＿＿＿＿＿＿＿＿（下稱乙方）

茲因 ＿＿＿＿ 年 ＿＿＿＿ 月 ＿＿＿＿ 日於 ＿＿＿＿＿＿＿＿＿＿＿＿＿＿＿＿＿＿＿＿＿＿（地點）

發生之車禍事件，經商議後達成和解合意，條件如下：
一、甲方願賠償乙方醫療費、後續療養費、看護費、後遺症、精神慰撫金及機車損修理
　　費等總計新臺幣 ＿＿＿＿＿＿＿＿＿ 元整，
　　於和解成立時甲方當場以現金方式一次付清，經乙方親點無訛，不另立據。
　　於和解契約成立時甲方當場以現金支付新台幣 ＿＿＿＿＿＿＿ 元整，其餘款項共分
　　＿＿＿＿＿＿＿ 期，每期以現金支付新台幣 ＿＿＿＿＿＿＿ 元整，一期未付視為全部到期。
二、本和解契約書倘依公證法請求公證人就本和解契約做成公證書者，就前項約定依公
　　證法第 13 條第 1 款規定應逕受強制執行。
　　本公證書於中華民國 ＿＿＿＿＿ 年 ＿＿＿＿＿ 月 ＿＿＿＿＿ 日在臺灣 ＿＿＿＿＿＿ 地方法院公
　　證處作成。
三、甲方之修車費願自行處理並放棄向乙方為求償。
四、雙方均同意本案其餘請求拋棄。
五、乙方願保證尚未對乙方提出刑事告訴，且日後不再對甲方提起刑事告訴。
　　乙方已提出刑事告訴，應於和解契約簽立同時撤回刑事告訴。
　　乙方如有違反前項約定，應將和解金返還甲方。
六、如因本契約涉訟時，甲、乙雙方均合意以臺灣 ＿＿＿＿＿＿ 地方法院為第一審管轄法院。
七、本和解契約壹式貳份，由甲、乙雙方各執壹份為憑。
　　（以下空白）

立書人簽署：（未成年人需法定代理人一併簽名）


甲　　方：

身分證字號：

地　　址：

乙　　方：

身分證字號：

地　　址：


中　　　華　　　民　　　國　　　　　年　　　　月　　　　　日

# 道路交通事故資料申請書

編號：

| 發生時間 | 年　月　日　　時　　分 | | |
|---|---|---|---|
| 地點 | | | |
| 申請人姓名 | | 出生<br>年月日 | 年　月　日 |
| 國民身分證<br>統一編號 | | 聯絡電話 | |
| 地址 | | | |
| 與當事人<br>關係 | ☐本人<br>☐受當事人＿＿（姓　　名）＿＿委託(請當事人於下欄親自簽章)<br>☐當事人之利害關係人＿＿（關　　係）＿＿(請出示證明文件) | | |
| 申請事項 | 茲因於上列時間、地點發生道路交通事故，請☐核發 ☐提供閱覽(擇一勾選)：<br>☐ 現場圖乙份。(事故發生7日後可申請)<br>☐ 現場照片乙份　　張。(事故發生7日後可申請)<br>☐ 交通事故初步分析研判表乙份。(事故發生30日後可申請) | | |
| 臨櫃申請取件<br>預定取件日期<br>(由受理單位填寫) | 年　月　日 | 案件編號 | |
| | 服務電話： | 取件簽名 | |

此致
　　　　　　　分局　　　　警備隊
　　警察局　　　　　　　派出所
　　交通(大)隊　　　交通分隊

　　申請人簽章：　　　　　　　（印）

　　當事人簽章：　　　　　　　（印）(非當事人委託者免填)
　　身分證統一編號：☐☐☐☐☐☐☐☐☐☐
　　地　　址：
　　電　　話：

　　申請日期：　　　　年　　月　　日

| 備註 | 申請或取件時請攜帶身分證正本、印章。 |
|---|---|

承辦人：　　　　　主管：　　　　　　（單位戳章）

附註：
1、　本表可印製一式二聯，一份交申請人，另一份送案卷保存單位併卷備查(分局或審核小組)。
2、　有關所申請之他造當事人個人資料，應遵守個人資料保護法等相關法令規定，不得違法

# 核發民眾申請交通事故肇因研判表作業程序

一、依據
　（一）道路交通事故處理辦法
　（二）道路交通事故處理規範

二、流程

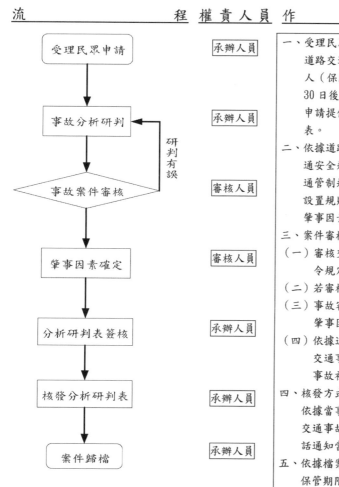

| 流　　　　程 | 權責人員 | 作　　業　　內　　容 |
|---|---|---|
| 受理民眾申請 | 承辦人員 | 一、受理民眾申請： 道路交通事故案件當事人或利害關係人（保險公司除外），得於事故發生30日後，親自或委託他人向警察機關申請提供道路交通事故初步分析研判表。 |
| 事故分析研判 ← 研判有誤 | 承辦人員 | 二、依據道路交通管理處罰條例、道路交通安全規則、高速公路及快速公路交通管制規則、道路交通標誌標線號誌設置規則等相關法令規定，分析研判肇事因素及用路人違規行為。 |
| 事故案件審核 | 審核人員 | 三、案件審核： |
| 肇事因素確定 | 審核人員 | （一）審核交通事故案件適用上揭相關法令規定是否適當。 （二）若審核發現有誤，重新分析研判。 （三）事故審核人員於確定案件當事人之肇事因素及違規行為無誤後核章。 |
| 分析研判表簽核 | 承辦人員 | （四）依據道路交通事故處理辦法、道路交通事故處理規範，製作道路交通事故初步分析研判表並送件簽核。 |
| 核發分析研判表 | 承辦人員 | 四、核發方式： 依據當事人或受委託人意願，將道路交通事故初步分析研判表郵寄，或電話通知當事人或受委託人前來領取。 |
| 案件歸檔 | 承辦人員 | 五、依據檔案法相關規定，交通事故文件保管期限5年。 |

# 交通事故資料申請系統——內政部警政署

## 交通事故資料輸入

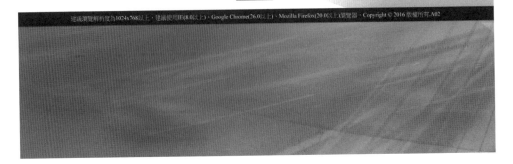

# 刑事告訴狀

告　訴　人：甲○○　　住新北市○○區○○路○段○○號○樓
被　　　告：乙○○　　住新北市○○區○○路○段○○號○樓

為被告涉嫌過失傷害案件，謹依法提呈刑事告訴狀事：
一、按「案件由犯罪地或被告之住所、居所或所在地之法院管轄。」刑事訴訟法第 5 條第 1 項定有明文。本件交通事故發生於新北市○○區○○路與○○路路口，為 鈞署轄內，合先敘明。
二、犯罪事實：
　　緣被告乙○○於民國（下同）○○年○○月○○日上午○○時○○分時，駕駛車號○○-○○○○號自用小客車行經新北市○○區○○路與○○路路口，且三色號誌已於○○時○○分○○秒轉為紅燈，惟伊竟仍於○○時○○分○○秒時闖越紅燈號誌，自○○路直行往○○路方向（東向西），適告訴人甲○○駕駛車號○○○-○○○號機車，自○○路直行前往○○方向（南向北）時閃避不及，致於○○時○○分○○秒時發生本件交通意外事故（告證一、二），並因而造成告訴人「右側脛骨與腓骨開放性骨折」，且雖歷經多次手術仍未癒合，至今無法自理生活（告證三、四）。告訴人不僅因歷經該次車禍及多次手術而身心受創，更因被告之犯後態度而擔憂醫療照護費用將拖累家人，迄今仍終日惶恐不安未得安眠，是告訴人迫於無奈，遂依法提起本件告訴。
三、證據併所犯法條：
　　（一）按「因過失傷害人者，處六月以下有期徒刑、拘役或五百元以下罰金，致重傷者，處一年以下有期徒刑、拘役或五百元以下罰金。」刑法第 284 條第 1 項亦定有明文。
　　（二）查本案被告乙○○於○○年○○月○○日上午○○時○○分時，駕駛車號○○-○○○○號自用小客車行經新北市○○區○○路與○○路路口，且三色號誌已於○○時○○分○○秒轉為紅燈，惟伊無不能注意之情事竟疏未注意，而仍於○○時○○分○○秒時闖越紅燈號誌，自○○路直行往○○路方向（東向西），以致發生本件交通意外事故，並造成告訴人「右側脛骨與腓骨開放性骨折」。核其所為，顯與刑法第 284 條第 1 項過失傷害罪之構成要件並無不符。
四、綜上所陳，爰依法提出告訴事，為此狀請

　　　鈞署鑒核　迅予起訴　以維法治　實感德便

　　　　謹　狀
　　臺灣新北地方法院　檢察署　公鑒

證　據：
告證一：道路交通事故現場圖、照片影本乙份。
告證二：道路監視錄影截錄照片三幀影本乙份。
告證三：○○○○醫院診斷證明書影本乙份。
告證四：○○○○醫院診斷證明書影本乙份。
告證五：道路監視錄影光碟乙份。

　　　　　　　　　　　　　　　　具　狀　人：　甲　○　○

中　華　民　國　○　○　○　年　○　○　月　○　○　日

# 刑事 附帶民事起訴 狀

案　　號：○○年度交易字第○○○號
股　　別：○股
原　　告：甲○○　　住新北市○○區○○路○段○○號○樓
被　　告：乙○○　　住新北市○○區○○路○段○○號○樓

為被告涉嫌過失傷害案件，謹依法提呈刑事附帶民事起訴狀事：

　　訴之聲明
一、被告應給付原告新台幣○○○○萬元正，及自本起訴狀繕本送達翌日起至清償日止，按年息百分之五計算之利息。
二、訴訟費用由被告負擔。
三、願供擔保請准宣告假執行。

事實及理由
一、事實經過：
　　緣被告乙○○於○○年○○月○○日上午○○時○○分許，駕駛車號○○－○○○○號自小客車，沿新北市○○路，由東往西方向行駛，途經行經新北市○○區○○路與○○路路口有紅綠燈交通號誌之交岔路口處時，當時被告行進方向之燈號為「紅燈」，應注意道路交通安全規則第90條：「駕駛人駕駛汽車，應遵守道路交通標誌、標線、號誌之指示，……」規定，能注意竟疏未注意，闖紅燈直行，其自用小客車左前方撞擊左側駛來、綠燈直行由原告周金菊所駕駛車號○○○－○○○號機車，至原告受有右側脛骨與腓骨開放性骨折（手術後未癒合）等傷害，並業經臺灣宜蘭地方法院檢察署提起公訴在案（○○年度偵字第○○○○號，原證一）。
二、按因故意或過失，不法侵害他人之權利者，負損害賠償責任。……違反保護他人之法律，致生損害於他人者，負賠償責任。……汽車、機車或其他非依軌道行駛之動力車輛，在使用中加損害於他人者，駕駛人應賠償因此所生之損害。不法侵害他人之身體或健康者，對於被害人因此喪失或減少勞動能力或增加生活上之需要時，應負損害賠償責任。民法第184條第1項前段及第2項前段、第191條之2前段及第193條第1項分別定有明文。次按，駕駛人駕駛汽車，應遵守道路交通標誌、標線、號誌之指示，並服從交通指揮人員之指揮。道路交通安全規則第90條亦定有明文。而道路交通安全規則乃屬保護他人之法律，若有違反致他人受有損害時，即應負賠償責任，並不以違反者應負行政罰責為必要，最高法院93年台上字第2397號判決要旨可資參照。
三、查被告違反道路交通安全規則第90條規定，未遵守道路交通標誌、標線、號誌之指示，能注意而未注意，闖越紅燈號誌乙節，有證人吳素鸞之證詞、道路交通事故

現場圖、照片、道路監視錄影截錄照片在卷可稽，已不容被告飾詞狡辯。而原告因被告之過失傷害行為而自○○年○○月○○日急診入院治療起，除於當日行清創與骨折復位和股格外固定手術外，並先後於同年○○月○○日行清創與骨折復位和骨骼外固定器取除手術、於○○年○○月○○日行清創與皮瓣手術、於○○年○○月○○日行清創與植皮手術。詎被告乙○○竟於○○年2月初，原告甫接受手術身心俱疲之際，當面向原告表示：「你若沒有抓到我闖紅燈的證據，我就不願意賠償！」等語，以致告訴人不僅因歷經該次車禍及多次手術而身心受創，更因被告之犯後態度而擔憂醫療照護費用將拖累家人，迄今仍終日惶恐不安未得安眠，是原告迫於無奈，遂依法提起本訴，並爰依前揭民法第184條第1項前段及第2項前段、第191條之2前段及第193條第1項等相關規定，請求被告賠償醫療費用、看護費用、交通費用、日後需進行之疤痕重整手術費用及精神慰撫金合計新台幣○○○萬元（相關診斷證明書、醫療及各項費用單據，尚待原告彙整詳實核算，儘速提出；如已彙整完成，可於起訴時直接檢附單據影本核實計算），又原告損害範圍目前尚未完全確定日後恐有擴張其餘請求之可能，爰謹依民事訴訟法第244條第4項表明請求之最低金額如訴之聲明。

四、縱若本件刑事部分經論知無罪、免訴或不受理判決，原告仍依刑事訴訟法第503條第1項但書規定，聲請將刑事附帶民事訴訟移送管轄法院之民事庭審理。

五、綜上析陳，狀請鈞院鑒核，賜判決如訴之聲明，以保權益，至感德便。

　　　謹　狀
臺灣新北地方法院　刑事庭　公鑒

證　據：
原證一：○○年度偵字第○○○○號起訴書影本乙份。

　　　　　　　　　　　　　　　　　　　　　具　狀　人　：　甲　○　○

中　華　民　國　○　○　○　年　○　○　月　○　○　日

備註：
一、刑事附帶民事訴訟建議在起訴後提起，但此時相關診斷證明書、醫療及各項費用單據可能尚未完備，可待原告彙整詳實核算，儘速提出；但損害賠償數額如已彙整完成，亦可於起訴時直接檢附單據影本核實計算。
二、雖然刑事附帶民事訴訟並不需要繳納裁判費，但日後追加之損害賠償金額部分則需繳納裁判費。

表1 全國簡易生命表
民國107年

全體

| 年齡<br>X | 死亡機率<br>$q_x$ | 生存數<br>$l_x$ | 死亡數<br>$d_x$ | 定 常 人 口 | | 平均餘命<br>$e^o_x$ |
|---|---|---|---|---|---|---|
| | | | | $L_x$ | $T_x$ | |
| 0M | 0.00262 | 100000 | 262 | 8322 | 8068973 | 80.69 |
| 1M | 0.00030 | 99738 | 30 | 8310 | 8060650 | 80.82 |
| 2M | 0.00026 | 99707 | 26 | 8308 | 8052340 | 80.76 |
| 3M | 0.00046 | 99681 | 46 | 24915 | 8044032 | 80.70 |
| 6M | 0.00047 | 99635 | 47 | 49806 | 8019118 | 80.48 |
| 0 | 0.00411 | 100000 | 411 | 99661 | 8068973 | 80.69 |
| 1 | 0.00031 | 99589 | 30 | 99574 | 7969312 | 80.02 |
| 2 | 0.00022 | 99558 | 22 | 99547 | 7869738 | 79.05 |
| 3 | 0.00016 | 99537 | 16 | 99529 | 7770191 | 78.06 |
| 4 | 0.00013 | 99520 | 13 | 99514 | 7670662 | 77.08 |
| 5 | 0.00011 | 99508 | 11 | 99502 | 7571148 | 76.09 |
| 6 | 0.00011 | 99496 | 11 | 99491 | 7471646 | 75.09 |
| 7 | 0.00010 | 99486 | 10 | 99481 | 7372155 | 74.10 |
| 8 | 0.00010 | 99476 | 10 | 99471 | 7272675 | 73.11 |
| 9 | 0.00010 | 99466 | 10 | 99461 | 7173204 | 72.12 |
| 10 | 0.00010 | 99456 | 10 | 99451 | 7073743 | 71.12 |
| 11 | 0.00012 | 99446 | 12 | 99440 | 6974292 | 70.13 |
| 12 | 0.00014 | 99434 | 14 | 99427 | 6874852 | 69.14 |
| 13 | 0.00017 | 99421 | 16 | 99412 | 6775424 | 68.15 |
| 14 | 0.00020 | 99404 | 20 | 99394 | 6676012 | 67.16 |
| 15 | 0.00024 | 99384 | 24 | 99372 | 6576618 | 66.17 |
| 16 | 0.00028 | 99360 | 28 | 99347 | 6477245 | 65.19 |
| 17 | 0.00031 | 99333 | 31 | 99317 | 6377899 | 64.21 |
| 18 | 0.00034 | 99302 | 34 | 99285 | 6278581 | 63.23 |
| 19 | 0.00037 | 99267 | 37 | 99249 | 6179297 | 62.25 |
| 20 | 0.00040 | 99230 | 39 | 99211 | 6080048 | 61.27 |
| 21 | 0.00042 | 99191 | 41 | 99171 | 5980837 | 60.30 |
| 22 | 0.00043 | 99150 | 43 | 99129 | 5881666 | 59.32 |
| 23 | 0.00044 | 99107 | 44 | 99085 | 5782538 | 58.35 |
| 24 | 0.00045 | 99064 | 44 | 99041 | 5683452 | 57.37 |
| 25 | 0.00045 | 99019 | 45 | 98997 | 5584411 | 56.40 |
| 26 | 0.00046 | 98974 | 46 | 98951 | 5485414 | 55.42 |
| 27 | 0.00048 | 98928 | 48 | 98904 | 5386463 | 54.45 |
| 28 | 0.00052 | 98880 | 51 | 98855 | 5287559 | 53.47 |
| 29 | 0.00056 | 98829 | 55 | 98802 | 5188704 | 52.50 |
| 30 | 0.00061 | 98774 | 60 | 98744 | 5089902 | 51.53 |
| 31 | 0.00067 | 98714 | 66 | 98682 | 4991157 | 50.56 |
| 32 | 0.00073 | 98649 | 72 | 98613 | 4892476 | 49.59 |
| 33 | 0.00080 | 98577 | 79 | 98537 | 4793863 | 48.63 |
| 34 | 0.00088 | 98498 | 86 | 98455 | 4695326 | 47.67 |
| 35 | 0.00096 | 98412 | 95 | 98364 | 4596871 | 46.71 |
| 36 | 0.00106 | 98317 | 104 | 98265 | 4498506 | 45.76 |
| 37 | 0.00117 | 98213 | 115 | 98155 | 4400241 | 44.80 |
| 38 | 0.00131 | 98097 | 128 | 98033 | 4302086 | 43.86 |
| 39 | 0.00145 | 97969 | 142 | 97898 | 4204053 | 42.91 |

表1 全國簡易生命表(續1)
民國107年

| 年齡<br>X | 死亡機率<br>$q_x$ | 生存數<br>$l_x$ | 死亡數<br>$d_x$ | 定 常 人 口 | | 平均餘命<br>$e^o_x$ |
|---|---|---|---|---|---|---|
| | | | | $L_x$ | $T_x$ | |
| 40 | 0.00161 | 97827 | 157 | 97748 | 4106154 | 41.97 |
| 41 | 0.00178 | 97670 | 174 | 97583 | 4008406 | 41.04 |
| 42 | 0.00196 | 97496 | 191 | 97401 | 3910823 | 40.11 |
| 43 | 0.00214 | 97305 | 208 | 97201 | 3813422 | 39.19 |
| 44 | 0.00233 | 97097 | 226 | 96984 | 3716221 | 38.27 |
| 45 | 0.00254 | 96871 | 246 | 96748 | 3619237 | 37.36 |
| 46 | 0.00275 | 96625 | 266 | 96492 | 3522490 | 36.46 |
| 47 | 0.00298 | 96359 | 287 | 96216 | 3425997 | 35.55 |
| 48 | 0.00322 | 96072 | 309 | 95918 | 3329782 | 34.66 |
| 49 | 0.00348 | 95763 | 333 | 95596 | 3233864 | 33.77 |
| 50 | 0.00375 | 95430 | 358 | 95251 | 3138267 | 32.89 |
| 51 | 0.00403 | 95072 | 383 | 94880 | 3043016 | 32.01 |
| 52 | 0.00433 | 94689 | 410 | 94484 | 2948136 | 31.14 |
| 53 | 0.00464 | 94279 | 438 | 94060 | 2853653 | 30.27 |
| 54 | 0.00497 | 93841 | 467 | 93607 | 2759593 | 29.41 |
| 55 | 0.00532 | 93374 | 497 | 93126 | 2665986 | 28.55 |
| 56 | 0.00568 | 92877 | 527 | 92614 | 2572860 | 27.70 |
| 57 | 0.00605 | 92350 | 559 | 92071 | 2480246 | 26.86 |
| 58 | 0.00644 | 91791 | 591 | 91496 | 2388176 | 26.02 |
| 59 | 0.00686 | 91200 | 626 | 90887 | 2296680 | 25.18 |
| 60 | 0.00727 | 90574 | 658 | 90245 | 2205793 | 24.35 |
| 61 | 0.00773 | 89916 | 695 | 89568 | 2115548 | 23.53 |
| 62 | 0.00825 | 89221 | 736 | 88852 | 2025979 | 22.71 |
| 63 | 0.00885 | 88484 | 783 | 88093 | 1937127 | 21.89 |
| 64 | 0.00954 | 87701 | 836 | 87283 | 1849034 | 21.08 |
| 65 | 0.01034 | 86865 | 898 | 86416 | 1761751 | 20.28 |
| 66 | 0.01128 | 85966 | 970 | 85482 | 1675336 | 19.49 |
| 67 | 0.01237 | 84997 | 1052 | 84471 | 1589854 | 18.70 |
| 68 | 0.01363 | 83945 | 1144 | 83373 | 1505383 | 17.93 |
| 69 | 0.01504 | 82801 | 1245 | 82179 | 1422010 | 17.17 |
| 70 | 0.01662 | 81556 | 1355 | 80878 | 1339831 | 16.43 |
| 71 | 0.01836 | 80201 | 1472 | 79464 | 1258953 | 15.70 |
| 72 | 0.02027 | 78728 | 1596 | 77930 | 1179489 | 14.98 |
| 73 | 0.02236 | 77132 | 1725 | 76270 | 1101559 | 14.28 |
| 74 | 0.02464 | 75407 | 1858 | 74479 | 1025289 | 13.60 |
| 75 | 0.02710 | 73550 | 1993 | 72553 | 950810 | 12.93 |
| 76 | 0.02977 | 71556 | 2130 | 70491 | 878257 | 12.27 |
| 77 | 0.03268 | 69426 | 2269 | 68292 | 807766 | 11.63 |
| 78 | 0.03586 | 67157 | 2409 | 65953 | 739474 | 11.01 |
| 79 | 0.03935 | 64749 | 2548 | 63475 | 673521 | 10.40 |
| 80 | 0.04318 | 62201 | 2686 | 60858 | 610046 | 9.81 |
| 81 | 0.04736 | 59515 | 2819 | 58106 | 549188 | 9.23 |
| 82 | 0.05194 | 56696 | 2945 | 55224 | 491082 | 8.66 |
| 83 | 0.05695 | 53751 | 3061 | 52221 | 435858 | 8.11 |
| 84 | 0.06243 | 50690 | 3164 | 49108 | 383637 | 7.57 |
| 85+ | 1.00000 | 47526 | 47526 | 334529 | 334529 | 7.04 |

表1　全國簡易生命表(續2)
民國107年

男性

| 年齡 X | 死亡機率 $q_x$ | 生存數 $l_x$ | 死亡數 $d_x$ | 定　常　人　口 | | 平均餘命 $e^o_x$ |
|---|---|---|---|---|---|---|
| | | | | $L_x$ | $T_x$ | |
| 0M | 0.00275 | 100000 | 275 | 8322 | 7754743 | 77.55 |
| 1M | 0.00035 | 99725 | 35 | 8309 | 7746421 | 77.68 |
| 2M | 0.00032 | 99690 | 32 | 8306 | 7738112 | 77.62 |
| 3M | 0.00041 | 99659 | 41 | 24910 | 7729806 | 77.56 |
| 6M | 0.00058 | 99618 | 58 | 49795 | 7704896 | 77.34 |
| 0 | 0.00439 | 100000 | 439 | 99642 | 7754743 | 77.55 |
| 1 | 0.00035 | 99561 | 35 | 99543 | 7655102 | 76.89 |
| 2 | 0.00023 | 99525 | 23 | 99514 | 7555559 | 75.92 |
| 3 | 0.00015 | 99503 | 15 | 99495 | 7456045 | 74.93 |
| 4 | 0.00011 | 99487 | 11 | 99482 | 7356549 | 73.94 |
| 5 | 0.00010 | 99476 | 10 | 99471 | 7257068 | 72.95 |
| 6 | 0.00010 | 99466 | 10 | 99461 | 7157597 | 71.96 |
| 7 | 0.00010 | 99456 | 10 | 99450 | 7058136 | 70.97 |
| 8 | 0.00010 | 99445 | 10 | 99440 | 6958686 | 69.97 |
| 9 | 0.00011 | 99435 | 11 | 99429 | 6859246 | 68.98 |
| 10 | 0.00012 | 99424 | 12 | 99418 | 6759816 | 67.99 |
| 11 | 0.00014 | 99412 | 14 | 99405 | 6660398 | 67.00 |
| 12 | 0.00017 | 99398 | 17 | 99389 | 6560994 | 66.01 |
| 13 | 0.00021 | 99381 | 21 | 99370 | 6461604 | 65.02 |
| 14 | 0.00026 | 99360 | 26 | 99347 | 6362234 | 64.03 |
| 15 | 0.00032 | 99334 | 32 | 99318 | 6262887 | 63.05 |
| 16 | 0.00037 | 99302 | 37 | 99283 | 6163570 | 62.07 |
| 17 | 0.00043 | 99265 | 42 | 99244 | 6064286 | 61.09 |
| 18 | 0.00047 | 99223 | 47 | 99199 | 5965042 | 60.12 |
| 19 | 0.00051 | 99176 | 51 | 99151 | 5865843 | 59.15 |
| 20 | 0.00055 | 99125 | 54 | 99098 | 5766692 | 58.18 |
| 21 | 0.00058 | 99071 | 57 | 99043 | 5667594 | 57.21 |
| 22 | 0.00060 | 99014 | 59 | 98985 | 5568552 | 56.24 |
| 23 | 0.00061 | 98955 | 60 | 98925 | 5469567 | 55.27 |
| 24 | 0.00062 | 98895 | 61 | 98864 | 5370642 | 54.31 |
| 25 | 0.00062 | 98833 | 62 | 98803 | 5271778 | 53.34 |
| 26 | 0.00064 | 98772 | 63 | 98740 | 5172976 | 52.37 |
| 27 | 0.00066 | 98709 | 65 | 98676 | 5074235 | 51.41 |
| 28 | 0.00070 | 98644 | 69 | 98610 | 4975559 | 50.44 |
| 29 | 0.00075 | 98575 | 74 | 98539 | 4876949 | 49.47 |
| 30 | 0.00081 | 98502 | 80 | 98462 | 4778411 | 48.51 |
| 31 | 0.00089 | 98422 | 87 | 98378 | 4679949 | 47.55 |
| 32 | 0.00097 | 98335 | 96 | 98287 | 4581571 | 46.59 |
| 33 | 0.00107 | 98239 | 105 | 98187 | 4483283 | 45.64 |
| 34 | 0.00118 | 98134 | 116 | 98076 | 4385097 | 44.68 |
| 35 | 0.00131 | 98018 | 128 | 97954 | 4287020 | 43.74 |
| 36 | 0.00146 | 97890 | 143 | 97819 | 4189066 | 42.79 |
| 37 | 0.00163 | 97748 | 160 | 97668 | 4091247 | 41.86 |
| 38 | 0.00184 | 97588 | 179 | 97498 | 3993579 | 40.92 |
| 39 | 0.00207 | 97409 | 202 | 97308 | 3896080 | 40.00 |

表1 全國簡易生命表(續3)
民國107年

男性

| 年齡 X | 死亡機率 $q_x$ | 生存數 $l_x$ | 死亡數 $d_x$ | 定常人口 $L_x$ | 定常人口 $T_x$ | 平均餘命 $e^o_x$ |
|---|---|---|---|---|---|---|
| 40 | 0.00233 | 97207 | 226 | 97094 | 3798773 | 39.08 |
| 41 | 0.00259 | 96981 | 252 | 96855 | 3701679 | 38.17 |
| 42 | 0.00286 | 96729 | 277 | 96591 | 3604824 | 37.27 |
| 43 | 0.00314 | 96452 | 302 | 96301 | 3508234 | 36.37 |
| 44 | 0.00341 | 96150 | 328 | 95986 | 3411933 | 35.49 |
| 45 | 0.00370 | 95822 | 354 | 95644 | 3315947 | 34.61 |
| 46 | 0.00400 | 95467 | 382 | 95276 | 3220303 | 33.73 |
| 47 | 0.00433 | 95085 | 412 | 94879 | 3125027 | 32.87 |
| 48 | 0.00469 | 94673 | 444 | 94452 | 3030148 | 32.01 |
| 49 | 0.00507 | 94230 | 477 | 93991 | 2935696 | 31.15 |
| 50 | 0.00546 | 93752 | 512 | 93496 | 2841705 | 30.31 |
| 51 | 0.00588 | 93240 | 548 | 92966 | 2748209 | 29.47 |
| 52 | 0.00630 | 92692 | 584 | 92400 | 2655243 | 28.65 |
| 53 | 0.00673 | 92108 | 620 | 91798 | 2562842 | 27.82 |
| 54 | 0.00718 | 91488 | 657 | 91160 | 2471044 | 27.01 |
| 55 | 0.00765 | 90831 | 695 | 90484 | 2379885 | 26.20 |
| 56 | 0.00813 | 90136 | 733 | 89770 | 2289401 | 25.40 |
| 57 | 0.00864 | 89404 | 772 | 89017 | 2199631 | 24.60 |
| 58 | 0.00918 | 88631 | 813 | 88225 | 2110613 | 23.81 |
| 59 | 0.00976 | 87818 | 857 | 87390 | 2022389 | 23.03 |
| 60 | 0.01031 | 86961 | 897 | 86513 | 1934999 | 22.25 |
| 61 | 0.01094 | 86064 | 941 | 85594 | 1848486 | 21.48 |
| 62 | 0.01162 | 85123 | 989 | 84629 | 1762892 | 20.71 |
| 63 | 0.01238 | 84134 | 1042 | 83613 | 1678264 | 19.95 |
| 64 | 0.01325 | 83092 | 1101 | 82542 | 1594651 | 19.19 |
| 65 | 0.01427 | 81991 | 1170 | 81406 | 1512109 | 18.44 |
| 66 | 0.01546 | 80821 | 1250 | 80196 | 1430703 | 17.70 |
| 67 | 0.01686 | 79572 | 1341 | 78901 | 1350506 | 16.97 |
| 68 | 0.01846 | 78231 | 1444 | 77509 | 1271605 | 16.25 |
| 69 | 0.02026 | 76787 | 1556 | 76009 | 1194096 | 15.55 |
| 70 | 0.02226 | 75231 | 1675 | 74393 | 1118088 | 14.86 |
| 71 | 0.02445 | 73556 | 1799 | 72656 | 1043695 | 14.19 |
| 72 | 0.02684 | 71757 | 1926 | 70794 | 971039 | 13.53 |
| 73 | 0.02942 | 69831 | 2055 | 68804 | 900245 | 12.89 |
| 74 | 0.03222 | 67776 | 2183 | 66685 | 831441 | 12.27 |
| 75 | 0.03522 | 65593 | 2310 | 64438 | 764757 | 11.66 |
| 76 | 0.03844 | 63283 | 2432 | 62066 | 700319 | 11.07 |
| 77 | 0.04193 | 60850 | 2551 | 59574 | 638253 | 10.49 |
| 78 | 0.04573 | 58299 | 2666 | 56966 | 578678 | 9.93 |
| 79 | 0.04987 | 55633 | 2774 | 54245 | 521712 | 9.38 |
| 80 | 0.05437 | 52858 | 2874 | 51421 | 467467 | 8.84 |
| 81 | 0.05927 | 49984 | 2962 | 48503 | 416046 | 8.32 |
| 82 | 0.06459 | 47022 | 3037 | 45503 | 367543 | 7.82 |
| 83 | 0.07037 | 43984 | 3095 | 42437 | 322040 | 7.32 |
| 84 | 0.07665 | 40889 | 3134 | 39322 | 279603 | 6.84 |
| 85+ | 1.00000 | 37755 | 37755 | 240281 | 240281 | 6.36 |

表1　全國簡易生命表（續4）
民國107年

女性

| 年齡<br>X | 死亡機率<br>$q_x$ | 生存數<br>$l_x$ | 死亡數<br>$d_x$ | 定　常　人　口 | | 平均餘命<br>$e^o_x$ |
|---|---|---|---|---|---|---|
| | | | | $L_x$ | $T_x$ | |
| 0M | 0.00250 | 100000 | 250 | 8323 | 8404818 | 84.05 |
| 1M | 0.00025 | 99750 | 25 | 8311 | 8396495 | 84.17 |
| 2M | 0.00020 | 99725 | 20 | 8310 | 8388183 | 84.11 |
| 3M | 0.00052 | 99705 | 51 | 24920 | 8379874 | 84.05 |
| 6M | 0.00035 | 99654 | 35 | 49818 | 8354954 | 83.84 |
| 0 | 0.00381 | 100000 | 381 | 99682 | 8404818 | 84.05 |
| 1 | 0.00025 | 99619 | 25 | 99606 | 8305136 | 83.37 |
| 2 | 0.00021 | 99594 | 21 | 99583 | 8205529 | 82.39 |
| 3 | 0.00017 | 99573 | 17 | 99564 | 8105946 | 81.41 |
| 4 | 0.00015 | 99556 | 14 | 99549 | 8006382 | 80.42 |
| 5 | 0.00013 | 99541 | 13 | 99535 | 7906833 | 79.43 |
| 6 | 0.00011 | 99529 | 11 | 99523 | 7807298 | 78.44 |
| 7 | 0.00010 | 99518 | 10 | 99513 | 7707774 | 77.45 |
| 8 | 0.00009 | 99508 | 9 | 99504 | 7608261 | 76.46 |
| 9 | 0.00008 | 99499 | 8 | 99495 | 7508758 | 75.47 |
| 10 | 0.00008 | 99491 | 8 | 99487 | 7409263 | 74.47 |
| 11 | 0.00009 | 99482 | 9 | 99478 | 7309776 | 73.48 |
| 12 | 0.00010 | 99474 | 10 | 99469 | 7210298 | 72.48 |
| 13 | 0.00011 | 99464 | 11 | 99458 | 7110829 | 71.49 |
| 14 | 0.00013 | 99452 | 13 | 99446 | 7011371 | 70.50 |
| 15 | 0.00015 | 99439 | 15 | 99432 | 6911926 | 69.51 |
| 16 | 0.00017 | 99424 | 17 | 99415 | 6812494 | 68.52 |
| 17 | 0.00019 | 99407 | 19 | 99397 | 6713079 | 67.53 |
| 18 | 0.00021 | 99387 | 21 | 99377 | 6613682 | 66.54 |
| 19 | 0.00022 | 99367 | 22 | 99356 | 6514305 | 65.56 |
| 20 | 0.00023 | 99345 | 23 | 99333 | 6414949 | 64.57 |
| 21 | 0.00024 | 99322 | 24 | 99310 | 6315616 | 63.59 |
| 22 | 0.00025 | 99297 | 25 | 99285 | 6216306 | 62.60 |
| 23 | 0.00026 | 99272 | 26 | 99260 | 6117021 | 61.62 |
| 24 | 0.00026 | 99247 | 26 | 99234 | 6017762 | 60.63 |
| 25 | 0.00027 | 99221 | 27 | 99207 | 5918528 | 59.65 |
| 26 | 0.00028 | 99194 | 28 | 99180 | 5819320 | 58.67 |
| 27 | 0.00030 | 99167 | 29 | 99152 | 5720140 | 57.68 |
| 28 | 0.00032 | 99137 | 32 | 99121 | 5620988 | 56.70 |
| 29 | 0.00036 | 99105 | 35 | 99088 | 5521867 | 55.72 |
| 30 | 0.00039 | 99070 | 39 | 99051 | 5422779 | 54.74 |
| 31 | 0.00044 | 99031 | 43 | 99009 | 5323728 | 53.76 |
| 32 | 0.00048 | 98988 | 48 | 98964 | 5224719 | 52.78 |
| 33 | 0.00053 | 98940 | 52 | 98914 | 5125755 | 51.81 |
| 34 | 0.00057 | 98888 | 56 | 98860 | 5026841 | 50.83 |
| 35 | 0.00062 | 98832 | 61 | 98801 | 4927981 | 49.86 |
| 36 | 0.00067 | 98770 | 66 | 98737 | 4829180 | 48.89 |
| 37 | 0.00073 | 98704 | 72 | 98668 | 4730443 | 47.93 |
| 38 | 0.00078 | 98632 | 77 | 98594 | 4631775 | 46.96 |
| 39 | 0.00085 | 98555 | 83 | 98513 | 4533181 | 46.00 |

表1 全國簡易生命表(續完)
民國107年

女性

| 年齡<br>X | 死亡機率<br>$q_x$ | 生存數<br>$l_x$ | 死亡數<br>$d_x$ | 定 常 人 口 | | 平均餘命<br>$e^o_x$ |
|---|---|---|---|---|---|---|
| | | | | $L_x$ | $T_x$ | |
| 40 | 0.00091 | 98472 | 90 | 98427 | 4434668 | 45.04 |
| 41 | 0.00099 | 98382 | 97 | 98333 | 4336242 | 44.08 |
| 42 | 0.00108 | 98284 | 106 | 98231 | 4237909 | 43.12 |
| 43 | 0.00117 | 98179 | 115 | 98121 | 4139677 | 42.16 |
| 44 | 0.00129 | 98063 | 126 | 98000 | 4041556 | 41.21 |
| 45 | 0.00141 | 97937 | 138 | 97868 | 3943556 | 40.27 |
| 46 | 0.00153 | 97799 | 150 | 97724 | 3845688 | 39.32 |
| 47 | 0.00166 | 97649 | 163 | 97568 | 3747964 | 38.38 |
| 48 | 0.00180 | 97487 | 175 | 97399 | 3650396 | 37.45 |
| 49 | 0.00193 | 97311 | 188 | 97217 | 3552997 | 36.51 |
| 50 | 0.00208 | 97123 | 202 | 97023 | 3455780 | 35.58 |
| 51 | 0.00223 | 96922 | 216 | 96814 | 3358757 | 34.65 |
| 52 | 0.00241 | 96705 | 233 | 96589 | 3261943 | 33.73 |
| 53 | 0.00260 | 96473 | 251 | 96347 | 3165354 | 32.81 |
| 54 | 0.00282 | 96222 | 272 | 96086 | 3069007 | 31.90 |
| 55 | 0.00306 | 95950 | 293 | 95803 | 2972921 | 30.98 |
| 56 | 0.00330 | 95657 | 316 | 95498 | 2877118 | 30.08 |
| 57 | 0.00356 | 95340 | 339 | 95171 | 2781620 | 29.18 |
| 58 | 0.00382 | 95001 | 363 | 94820 | 2686449 | 28.28 |
| 59 | 0.00410 | 94638 | 388 | 94444 | 2591629 | 27.38 |
| 60 | 0.00438 | 94250 | 413 | 94043 | 2497185 | 26.50 |
| 61 | 0.00471 | 93837 | 442 | 93616 | 2403141 | 25.61 |
| 62 | 0.00510 | 93395 | 476 | 93157 | 2309526 | 24.73 |
| 63 | 0.00555 | 92919 | 516 | 92661 | 2216369 | 23.85 |
| 64 | 0.00608 | 92403 | 562 | 92122 | 2123708 | 22.98 |
| 65 | 0.00671 | 91841 | 616 | 91533 | 2031586 | 22.12 |
| 66 | 0.00743 | 91225 | 678 | 90886 | 1940053 | 21.27 |
| 67 | 0.00827 | 90547 | 749 | 90172 | 1849168 | 20.42 |
| 68 | 0.00923 | 89798 | 829 | 89383 | 1758996 | 19.59 |
| 69 | 0.01033 | 88969 | 919 | 88509 | 1669612 | 18.77 |
| 70 | 0.01157 | 88049 | 1019 | 87540 | 1581103 | 17.96 |
| 71 | 0.01296 | 87031 | 1128 | 86466 | 1493563 | 17.16 |
| 72 | 0.01452 | 85902 | 1247 | 85279 | 1407097 | 16.38 |
| 73 | 0.01625 | 84655 | 1376 | 83967 | 1321818 | 15.61 |
| 74 | 0.01817 | 83279 | 1513 | 82523 | 1237851 | 14.86 |
| 75 | 0.02029 | 81766 | 1659 | 80937 | 1155328 | 14.13 |
| 76 | 0.02262 | 80107 | 1812 | 79201 | 1074392 | 13.41 |
| 77 | 0.02519 | 78295 | 1972 | 77309 | 995191 | 12.71 |
| 78 | 0.02806 | 76323 | 2141 | 75252 | 917882 | 12.03 |
| 79 | 0.03124 | 74181 | 2317 | 73023 | 842630 | 11.36 |
| 80 | 0.03478 | 71864 | 2499 | 70614 | 769607 | 10.71 |
| 81 | 0.03871 | 69365 | 2685 | 68022 | 698993 | 10.08 |
| 82 | 0.04307 | 66680 | 2872 | 65244 | 630970 | 9.46 |
| 83 | 0.04792 | 63808 | 3058 | 62279 | 565727 | 8.87 |
| 84 | 0.05329 | 60750 | 3238 | 59131 | 503448 | 8.29 |
| 85+ | 1.00000 | 57512 | 57512 | 444317 | 444317 | 7.73 |

# 霍夫曼一次係數表

| 第○年 | 當年度給付金額 | 累計總給付金額 |
|---|---|---|
| 1 | 100 萬 | 100 萬 |
| 2 | 95.23809524 萬 | 195.238095 萬 |
| 3 | 90.90909091 萬 | 286.147186 萬 |
| 4 | 86.95652174 萬 | 373.103708 萬 |
| 5 | 83.33333333 萬 | 456.437041 萬 |
| 6 | 80 萬 | 536.437041 萬 |
| 7 | 76.92307692 萬 | 613.360118 萬 |
| 8 | 74.07407407 萬 | 687.434192 萬 |
| 9 | 71.42857143 萬 | 758.862764 萬 |
| 10 | 68.96551724 萬 | 827.828281 萬 |
| 11 | 66.66666667 萬 | 894.494948 萬 |
| 12 | 64.51612903 萬 | 959.011077 萬 |
| 13 | 62.5 萬 | 1021.51108 萬 |
| 14 | 60.60606061 萬 | 1082.11714 萬 |
| 15 | 58.82352941 萬 | 1140.94067 萬 |
| 16 | 57.14285714 萬 | 1198.08352 萬 |
| 17 | 55.55555556 萬 | 1253.63908 萬 |
| 18 | 54.05405405 萬 | 1307.69313 萬 |
| 19 | 52.63157894 萬 | 1360.324708 萬 |
| 20 | 51.28205128 萬 | 1411.60676 萬 |
| 21 | 50 萬 | 1461.60676 萬 |
| 22 | 48.7804878 萬 | 1510.38725 萬 |
| 23 | 47.61904762 萬 | 1558.0063 萬 |
| 24 | 46.51162791 萬 | 1604.51793 萬 |
| 25 | 45.45454545 萬 | 1649.97247 萬 |
| 26 | 44.444444 萬 | 1694.416917 萬 |
| 27 | 43.478261 萬 | 1737.895178 萬 |
| 28 | 42.553191 萬 | 1780.448369 萬 |
| 29 | 41.666667 萬 | 1822.115036 萬 |
| 30 | 40.816327 萬 | 1862.931362 萬 |
| 31 | 40 萬 | 1902.931362 萬 |

| 32 | 39.215686 萬 | 1942.147049 萬 |
|---|---|---|
| 33 | 38.461538 萬 | 1980.608587 萬 |
| 34 | 37.735849 萬 | 2018.344436 萬 |
| 35 | 37.037037 萬 | 2055.381473 萬 |
| 36 | 36.363636 萬 | 2091.74511 萬 |
| 37 | 35.714286 萬 | 2127.459395 萬 |
| 38 | 35.087719 萬 | 2162.547115 萬 |
| 39 | 34.482759 萬 | 2197.029873 萬 |
| 40 | 33.898305 萬 | 2230.928178 萬 |
| 41 | 33.333333 萬 | 2264.261512 萬 |
| 42 | 32.786885 萬 | 2297.048397 萬 |
| 43 | 32.258065 萬 | 2329.306461 萬 |
| 44 | 31.746031 萬 | 2361.052492 萬 |
| 45 | 31.25 萬 | 2392.302493 萬 |
| 46 | 30.769231 萬 | 2423.071724 萬 |
| 47 | 30.30303 萬 | 2453.374754 萬 |
| 48 | 29.850746 萬 | 2483.2255 萬 |
| 49 | 29.411765 萬 | 2512.637265 萬 |
| 50 | 28.985507 萬 | 2541.622772 萬 |

備註：以年別單利 5% 複式計算。

## 霍夫曼計算式：

每年應給付金額 ÷（1 ＋提前給付之間隔年數 × 年利率）
＝○年後，每年原應給付金額者，如於現在給付其應給付之實際金額

例如：
每年請求應付 10 萬元，期間 20 年，依霍夫曼計算法計算一次給付之金額，現在應付之金額為：
141.160676 萬（元）
10 萬 ＋ 9.523809524 萬 ＋ 9.090909091 萬 ＋ 8.695652174 萬 ＋ 8.333333333 萬 ＋ 8 萬 ＋
7.692307692 萬 ＋ 7.407407407 萬 ＋ 7.142857143 萬 ＋ 6.896551724 萬 ＋ 6.666666667 萬 ＋
6.451612903 萬 ＋ 6.25 萬 ＋ 6.060606061 萬 ＋ 5.882352941 萬 ＋ 5.714285714 萬 ＋ 5.555555556
萬 ＋ 5.405405405 萬 ＋ 5.263157894 萬 ＋ 5.128205128 萬 ＝ 141.160676 萬

# 平均每人月消費支出──按區域別分

| 年別 | 總平均 | 新北市 | 臺北市 | 桃園市 | 臺中市 | 臺南市 | 高雄市 | 宜蘭縣 |
|---|---|---|---|---|---|---|---|---|
| 100 | 18,465 | 18,722 | 25,321 | 19,466 | 17,544 | 16,479 | 18,100 | 15,834 |
| 101 | 18,774 | 18,843 | 25,279 | 19,426 | 18,295 | 16,440 | 18,367 | 17,689 |
| 102 | 19,416 | 19,131 | 26,672 | 19,490 | 19,805 | 17,160 | 19,081 | 18,266 |
| 103 | 19,978 | 19,512 | 27,004 | 19,783 | 20,801 | 18,023 | 19,735 | 19,408 |
| 104 | 20,421 | 20,315 | 27,216 | 19,845 | 20,821 | 18,110 | 21,191 | 21,668 |
| 105 | 21,086 | 20,730 | 28,476 | 20,739 | 21,798 | 18,782 | 20,665 | 21,099 |
| 106 | 22,032 | 22,136 | 29,245 | 21,684 | 23,125 | 19,142 | 21,597 | 21,941 |
| 107 | 22,168 | 22,419 | 28,550 | 23,049 | 23,267 | 19,536 | 21,674 | 21,174 |
| 108 | 22,881 | 22,755 | 30,981 | 22,147 | 24,281 | 20,114 | 22,942 | 21,707 |

| 新竹縣 | 苗栗縣 | 彰化縣 | 南投縣 | 雲林縣 | 嘉義縣 | 屏東縣 | 臺東縣 | 花蓮縣 |
|---|---|---|---|---|---|---|---|---|
| 20,012 | 15,314 | 13,646 | 15,426 | 13,696 | 14,901 | 15,473 | 13,339 | 16,498 |
| 20,906 | 15,557 | 14,946 | 16,281 | 13,823 | 16,910 | 14,786 | 14,286 | 17,173 |
| 20,925 | 15,987 | 14,370 | 15,857 | 15,176 | 16,740 | 14,623 | ,15700 | 15,880 |
| 21,512 | 15,971 | 14,966 | 15,440 | 15,159 | 17,077 | 16,079 | 15,957 | 17,278 |
| 21,193 | 16,920 | 15,505 | 15,856 | 15,183 | 16,840 | 16,521 | 14,267 | 17,312 |
| 21,462 | 17,755 | 16,544 | 17,032 | 15,535 | 17,590 | 18,151 | 16,668 | 18,459 |
| 24,864 | 17,681 | 15,844 | 17,409 | 17,061 | 18,667 | 18,891 | 17,171 | 19,699 |
| 24,784 | 17,965 | 15,929 | 16,637 | 17,449 | 18,272 | 18,952 | 17,810 | 19,507 |
| 24,391 | 18,057 | 17,342 | 17,184 | 18,114 | 18,046 | 18,372 | 17,457 | 20,041 |

| 澎湖縣 | 基隆市 | 新竹市 | 嘉義市 |
|---|---|---|---|
| 14,178 | 18,824 | 23,723 | 16,405 |
| 14,655 | 18,862 | 23,689 | 18,808 |
| 15,191 | 20,681 | 25,675 | 19,970 |
| 17,226 | 20,608 | 25,699 | 20,3679 |
| 15,249 | 21,396 | 24,313 | 19,081 |
| 17,660 | 22,152 | 26,749 | 20,361 |
| 17,138 | 22,826 | 27,293 | 20,730 |
| 17,411 | 21,801 | 26,925 | 20,861 |
| 18,883 | 22,324 | 26,703 | 21,417 |

資料來源：行政院主計總處家庭收支調查
附　　註：由於縣市別樣本數有限，應用時需考量抽
樣誤差（一般統計上係採平均±1.96個標準差為信賴
區間），若據以作縣市排名，不具嚴謹統計意義。

| | | | | | | | |
|---|---|---|---|---|---|---|---|
| **聲請調解書** | | 收件日期： | 年 月 日 時 分 | | | | |
| | | 收件編號： | 案號： | 年 民 調字第 號 | | | |
| 稱謂 | 姓名〈或名稱〉 | 性別 | 出生日期 | 國民身分證統一編號 | 職業 | 住所或居所（事務所或營業所） | 連絡電話 |
| 聲請人〈法定代理人〉〈委任代理人〉 | | | | | | | |
| 對造人〈法定代理人〉〈委任代理人〉 | | | | | | | |

當事人間車禍損害賠償事件聲請調解，事件概要〈與願接受之調解條件〉如下：

二、車禍發生地點：○○市○○區 _____ （務請詳細載明）

三、聲請人車號： － 號（ ）車（請填大客車、自、營小客車、貨車或機車、腳踏車）

四、對造人車號： － 號（ ）車（請填大客車、自、營小客車、貨車或機車、腳踏車）

五、人員受傷（亡）及車輛受損情況： （註：「有」者於【 】內打「v」）

（一）【 】有人受傷：姓名（ ） 【 】有人死亡：姓名（ ）

（ ）

（註：請填寫者姓名，傷者為 行人 或 乘客 者，亦請併予註明）

（二）【 】車輛受損：聲請人（ ）（如聲請人非車主，請填車輛所有人姓名或公司名稱）

對造人（ ）（如對造人非車主，請填車輛所有人姓名或公司名稱）

其他補充說明：

懇請 貴會協助調解賠償事宜，以解決紛爭。

| | |
|---|---|
| 〈本件現正在　　　地方法院檢察署偵查審理中，案號如右： 〉 | |
| 證物名稱及件數 | |
| 聲請調查證據 | |

此致 ○○市○○區調解委員會

中華民國 年 月 日

聲請人： 〈簽名或蓋章〉

筆錄人： 〈簽名或蓋章〉

附註：

1. 聲請人提出聲請調解書時，應按對造人數提出繕本或影本，收件日期及編號由調解委員會填寫。

2. 當事人如有「法定代理人」或「委任代理人」，應於「稱謂」一欄下記明之；如兼有兩者，均應記明。

3. 聲請人或對造人為無行為能力或限制行為能力者，應記明其法定代理人；如法定代理人為父、母者，均應記明。

4. 自然人應出具其身分證明文件，未成年人應出具最新戶籍謄本，法人或商號應出具登記證明，調解內容涉及財物損害時應出具所有權證明，委任代理人者應出具委任書。

5. 「事件概要」部分應摘要說明兩造法律關係及爭議情形，如該調解事件在法院審理或檢察署偵查中（該事件如已經第一審法院辯論終結者，不得聲請調解），並應將其案號及最近情形一 記明。

6. 聲請人如聲請調查證據，應將證物之名稱、證人之姓名及住居所等記明於「聲請調查證據」一欄。

# 汽車肇事責任分攤處理原則

中華民國產物保險商業同業公會編製
中華民國九十五年十二月

---

## 汽車肇事責任分攤處理原則

### 目　　錄

---

## 汽車肇事責任分攤處理原則

### 壹、目的：

為使汽車保險理賠作業達到能迅速、有效，避免爭議的處理目標，加強提昇服務品質俾保障被保險人權益，特訂定本肇事責任分攤處理原則，以供同業共同遵守。

### 貳、保險同業共同遵守原則：

#### 一、肇事責任認定依據：

1. 法院判決書。
2. 車輛行車事故鑑定、覆議委員會鑑定意見書。
3. 警察機關道路交通事故初步分析研判表、現場圖或其他證明資料。
4. 公會汽車險委員會決議。

#### 二、共同遵守原則：

1. 交通事故肇事責任經法院判決時依法院判決書為主，未經訴訟程序者依覆議委員會意見為準，未經覆議者依鑑定委員會意見為準。

---

2. 交通事故案件未經鑑定者，以警察機關道路交通事故初步分析研判表為準，並依本處理原則所訂肇事責任分攤原則辦理。
3. 警方未處理案件或交通事故肇事責任分攤有爭議時，經協商不成立者，得提報公會汽車險委員會議定。
4. 二車事故時，肇事原因為單方者負全部肇事責任100%；同為肇事原因者各分攤50%；互有肇事主、次因時，肇事主因者分攤70%，次因者分攤30%責任。
5. 三車事故時，肇事原因為單方者負全部肇事責任100%；各車均有肇事原因時，單一肇事主因者分攤70%，其餘二車有肇事次因者，平均分攤30%肇責，僅一車有肇事次因者分攤30%，另一車則無須負擔肇責；二車有肇事主因者，平均分攤70%肇責，一車有肇事次因者分攤30%。另四車以上事故案件，可參照上述原則分攤肇責，惟有肇事主因者，分攤肇責後，不得低於僅有肇事次因者。

|  | 全責 | 主因 | 主因 | 次因 | 次因 |
|---|---|---|---|---|---|
| 1部車全責 | 100% | | | | |
| 1部車主因，1部車次因 | | 70% | | 30% | |
| 1部車主因、2部車為次因 | | 70% | | 30%÷2 | 30%÷2 |
| 2部車同為肇事因素 | | 50% | 50% | | |
| 2部車主因、1部車次因 | | 70%÷2 | 70%÷2 | 30% | |
| 3部車同為肇事因素 | | 100%÷3 | | | |

6. 依上述原則確立肇事主、次因後，若同一事故車另有其他肇事原因時，則每項應再增加肇責分攤5%，但肇事主因者，在彼此肇責增扣抵後仍應高於肇事次因者5%以上（與事故無相當因果關係之一般違規事項不列入計算）。以二車事故案件為例其責任分攤百分比計算公式：

A車應負肇責百分比＝A車有肇事主因70%＋（A車應另增加之肇責%－B車應另增加之肇責%）

B車應負肇責百分比＝100%－A車應負肇責百分比

舉例如下：

(1)A車肇事原因有二：

　　a.支道車未讓幹道車先行(主因)

-3-

　　b.超速行駛(次因)

B車肇事原因：未依規定減速慢行(次因)

A、B二車肇責百分比為：

　　A車：70%＋5%＝75%

　　B車：100%－75%＝25%

(2)A車肇事原因有二：

　　a.變換車道未注意安全距離(主因)

　　b.超速行駛(次因)

B車肇事原因有二：

　　a.超速行駛(次因)

　　b.無照駕駛(次因)

A、B二車肇責百分比為：

　　A車：70%＋(5%－5%)＝70%

　　B車：100%－70%＝30%

(3)A車肇事原因有二：

　　a.變換車道未注意安全距離(主因)

　　b.超速行駛(次因)

B車肇事原因有三：

　　a.超速行駛(次因)

　　b.酒精濃度過量駕車(次因)

-4-

　　c.無照駕駛(次因)

A、B二車肇責分攤百分比為：

　　A車：70%＋(5%－10%)＝65%

　　B車：100%－65%＝35%

(4)A車肇事原因有二：

　　a.未保持行車安全距離(主因)

　　b.超速行駛(次因)

B車肇事原因：未保持行車安全距離(主因)

C車肇事原因：無故驟然減速(次因)

A、B、C三車肇責分攤百分比為：

　　A車：(70%÷2)＋5%＝40%

　　B車：70%÷2＝35%

　　C車：100%－40%－35%＝25%

7. 相關交通法規名稱暨簡稱如下：

(1)道路交通管理處罰條例－簡稱「條例」

(2)道路交通安全規則－簡稱「道安」

(3)高速公路及快速公路交通管制規則－簡稱「高管」

-5-

## 參、一般公路常見事故類型

### 一、路段同向事故：

| 事故類型圖例 | 肇責分攤比例 |
|---|---|
| (一) | 1. A車未保持行車安全距離追撞B車，A車負100%肇責。<br>參考法規：條例第58條第1款。<br>道安第94條第1款。<br>2. A車未注意車前狀況碰撞B車，A車負100%肇責。<br>參考法規：道安第94條第3項。 |
| (二) | A車倒車未注意後方B車，A車100%肇責；倘B車超速，則A車分攤肇責70%，B車分攤肇責30%。<br>參考法規：條例第50條。<br>道安第110條。 |

-6-

| 事故類型圖例 | 肇責分攤比例 |
|---|---|
| (三) | A車變換車道未注意安全距離追撞B車，A車負100%肇責。<br>參考法規：條例第45條第4款。<br>　　　　　道安第98條第1項第6款。 |
| (四) | A車變換車道未注意安全距離遭B車追撞，A車負100%肇責；倘B車超速，則A車分攤肇責70%，B車分攤肇責30%。<br>參考法規：條例第45條第4款。<br>　　　　　道安第98條第1項第6款。 |

| 事故類型圖例 | 肇責分攤比例 |
|---|---|
| (五) | A車碰撞違規(或併排)停放之B車，則A車分攤肇責70%，B車分攤肇責30%。〔不互賠〕<br>參考法規：條例第56條第1項第6款。<br>　　　　　道安第94條第3項、第112條第1項第10款。 |
| (六) | A車路邊起駛未讓行進中B車先行，A車負100%肇責；倘B車超速，則A車分攤肇責70%，B車分攤肇責30%。<br>參考法規：條例第40條、第45條第10款。<br>　　　　　道安第89條第1項第6款、第93條第1項第1款。 |

| 事故類型圖例 | 肇責分攤比例 |
|---|---|
| (七) | A車開啟或開閉車門未注意B車，A車負100%肇責；倘B車超速，則A車分攤肇責70%，B車分攤肇責30%。<br>參考法規：條例第40條、第56條第1項第9款。<br>　　　　　道安第93條第1項第1款、第112條第3項。 |
| (八) | B車任意跨越分道線行駛遭A車追撞，則A車分攤肇責70%，B車分攤肇責30%。<br>參考法規：條例第45條第4、12款。<br>　　　　　道安第94條第3項、第98條第1項第5款。 |

| 事故類型圖例 | 肇責分攤比例 |
|---|---|
| (九) | B車在可以迴車、左轉路段欲迴車，遭同向之A車所追撞，A車負100%肇責。<br>參考法規：條例第58條第1款。<br>　　　　　道安第94條第3項。 |
| (十) | A車未注意車前狀況碰撞於分向限制線(以下稱雙黃實線)待迴車、左轉之B車，則A車分攤肇責70%，B車分攤肇責30%。<br>參考法規：條例第49條第2款。<br>　　　　　道安第90條。 |

| 事故類型圖例 | 肇責分攤比例 |
|---|---|
| (宙) | A車跨越雙黃實線碰撞迴車、左轉之B車，則A車分攤肇責50%，B車分攤肇責50%。<br>參考法規：條例第49條第2款、第60條。道安第90條、第106條第2款。 |
| (宵) | A車在外側車道迴車、左轉碰撞內側車道B車，A車負100%肇責；倘B車超速，則A車分攤肇責70%，B車分攤肇責30%。<br>參考法規：條例第40條、第49條第1、2、5款。道安第93條第1項第1款、第106條第5款。 |

-11-

| 事故類型圖例 | 肇責分攤比例 |
|---|---|
| (宛) | A車轉向時，未保持行車安全間隔碰撞B車，A車負100%肇責；倘A車、B車皆未保持行車安全間隔，則A車分攤肇責50%，B車分攤肇責50%。<br>參考法規：道安第94條第3項。 |
| (宜) | A車、B車由同向二車道進入一車道時，縮減車道之A車未讓直行車道之B車先行，A車負100%肇責；倘B車超速，則A車分攤肇責70%，B車分攤肇責30%。<br>參考法規：條例第40條、第45條第4款。道安第93條第1項第1款、第98條第1項第4款。 |

-12-

| 事故類型圖例 | 肇責分攤比例 |
|---|---|
| (宦) | A車、B車由同向二車道進入一車道而無直行車道時，外側車道之A車未讓內側車道之B車先行，A車負100%肇責；倘B車超速，則A車分攤肇責70%，B車分攤肇責30%；若交通壅塞，內側B車、外側A車未互為禮讓，逐車交互輪流行駛而發生碰撞，則A車分攤肇責50%，B車分攤肇責50%。<br>參考法規：條例第45條第4款。道安第98條第1項第4款。 |

-13-

**二、路段對向事故：**

| 事故類型圖例 | 肇責分攤比例 |
|---|---|
| (一) | A車在設有禁止迴車標誌或劃有分向限制線，禁止超車道或禁止左轉之路段中迴車、左轉，駛入來車道超車，遭對向之B車碰撞，A車100%肇責；倘B車超速，則A車分攤肇責70%，B車分攤肇責30%。<br>參考法規：條例第40條、第49條第2款。道安第93條第1款、第106條第2款。 |
| (二) | A車在劃有分向線路段中迴車、左轉或利用來車道超車時，A車未讓對向B車先行，A車負100%肇責；倘B車超速，則A車分攤肇責70%，B車分攤肇責30%。<br>參考法規：條例第40條、第49條。道安第106條、第93條第1項第1款、第95條、第101條、106條。 |

-14-

| 事故類型圖例 | 肇責分攤比例 |
|---|---|
| (三) | A車在未劃分標線路段中迴車、左轉時，A車未讓來車道B車先行，A車負100%肇責；倘B車超速，則A車分攤肇責70%，B車分攤肇責30%。<br>參考法規：條例第39條、第40條、第47條、第49條。道安第93條第1項第1款、第95條。 |
| (四) <br>圖一　　圖二 | A車在未劃分標線路段中未靠右行駛，碰撞來車道停讓B車，A車負100%肇責(圖一)；倘A車、B車皆未靠右，則A車分攤肇責50%、B車分攤肇責50%(圖二)。<br>參考法規：條例第39條。道安第95條第1項。 |

| 事故類型圖例 | 肇責分攤比例 |
|---|---|
| (五) | A車超越雙黃實線碰撞對向內側車道行駛之B車，B車受到碰撞後，再碰撞同向外側車道行駛之C車：<br>(1)B車、C車皆無違規情事，A車負100%肇責。<br>(2)B車、C車皆超速，則A車分攤肇責70%，B車分攤肇責15%、C車分攤肇責15%。<br>參考法規：條例第48條第2款、第40條。道安第90條、第93條第1項第1款。 |
| (六) | A車單行道逆向行駛，碰撞行駛中之B車，A車負100%肇責；倘B車超速，則A車分攤肇責70%，B車分攤肇責30%。<br>參考法規：條例第40條、第45條第1款。道安第93條第1項第1款、第96條。 |

| 事故類型圖例 | 肇責分攤比例 |
|---|---|
| (七) | A車行駛在峻狹下坡路段，未禮讓上坡B車先行，發生碰撞，A車負100%肇責；倘B車上坡仍在坡下未禮讓已駛至中途之下坡A車先行，發生碰撞，B車負100%肇責。<br>參考法規：條例第46條第2款。道安第100條第3款。 |
| (八) | A車行駛山路靠山壁路段，未禮讓外緣B車先行，發生碰撞，A車負100%肇責；倘B車超速，則A車分攤肇責70%,B車分攤肇責30%。<br>參考法規：條例第40條、第46條第3款。道安第93條第1項第1款、第100條第2款。 |

### 三、路口事故：類型一

| 事故類型圖例 | 肇責分攤比例 |
|---|---|
| (一) | B車直行與左轉彎A車碰撞，A車負100%肇責；倘B車超速，則A車分攤肇責70%，B車分攤肇責30%。<br>參考法規：條例第40條、第48條第1項第6款。道安第93條第1項第1款、第102條第1項第7款。 |
| (二) | A車未達路口中心處搶先左轉，與對向直行B車碰撞，A車負100%肇責；倘B車超速，則A車分攤肇責70%，B車分攤肇責30%。<br>參考法規：條例第40條、第48條第1項第3款。道安第93條第1項第1款、第102條第1項第5款。 |

| 事故類型圖例 | 肇責分攤比例 |
|---|---|
| (三) 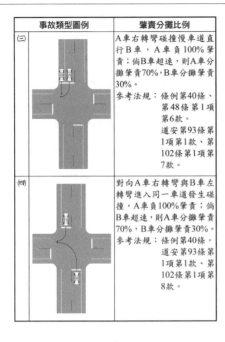 | A車右轉彎碰撞慢車道直行B車，A車負100%肇責；倘B車超速，則A車分攤肇責70%，B車分攤肇責30%。<br>參考法規：條例第40條、第48條第1項第6款。道安第93條第1項第1款、第102條第1項第7款。 |
| (四) | 對向A車右轉彎與B車左轉彎進入同一車道發生碰撞，A車負100%肇責；倘B車超速，則A車分攤肇責70%，B車分攤肇責30%。<br>參考法規：條例第40條。道安第93條第1項第1款、第102條第1項第8款。 |

| 事故類型圖例 | 肇責分攤比例 |
|---|---|
| (五) | A車、B車對向行駛，A車右轉、B車左轉，進入二以上之車道，A車碰撞進入內側車道之B車，A車負100%肇責；B車碰撞進入外側車道之B車，B車負100%肇責；A車、B車在內外側車道線上碰撞，則A車分攤肇責50%，B車分攤肇責50%。<br>參考法規：條例第45條第4款。道安第102條第1項第8款。 |
| (六) | A車在多車道路口內側車道違規右轉，與同向外側車道之B車碰撞，A車負100%肇責；倘B車超速，則A車分攤肇責70%，B車分攤肇責30%。<br>參考法規：條例第40條、第48條第1項第4款。道安第93條第1項第1款、第102條第1項第4款。 |

| 事故類型圖例 | 肇責分攤比例 |
|---|---|
| (七) | A車在多車道路口外側車道違規左轉，與同向內側車道之B車碰撞，A車負100%肇責；倘B車超速，則A車分攤肇責70%，B車分攤肇責30%。<br>參考法規：條例第40條、第48條第1項第4款。道安第93條第1項第1款、第102條第1項第5款。 |
| (八) | 同向三快車道、一慢車道，A、B二車同時在內二車道左轉碰撞，A車未注意行車安全間隔搶先左轉，A車負100%肇責；倘A、B二車均未注意行車安全間隔，則A車分攤肇責50%，B車分攤肇責50%。<br>參考法規：道安第94條第3項。 |

| 事故類型圖例 | 肇責分攤比例 |
|---|---|
| (九) | 同向三快車道、一慢車道，A、B二車同時在外二車道右轉碰撞，A車未注意行車安全間隔搶先右轉，A車負100%肇責；倘A、B二車均未注意行車安全間隔，則A車分攤肇責50%，B車分攤肇責50%。<br>參考法規：道安第94條第3項。 |

## 四、路口事故：類型二

| 事故類型圖例 | 肇責分攤比例 |
|---|---|
| (一) 綠燈 / 紅燈 | A車違反燈光號誌管制〔闖紅燈、紅燈右轉〕碰撞依號誌行駛之B車，A車負100%肇責；倘B車超速，則A車分攤肇責70%，B車分攤肇責30%。<br>參考法規：條例第40條、第53條。道安第93條第1項第1款、102條第1項第1款。 |
| (二) 未遵守指揮人員指揮 | A車未遵守交通指揮人員之指揮碰撞B車，A車負100%肇責；倘B車超速，則A車分攤肇責70%，B車分攤肇責30%。<br>參考法規：條例第40條、第60條第1項、第2項第1款。道安第93條第1項第1款、102條第1項第1款。 |

-23-

| 事故類型圖例 | 肇責分攤比例 |
|---|---|
| (三) 閃紅 / 閃黃 | A車行經閃光紅燈路口碰撞閃光黃燈之B車，A車負100%肇責；倘B車未減速，則A車分攤肇責70%，B車分攤肇責30%。<br>參考法規：條例第44條第1項第5款、第45條第9款。道安第102條第1項第2款。 |
| (四) 閃紅 / 閃黃 | A車於閃光紅燈路口直行碰撞左轉彎之閃光黃燈B車，A車負100%肇責；倘B車未減速，則A車分攤肇責70%，B車分攤肇責30%。<br>參考法規：條例第44條第1項第5款、第45條第9款。道安第93條第1項第2款、第102條第1項第2款。<br>【幹道車於直行、轉彎都有路權優先權】 |

-24-

| 事故類型圖例 | 肇責分攤比例 |
|---|---|
| (五) 閃紅 / 閃黃 | A車於閃光紅燈路口直行碰撞右轉彎之閃光黃燈B車，A車負100%肇責；倘B車未減速，則A車分攤肇責70%，B車分攤肇責30%。<br>參考法規：條例第44條第1項第5款、第48條第1項第6款。道安第93條第1項第2款、第102條第1項第7款。<br>【幹道車於直行、轉彎都有路權優先權】 |

-25-

## 五、路口事故：類型三

| 事故類型圖例 | 肇責分攤比例 |
|---|---|
| (一) | A車行經少車道數無號誌路口碰撞多車道數之B車，A車負100%肇責；倘B車未減速，則A車分攤肇責70%，B車分攤肇責30%。<br>參考法規：條例第44條、第45條第9款。道安第93條第1項第2款、第102條第1項第2款。<br>◎註：「少線道車應讓多線道車先行」路權認定原則（請參考第31~32頁）。<br>◎註：車道數之計算原則。 |
| (二) | A車、B車行經車道數相同無號誌路口，B車為左方直行車、A車為右方車轉彎車，A車、B車路口碰撞，A車負100%肇責；倘B車未減速，則A車分攤肇責70%，B車分攤肇責30%。<br>參考法規：條例第44條、第45條第9款。道安第93條第1項第2款、第102條第1項第2款。 |

-26-

| 事故類型圖例 | 肇責分攤比例 |
|---|---|
| (三) | A車、B車行經車道數相同無號誌路口，A車為左方車、B車為右方車且同為直行車，A車、B車路口碰撞，A車負100%肇責；倘B車未減速，則A車分攤肇責70%，B車分攤肇責30%。參考法規：條例第44條、第45條第9款。道安第93條第1項第2款、第102條第1項第2款。 |
| (四) | A車、B車行經車道數相同無號誌路口，A車為左方車、B車為右方車且同為轉彎車，A車、B車路口碰撞，A車負100%肇責；倘B車未減速，則A車分攤肇責70%，B車分攤肇責30%。參考法規：條例第44條、第45條第9款。道安第93條第1項第2款、第102條第1項第2款。 |

-27-

## 六、其他事故：

| 事故類型圖例 | 肇責分攤比例 |
|---|---|
| (一) | A車行駛於上坡路段，因故向後滑動，碰撞後方B車，A車負100%肇責。參考法規：條例第56條第1項第2、9款。道安第112條第1項第11款。 |
| (二) | A車車輛零件、車上貨物掉落碰撞B車，A車負100%肇責；倘B車超速，則A車分攤肇責70%，B車分攤肇責30%。參考法規：條例第30條第7款、第33條第1項第11款、第40條。道安第93條第1項第1款。 |

-28-

| 事故類型圖例 | 肇責分攤比例 |
|---|---|
| (三) | A車未注意車前狀況碰撞同一車道因發生爆胎、車輪脫落之B車，則A車分攤肇責70%，B車分攤肇責30%。參考法規：條例第33條第3項。道安第94條第3項。 |

-29-

**事故類型圖例**

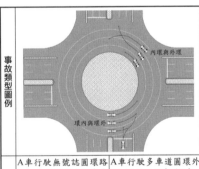

內環與外環

環內與環外

**肇責分攤比例**

| | |
|---|---|
| A車行駛無號誌圓環路口，未讓圓環內B車先行，碰撞B車，A車負100%肇責；倘B車超速，則A車分攤肇責70%，B車分攤肇責30%。參考法規：條例第40條、第45條第7款。道安第93條第1項第9款。 | A車行駛多車道圓環外側，碰撞內側車道B車，A車負100%肇責；倘B車超速，則A車分攤肇責70%，B車分攤肇責30%。參考法規：條例第40條、第45條第8款。道安第93條第1項第1款、第102條第1項第10款。 |

-30-

## 「少線道車應讓多線道車先行」路權認定原則

一、法源依據：道路交通管理處罰條例第45條第1
　　　　項第9款：支線道車不讓幹線道車
　　　　先行。少線道車不讓多線道車先
　　　　行。車道數相同時，左方車不讓右
　　　　方車先行。

二、適用條件：未劃分幹、支線道或同為幹線道或
　　　　支線道之無行車管制號誌之交岔路
　　　　口。

三、路權判斷原則
　　(一)車道：依「道路交通標誌標線號誌設置規
　　　　則」，交岔路口臨近路段(approach
　　　　way)車道種類有：快車道、慢車道、
　　　　車種專用車道、機車優先車道、左、
　　　　右轉車道、調撥車道等。

　　(二)車道數計算：以進入路口之臨近路段車道
　　　　數計算之，未劃設方向標線
　　　　者，以1車道列計(左圖)，有
　　　　實體槽化分隔者，以實際發生
　　　　路權關係之車道為限。(右圖)

-31-

車道數：E=2、N=1、W=1、S=2
路權(均直行)：S>W(車道數多)，E>S(左讓右)，
W>N(左讓右)，E>N(車道數多)

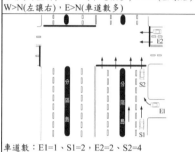

車道數：E1=1、S1=2，E2=2、S2=4
路權：S1>E1，S2>E2

-32-

## 肆、高(快)速公路常見事故類型

| 事故類型圖例 | 主要肇因與肇責分攤比例 |
|---|---|
| (一) | A車駛入公路，未判明安全距離碰撞主線道行駛B車。A車負100%肇責；如B車有超速行駛，A車分攤70%肇責、B車分攤30%肇責。<br>參考法規：條例第33條第1項第13款。高管第7條。 |
| (二) | A車未注意安全距離變換車道碰撞正常車道行駛B車，A車負100%肇責。<br>參考法規：條例第33條第1項第4款。高管第11條。 |

-33-

| 事故類型圖例 | 主要肇因與肇責分攤比例 |
|---|---|
| (三) | A車未保持行車安全距離追撞前面車，A車負100%肇責；如B車任意驟然減速，A車分攤70%肇責、B車分攤30%肇責。<br>參考法規：條例第33條第1項第2、8款。高管第6條、高管第10條。 |
| (四) | A車任意行駛路肩或未注意車前狀況碰撞車道之B車，如B車依規定設置故障標誌則A車負100%肇責。否則A車分攤70%肇責、B車分攤30%肇責。<br>參考法規：條例第33條第1項第8、9款、第3項。高管第9條第1項第2款、第15條、道安第94條第3項。 |

-34-

| 事故類型圖例 | 主要肇因與肇責分攤比例 |
|---|---|
| (五) | A車操作不當失控碰撞行駛他車道之B車,則A車負100%肇責,如B車超速行駛,則A車分攤70%肇責,B車分攤30%肇責。參考法規:條例第33條第1項第1款。高管第8條第1項第1款 |
| (六) | A車裝載物品未捆綁穩當或向車外丟棄物品,致B車閃避不及碰撞,則A車負100%肇責,如B車超速行駛,則A車分攤70%肇責,B車分攤30%肇責。參考法規:條例第33條第1項第1、11、16款。高管第8條第1項第1款、第9條第1項第14款、第21條第1項第1款。 |

| 事故類型圖例 | 主要肇因與肇責分攤比例 |
|---|---|
| (七) | A車變換車道不當,B車(大型車)錯行車道行駛最內側,則A車分攤70%肇責,B車分攤30%肇責。參考法規:條例第33條第1項第4款、第3項。高管第8條第1項第2款、第11條。 |

## 伍、同業分攤、追償共同遵守原則

一、快速公路肇事,責任分攤比照高速公路篇。

二、同業間之追償案件如有肇責上之爭議,案經法院判決時,以法院判決金額為追償金額。

三、肇事車輛車體險有自負額時,同業要求肇責分攤時應按尚未扣除自負額前之金額計算分攤額。

四、分攤案件如只有單一公司勘車核價,各同業公司應秉持誠信原則相互尊重,如雙方勘車核價有差異時,則雙方各分攤中間差價50%。

五、貨櫃場、地下室…等非屬道路交通管理處罰條例第三條第一項所稱之「道路」,則參照道路交通安全規則區分肇責。

六、車輛行進中追撞,則後行車輛需賠付前行車輛之後半部損失時,前、後半部之區分,以中柱為基準(中柱以後視為後半部)。

七、發生追撞,有記載二次追撞時(例:A→B之後C→A→B),C車負責B車車尾損失15%及A車車頭損失15%及A車車尾損失。

八、對於肇責原因不具體案件,例如雙方涉嫌違反

號誌管制時,不論投保險種為何,各負50%肇責(互賠)。另外涉嫌超速、涉嫌未注意前方動態…等,則視同超速及未注意前方動態方式處理。

九、推撞事故,如警方記載前方不明車輛已駛離,或警方未記載但經雙方車主確認該不明車輛駛離後,後方車應負責前方車之前、後部份之損失。

十、辦理同業追償仍受時效消滅之限制(同業決議為2年3個月)所需文件:

1.理賠申請書。

2.理賠計算書。

3.發票。

4.估價單。

5.照片。

6.和解書。

7.行照、駕照。

以上資料檢附影本即可。

# 交通部公路總局臺北區監理所
## 基宜區車輛行車事故鑑定會鑑定意見書

基宜區　　　案

**壹、囑託機關**：臺灣宜蘭地方法院檢察署

**貳、當事人**：吳　　（女、60年　月　日生）、自用小客車（9T-　　）、有駕照。

　　　　　　　陳　　（女、56年　月　日生）、普通重型機車（P6Z-　　）、有駕照。

**參、一般狀況**：

一、時　　間：102年3月18日18時30分。

二、地　　點：宜蘭縣宜蘭市　　路　　橋北端。

三、天　　候：陰；夜間有照明。

四、路　　況：市區道路，限速50公里以下，直路，乾燥路面，路中央有槽化線劃設，四車道。

五、車損情形：詳警卷載。

六、傷亡情形：一員受傷。

**肆、肇事經過**：吳　　於肇事時間駕駛自用小客車，沿宜蘭市宜興路由南往北方向行駛，途經該路段宜興橋北端迴車，導致迎面駛來陳　　駕駛重機車摔倒肇事。

**伍、肇事分析**：

一、駕駛行為：

(一) 吳　　夜間駕駛自小客車，沿宜興路由南往北方向行駛，行經肇事地路中有槽化線標線路段迴車不當，且未看清來往車輛，導致迎面駛來陳　　重機車煞閃摔倒肇事。

(二) 陳　　夜間駕駛重機車，沿宜興路由北往南方向行駛，行經肇事地路中有槽化線標線路段，煞閃迎面駛來迴轉吳　　自小客車，致摔倒肇事。

二、佐證資料：

(一) 吳　　應警訊：當時要左轉（迴轉）車速很慢，我沿宜興路（宜興橋）由南往北方向行駛，行經宜興路(宜興橋北端)時剛下橋，我要左轉（迴轉）從橋下往南時，在路口有一部重機車沿宜興路由北往南方向行駛（要上宜興橋），我沒有與該重機車直接發生碰撞，我就左轉（迴轉）往橋下離去，

後來有人追上我的車，跟我講說（你）與人發生交通事故，我馬上回到事故現場，我沒有聽到撞擊聲及蹤撞聲音。

(二) 陳　　應警訊：車速約 50 公里左右，對方沿宜興路（宜興橋）由南往北方向行駛，行經宜興路(宜興橋北端)時剛下橋，對方要左轉（迴轉）從橋下往南時，在路口我沿宜興路由北往南方向行駛（要上宜興橋）時，當時對方沒有與我車直接發生碰撞，對方左（迴）轉往橋下離去，後來有人追上對方的車，才回到現場發生交通事故地點；對方突然左轉(迴轉)在我前方約 5-8 公尺、我馬上緊急煞車後自行先滑倒；對方車沒有損壞，我機車右側及龍頭扭曲。

(三) 參照陳　　重機車後方友車車內行車影像紀錄器：於 18∶28∶33 秒陳　　重機車後煞車燈亮起；於 18∶28∶34 秒陳　　重機車摔倒，在此期間吳宜靜自小客車尚在迴轉途中。

(四) 警繪現場圖示及卷附照片：肇事路段路中央有槽化線標線劃設。

三、路權歸屬：吳　　夜間駕駛自小客車，行經路中有槽化線標線路段不得迴車。

四、法規依據：道路交通標誌標線號誌設置規則第 171 條第 1 項：槽化線，用以引導車輛駕駛人循指示之路線行駛，並禁止跨越。劃設於交岔路口、立體交岔之匝道口或其他特殊地點。

陸、其他：

柒、鑑定意見：

一、吳　　夜間駕駛自小客車，行經路中有槽化線標線路段迴車不當，且未看清來往車輛，為肇事原因。

二、陳　　夜間駕駛重機車，行經路中有槽化線標線路段，煞閃摔倒，無肇事因素。

附記：本鑑定意見書僅提供囑託鑑定之司(軍)法機關作為偵查、審理之參考，當事人如有異議時，應向承辦該案之司（軍）法機關聲請轉送交通部公路總局車輛行車事故鑑定覆議會覆議；司（軍）法機關如認為有覆議之必要時，請檢附覆議鑑定規費新台幣貳仟元整之郵政匯票（受款人：交通部公路總局），刑事案件免收規費，以公函囑託交通部公路總局車輛行車事故鑑定覆議會。

機關地址：南投市 540 光明一路 300 號，電話：049－2394806。

中　華　民　國　一　〇　二　年　十　一　月　二　十　日

註：請將本案判決結果副知本會

# 覆議申請書

申 請 人：甲○○　　地址：○○縣○○市○○路○○號
　　　　　　　　　　　身分證字號：
　　　　　　　　　　　電話：
當 事 人：乙○○（A 車，自用小客車，○○○○ -TN）
　　　　　　甲○○（B 車，營業小客車，○○○ -EN）
肇事時間：105 年 1 月 16 日上午 10 時 50 分許
肇事地點：○○市○○路○○段○○號前

一、本案尚未進入司法訴訟程序。
二、申請覆議之理由：
　　（一）**本案肇事主因實為 A 車突然左轉彎橫越分向限制線，致駛入 B 車車道而撞擊 B 車左側前門，其撞擊點係位於 B 車車道內，A 車未遵行車道行駛，亦未煞車，應為肇事主因，原鑑定意見認定事實顯有錯誤：**
　　　　1. 查交通部公路總局臺北區監理所基宜區車輛行車事故鑑定會鑑定意見書（下稱原鑑定意見書，附件一：基宜區○○○○○○案鑑定意見書）之鑑定意見，認定乙○○駕駛自用小客車無肇事因素，其主要原因無非係以其行經肇事地分向限制線路段，在遵行車道行駛，煞閃不及等語，資為論據。
　　　　2. 惟，105 年 1 月 16 日上午 10 時 50 分許，A 車沿民權路一段直行往宜興路方向行駛，途經肇事地點，**因車輛故障突然左轉彎橫越分向限制線**，有警員○○○繪製 105 年 1 月 16 日「**道路交通事故現場圖**」現場處理摘要（附件二），附卷可稽。
　　　　3. 次查，A 車因車輛故障突然向左彎駛入 B 車車道，因而撞擊 B 車左側前門，其撞擊點係位於 B 車車道內，有宜蘭縣政府警察局道路交通事故**照片編號 2、4**（附件三），可以為證。
　　　　4. 復查，依 A 車駕駛乙○○應訊筆錄所載，伊未有煞閃未及之情形，益徵本件確係 A 車駕駛乙○○行經分向限制路段卻突然左轉彎所致，則原鑑定意見書認定 A 車「煞閃未及」實顯屬無據。
　　　　5. 另參，車輛移置後所攝宜蘭縣政府警察局道路交通事故照片編號 9、10 之照片二幀可知（附件三），A 車左前輪因轉彎時擦撞而扭曲，足證事故發生時 A 車確實係左轉彎而非直行，則 A 車並未遵行車道行駛，其因而駛入對向車道衝撞 A 車，始為本件肇事主因。
　　（二）**本件第一次撞擊處係位在 B 車車道，則 B 車縱有繞越車道上停車之情形，然究與行車事故之發生不具因果關係：**
　　　　1. 本案撞擊點係位在 B 車車道而非 A 車車道，有警員柯榮發繪製 105 年 1 月 16 日「道路交通事故現場圖」（附件二）、宜蘭縣政府警察局道路交通事故照片編號 2、4（附件三），附卷可稽。
　　　　2. B 車行經肇事地段前雖有繞越車道上停車（○○○○ -HA）之情形，然其為繞越路障必然已減速慢行並注意前方來車，且 B 車車身前段已駛回 B 車車道，孰料 B 車卻在其車道內遭 A 車突然左轉衝撞，則本案無論 B 車有無繞越車道皆不影響行車事故因 A 車突然左轉而發生衝撞之結果，亦即 B 車繞越路障並非本案事故肇發之條件，縱令 B 車未繞越路障亦仍會在 B 車車道內遭 A 車左轉衝撞。職是，A 車繞越車輛與本案事故應不具因果關係，應予辨明。
三、綜上，爰依法擬具覆議申請書敘明理由如前，懇請 交通部公路總局行車事故鑑定覆議會就本案肇事主因重為認定，俾障權益是禱！

　　　　　　此　致
交通部公路總局行車事故鑑定覆議會

附 件：
附件一：基宜區○○○○○○案鑑定意見書影本乙份。
附件二：道路交通事故現場圖暨現場處理摘要影本乙份。
附件三：宜蘭縣政府警察局道路交通事故照片乙份。

　　　　　　　　　　　　　　　　　　申　請　人：甲　○　○

中　華　民　國　一　○　五　年　　　月　　　日

# 民事聲請裁定本票強制執行狀

訴訟標的金額或價額：新台幣 _____ 元

聲 請 人：_____　　住 所：_____

電話：(_____) _____

相對人：_____　　住 所：_____

為聲請裁定本票強制執行事：

壹、請求事項

一、請裁定相對人所簽發如附表所載本票 _____ 張，金額合計新臺幣 _____ 元及自附表所示之
利息起算日起至清償日止，按年息百分之六計算利息，准予強制執行。

二、聲請費用由相對人負擔。

貳、事實及理由

查聲請人持有相對人所簽發本票 ____ 張，該本票已屆期，聲請人已於 _____ 年 _____ 月 _____ 日
提示本票仍未獲付款，聲請人雖經屢次向其催討仍置之不理，為此依票據法第一百二十三條及非訟事件法
第一百九十四條之規定狀請 鈞院裁定賜准強制執行以保權益，實感德便。

　　謹 狀
臺灣○○地方法院 民事庭 公鑒

聲 證：
聲證一：本票正本 _____ 紙。
聲證二：身分證明文件 _____ 份（如聲請人或相對人於本票簽發後有更改姓名，請檢附身分證明文件）。

附表：

| 證券別 | 本票 | | |
|---|---|---|---|
| 票據號碼 | | | |
| 發票人 | | | |
| 付款人 | | | |
| 票載金額 | 新台幣 | | 元 |
| 發票日 | 年 | 月 | 日 |
| 到期日（提示日） | 年 | 月 | 日 |
| 利息起算日 | 年 | 月 | 日 |

（如本票有數張，表格請自行複製延伸）

具 狀 人 ：_____

中　華　民　國　一　○　五　年　　　月　　　日

# 授權書

　　立授權書人等（共同）簽發下列影本所示本票乙紙交於執票人收執。惟因事實需要，□到期日、□金額、□利率未予填載，為此立具授權書，授權執票人得隨時依事實需要自行填載以行使票據上之權利，本項授權不可撤回且不得為任何限制。

　　此　　致

　　　　　執票人：

　　　　　立授權書人即發票人：　　　　　（簽名、指印）

　　　　　地址：

　　　　　立授權書人即發票人：　　　　　（簽名、指印）

　　　　　地　址：

中　　華　　民　　國　　　　年　　　　月　　　　日

# 民事聲請支付命令狀 （以單張支票聲請者）

| 案　　號 | 年度　　字第　　號 | 承辦股別 | |
|---|---|---|---|
| 訴訟標的金額或價額 | 新臺幣 | | 元 |
| 稱　　謂 | 姓名或名稱 | 依序填寫：國民身分證統一編號或營利事業統一編號、性別、出生年月日、職業、住居所、就業處所、公務所、事務所或營業所、郵遞區號、電話、傳真、電子郵件位址、指定送達代收人及其送達處所。 | |
| 聲請人（即債權人） | ○○○ | 國民身分證統一編號（或營利事業統一編號）：<br><br>性別：男／女　　　生日：　　　　職業：<br><br>住：<br><br>郵遞區號：　　　　　電話：<br><br>傳真：<br><br>電子郵件位址：<br><br>送達代收人：<br><br>送達處所： | |
| 債務人 | ○○○ | 國民身分證統一編號（或營利事業統一編號）：<br><br>性別：男／女　　　生日：　　　　職業：<br><br>住：<br><br>郵遞區號：　　　　　電話：<br><br>傳真：<br><br>電子郵件位址：<br><br>送達代收人：<br><br>送達處所： | |

為聲請發支付命令事：

一、請求標的

　　（一）債務人應給付債權人新臺幣○○○元，並自民國○○年○月○日起至清償日止，
　　　　　按週年利率百分之○計算之利息。

　　（二）督促程序費用由債務人負擔。

二、請求原因及事實

　　債務人○○○簽發○○年○月○日面額新臺幣○○○元、付款人為○○○、票號
　○號的支票乙張，交付債權人。未料屆期該支票經債權人提示，竟不獲支付。

　　債務人經債權人屢次催討，均置之不理。依民事訴訟法第508條規定，聲請貴院就前項
　債權依督促程序，對債務人發支付命令，促其清償。

此　致

○○○○○○法院　公鑒

| 證物名稱及件數 | |
|---|---|

| 中　華　民　國 | | 年 | 月 | 日 |
|---|---|---|---|---|
| | | 具狀人 | 簽名蓋章 | |
| | | 撰狀人 | 簽名蓋章 | |

# 民事聲請支付命令狀 （以多張支票聲請者）

| 案　　號 | 年度 | 字第 | 號 | 承辦股別 | |
|---|---|---|---|---|---|
| 訴訟標的<br>金額或價額 | 新臺幣 | | | | 元 |
| 稱　　謂 | 姓名或名稱 | 依序填寫：國民身分證統一編號或營利事業統一編號、性別、出生年月日、職業、住居所、就業處所、公務所、事務所或營業所、郵遞區號、電話、傳真、電子郵件位址、指定送達代收人及其送達處所。 | | | |
| 聲請人<br>（即債權人） | ○○○ | 國民身分證統一編號（或營利事業統一編號）：<br><br>性別：男／女　　生日：　　　　　職業：<br><br>住：<br><br>郵遞區號：　　　　　電話：<br><br>傳真：<br><br>電子郵件位址：<br><br>送達代收人：<br><br>送達處所： | | | |
| 債務人 | ○○○ | 國民身分證統一編號（或營利事業統一編號）：<br><br>性別：男／女　　生日：　　　　　職業：<br><br>住：<br><br>郵遞區號：　　　　　電話：<br><br>傳真：<br><br>電子郵件位址：<br><br>送達代收人：<br><br>送達處所： | | | |

為聲請發支付命令事：

一、請求標的

　　（一）債務人應給付債權人如附表所載之新臺幣○○○元，及自附表利息起算日起至

　　　　　清償日止之按附表所載利率計算。

　　（二）督促程序費用由債務人負擔。

二、請求原因及事實

　　（一）聲請人持有債務人○○○簽發如附表所載的支票○張，未料屆期經提示均無法兌

　　　　　現，雖經一再催索，亦置之不理。

　　（二）依民事訴訟法第 508 條規定，聲請貴院對債權人發支付命令，促其清償。

　　此　致

○○○○○○法院　公鑒

| 證物名稱<br>及件數 | |
|---|---|

中　華　民　國　　　　　　　　年　　　　　　　月　　　　　　　日

　　　　　　　　　　　　　具狀人　　　　　簽名蓋章

　　　　　　　　　　　　　撰狀人　　　　　簽名蓋章

附表：

| 發票人 | 金額<br>（新臺幣） | 支票<br>號碼 | 發票<br>日期 | 利息<br>起算日期 | 利率<br>按週年利率<br>百分之〇計算 |
|---|---|---|---|---|---|
|  |  |  |  |  |  |
|  |  |  |  |  |  |
|  |  |  |  |  |  |
|  |  |  |  |  |  |
|  |  |  |  |  |  |
|  |  |  |  |  |  |
|  |  |  |  |  |  |
|  |  |  |  |  |  |
|  |  |  |  |  |  |
|  |  |  |  |  |  |
|  |  |  |  |  |  |
|  |  |  |  |  |  |
|  |  |  |  |  |  |
|  |  |  |  |  |  |
|  |  |  |  |  |  |
|  |  |  |  |  |  |

# 實地看屋檢查表

| 聯 繫 紀 錄 欄 | | | |
|---|---|---|---|
| 看屋時間 | 月　　　日　　早／午／晚　　　　時　　　　分 | | |
| | ※ 為了解附近環境日夜不同的狀況，若時間允許，可選擇不同時段看屋 ※ | | |
| 帶看者<br>姓　　名 | 小姐／太太／先生 | 帶看者<br>身分 | □屋主本人　□屋主家人<br>□二房東　　□其他（　　　　） |
| 電　　話 | 手機：　　　　　　　　　　家／公： | | |
| 房屋地址 | | | |
| 租　　金 | 元／月 | 其他<br>費用 | ■ 水費：□租金內含　□另計 ＿＿＿＿ 元／月<br>　　　　□按表計算，每度 ＿＿＿＿ 元<br>■ 電費：□租金內含　□另計 ＿＿＿＿ 元／月 |
| 押　　金 | 元／個月 | | ■ 按表計算，每度 ＿＿＿＿ 元<br>■ 管理／清潔費：□租金內含<br>　　　　　　　　□另計 ＿＿＿＿ 元／月 |

| 內 部 環 境 | |
|---|---|
| ■ 附近是否有乾洗店、小吃店、便利商店？ | □便利　□不便利 |
| ■ 附近是否有公車站牌或鄰近捷運站？ | □有　　□沒有 |
| ■ 附近是否有市場／學校／夜市／近馬路邊？ | □吵雜　□安靜 |
| ■ 共同出入大門是否有隨手關門？ | □有　　□沒有 |
| ■ 樓梯走道是否堆放雜物妨礙通行？ | □有　　□沒有 |
| ■ 樓梯走道照明是否充足？ | □是　　□否 |
| ■ 其他備註： | |

| 內 部 環 境 | | | |
|---|---|---|---|
| 格局 | 房／　廳／　衛<br>廚　房　□　有　□　無 | 室內總坪數：　　坪<br>房間坪數：　　坪／　　坪／　　坪<br>1 坪的大小約等於一張雙人床或二個塌塌米大小 | |
| 窗戶數 | 共有　　扇窗，<br>窗戶方位：□東向 □西向 | 空氣<br>通風 | □通風良好　□通風不佳 |
| | ※ 東向窗清晨日照強，西向窗則會有<br>西曬的影響 ※ | 炊煮 | □可開火炊煮 □不可炊煮 |
| 設備 | □熱水器　□洗衣機　□脫水機　□電視機　□有線電視　□飲水機<br>□錄影機／DVD　□微波爐　□烤箱　□衣櫃　□電話線　□ADSL<br>□插座（數目：＿＿＿個）　□冰箱　□冷氣機（共 ＿＿＿ 台）<br>□瓦斯爐／電磁爐　（□桶裝瓦斯／□天然瓦斯）　□沙發椅　□餐桌椅<br>□書桌　□雙人／單人床　□水龍頭　□抽水馬桶　□照明設備<br>《以上設備請注意使用年限，並請現場測試是否可正常使用》 | | |
| 安全 | □緊急照明設備　□滅火器（請注意使用期限）<br>□鐵窗緊急逃生（可順利開啟）<br>□煙霧偵測器　□緩降梯　□逃生門<br>□防火巷暢通　□樑柱是否有裂縫或彎曲，影響結構安全 | | |

地址：_____

# 租賃物附屬設備清單

| 項目 | 數量 | 備註 |
|---|---|---|
| 廚具（含排油煙機、流理台、瓦斯爐） | 1套 | |
| 全新日立變頻分離式冷氣機 | 4台 | |
| 全新日立變頻冰箱 | 1台 | |
| 全新東芝變頻洗衣機 | 1台 | |
| 全新大台北瓦斯公司強制排氣天然瓦斯熱水器 | 1台 | |
| 全新耶魯牌大門電子號碼鎖 | 1只 | |
| 全新耶魯牌房門電子號碼鎖 | 2只 | |
| 木作電視櫃 | 1組 | |
| 木作鞋櫃 | 1組 | |
| 窗簾 | 2組 | |
| | | |
| | | |
| | | |
| | | |

承租人簽收：_____

日期：_____年_____月_____日

# 押租金收據

<table>
<tr><td colspan="2" align="center">收　　據</td></tr>
<tr><td colspan="2">茲收到＿＿＿＿＿＿＿＿＿＿＿＿（承租人）</td></tr>
<tr><td colspan="2">承租門牌號碼：＿＿＿＿＿＿＿＿＿＿＿＿＿＿＿＿房屋之</td></tr>
<tr><td colspan="2">押租金（即二個月租金）計新台幣＿＿＿＿＿＿＿＿＿元整。</td></tr>
<tr><td colspan="2">　此　　據</td></tr>
<tr><td colspan="2">出租人簽章：</td></tr>
<tr><td colspan="2">承租人簽章：</td></tr>
<tr><td colspan="2">中　　華　　民　　國　　　　年　　　　月　　　　日</td></tr>
</table>

# 租金收據

<table>
<tr><td colspan="2" align="center">收　　據</td></tr>
<tr><td colspan="2">茲收到＿＿＿＿＿＿＿＿＿＿＿＿（承租人）</td></tr>
<tr><td colspan="2">承租門牌號碼：＿＿＿＿＿＿＿＿＿＿＿＿＿＿＿＿房屋之</td></tr>
<tr><td colspan="2">押租金（即二個月租金）計新台幣＿＿＿＿＿＿＿＿＿元整。</td></tr>
<tr><td colspan="2">　此　　據</td></tr>
<tr><td colspan="2">出租人簽章：</td></tr>
<tr><td colspan="2">承租人簽章：</td></tr>
<tr><td colspan="2">中　　華　　民　　國　　　　年　　　　月　　　　日</td></tr>
</table>

# 住宅租賃定型化契約應記載及不得記載事項

中華民國 105 年 6 月 23 日內政部內授中辦地字第 1051305384 號公告 ( 中華民國 106 年 1 月 1 日生效 ) 行政院消費者保護會第 47 次會議通過
中華民國 109 年 8 月 14 日內政部台內地字第 10902642032 號公告

## 壹、應記載事項
一、契約審閱期
  住宅租賃契約（以下簡稱本契約）於民國 __ 年 __ 月 __ 日經承租人攜回審閱 __ 日（契約審閱期間至少三日）。
  出租人簽章：
  承租人簽章：
二、租賃標的
  （一）租賃住宅標示：
    1. 門牌 ____ 縣（市）____ 鄉（鎮、市、區）____ 街（路）___ 段 ___ 巷 ___ 弄 ___ 號 ___ 樓（基地坐落 ____ 段 ____ 小段 ____ 地號）。無門牌者，其房屋稅籍編號：____ 或其位置略圖。
    2. 專有部分建號 ____，權利範圍 ____，面積共計 ____ 平方公尺。
    （1）主建物面積：
      ___ 層 ___ 平方公尺，___ 層 ___ 平方公尺，___ 層 ___ 平方公尺共計 ___ 平方公尺，用途 ____。
    （2）附屬建物用途 ____，面積 ___ 平方公尺。
    3. 共有部分建號 ____，權利範圍 ____，持分面積 ___ 平方公尺。
    4. 車位：□有（汽車停車位 ___ 個、機車停車位 ___ 個）□無。
    5. □有□無設定他項權利，若有，權利種類：____。
    6. □有□無查封登記。
  （二）租賃範圍：
    1. 房屋□全部□部分：第 ___ 層□房間 ___ 間□第 ___ 室，面積 ___ 平方公尺（如「房屋位置格局示意圖」標註之租賃範圍）。
    2. 車位：
    （1）汽車停車位種類及編號：
      地上（下）第 ___ 層□平面式停車位□機械式停車位，編號第 ____ 號車位 ___ 個。（如無則免填）
    （2）機車停車位：地上（下）第 ___ 層編號第 ___ 號或其位置示意圖。
    （3）使用時間：
      □全日□日間□夜間□其他 ____。
    3. 租賃附屬設備：
      □有□無附屬設備，若有，詳如附件一租賃標的現況確認書。
    4. 其他：____。
三、租賃期間
  租賃期間自民國 ___ 年 ___ 月 ___ 日起至民國 ___ 年 ___ 月 ___ 日止。( 租賃期間至少三十日以上 )
四、租金約定及支付
  承租人每月租金為新臺幣（下同）____ 元整，每期應繳納 ___ 個月租金，並於□每月□每期 ___ 日前支付，不得藉任何理由拖延或拒絕；出租人於租賃期間亦不得藉任何理由要求調漲租金。
  租金支付方式：□現金繳付□轉帳繳付：金融機構：____，戶名：____，帳號：____。□其他 ____。
五、押金約定及返還
  押金由租賃雙方約定為 ___ 個月租金，金額為 ___ 元整 ( 最高不得超過二個月租金之總額 )。承租人應於簽訂本契約之同時給付出租人。
  前項押金除有第十二點第四項、第十四點第三項、第十五點第四項及第十九點第二項得抵充之情形外，出租人應於租賃屆滿或租賃契約終止，承租人返還租賃住宅時，返還押金或抵充本契約所生債務後之賸餘押金。
六、租賃期間相關費用之支付
  租賃期間，使用租賃住宅所生之相關費用，依下列約定辦理：
  （一）管理費：
    □由出租人負擔。
    □由承租人負擔。

房屋每月 ＿＿＿＿＿＿＿＿＿ 元整。
停車位每月 ＿＿＿＿＿＿＿＿＿ 元整。
租賃期間因不可歸責於雙方當事人之事由，致本費用增加者，承租人就增加部分之金額，以負擔百分之十為限；如本費用減少者，承租人負擔減少後之金額。
□其他：＿＿＿＿＿＿＿＿＿＿＿＿＿＿＿＿＿＿。
（二）水費：
　　□由出租人負擔。
　　□由承租人負擔。
　　□其他：＿＿＿＿＿＿＿＿＿＿＿＿＿＿＿。（例如每度＿＿＿＿元整）
（三）電費：
　　□由出租人負擔。
　　□由承租人負擔。(例如：夏月每度＿＿＿元整；非夏月每度＿＿＿元整。但均不得超過台灣電力股份有限公司所定當月用電量最高級距之每度金額)。
　　□其他：＿＿＿＿＿＿＿＿＿＿＿＿＿＿＿。（例如每度＿＿＿＿元整）
（四）瓦斯費：
　　□由出租人負擔。
　　□由承租人負擔。
　　□其他：＿＿＿＿＿＿＿＿＿＿＿＿＿＿＿。
（五）網路費：
　　□由出租人負擔。
　　□由承租人負擔。
　　□其他：＿＿＿＿＿＿＿＿＿＿＿＿＿＿＿。
（六）其他費用及其支付方式：＿＿＿＿＿＿＿＿＿＿＿＿。
七、稅費負擔之約定
　　本租賃契約有關稅費，依下列約定辦理：
（一）租賃住宅之房屋稅、地價稅由出租人負擔。
（二）本契約租賃雙方同意辦理公證者，其公證費　元整。
　　□由出租人負擔。
　　□由承租人負擔。
　　□由租賃雙方平均負擔。
　　□其他：＿＿＿＿＿＿＿＿＿＿＿＿＿＿＿。
（三）其他稅費及其支付方式：＿＿＿＿＿＿＿＿＿＿＿＿。
八、使用租賃住宅之限制
　　本租賃住宅係供居住使用，承租人不得變更用途。
　　承租人同意遵守公寓大廈規約或其他住戶應遵行事項，不得違法使用、存放有爆炸性或易燃性物品。
　　承租人應經出租人同意始得將本租賃住宅之全部或一部分轉租、出借或以其他方式供他人使用，或將租賃權轉讓於他人。
　　前項出租人同意轉租者，應出具同意書(如附件二)載明同意轉租之範圍、期間及得終止本契約之事由，供承租人轉租時向次承租人提示。
九、修繕
　　租賃住宅或附屬設備損壞時，應由出租人負責修繕。但租賃雙方另有約定、習慣或其損壞係可歸責於承租人之事由者，不在此限。
　　前項由出租人負責修繕者，承租人得定相當期限催告修繕，如出租人未於承租人所定相當期限內修繕時，承租人得自行修繕，並請求出租人償還其費用或於第四點約定之租金中扣除。
　　出租人為修繕租賃住宅所為之必要行為，應於相當期間先期通知，承租人無正當理由不得拒絕。
　　前項出租人於修繕期間，致租賃住宅全部或一部不能居住使用者，承租人得請求出租人扣除該期間全部或一部之租金。
十、室內裝修
　　承租人有室內裝修之需要，應經出租人同意並依相關法令規定辦理，且不得損害原有建築結構之安全。
　　承租人經出租人同意裝修者，其裝修增設部分若有損壞，由承租人負責修繕。
　　第一項情形，承租人返還租賃住宅時，應□負責回復原狀□現況返還□其他＿＿＿＿＿＿。
十一、出租人之義務及責任
　　出租人應出示有權出租本租賃住宅之證明文件及國民身分證或其他足資證明身分之文件，供承租人核對。
　　出租人應以合於所約定居住使用之租賃住宅，交付承租人，並應於租賃期間保持其合於居住使用之狀態。
　　出租人與承租人簽訂本契約前，租賃住宅有由承租人負責修繕之項目及範圍者，出租人應先向承租人說明並經承租人確認（如附件三），未經約定確認者，出租人應負責修繕，並提供有修繕必要時之聯絡方式。

十二、承租人之義務及責任

承租人應於簽訂本契約時，出示國民身分證或其他足資證明身分之文件，供出租人核對。

承租人應以善良管理人之注意，保管、使用租賃住宅。

承租人違反前項義務，致租賃住宅毀損或滅失者，應負損害賠償責任。但依約定之方法或依租賃住宅之性質使用、收益，致有變更或毀損者，不在此限。

前項承租人應賠償之金額，得由第五點第一項規定之押金中抵充，如有不足，並得向承租人請求給付不足之金額。

承租人經出租人同意轉租者，與次承租人簽訂轉租契約時，應不得逾出租人同意轉租之範圍及期間，並應於簽訂轉租契約後三十日內，以書面將轉租範圍、期間、次承租人之姓名及通訊住址等相關資料通知出租人。

十三、租賃住宅部分滅失

租賃關係存續中，因不可歸責於承租人之事由，致租賃住宅之一部滅失者，承租人得按滅失之部分，請求減少租金。

十四、任意終止租約之約定

本契約於期限屆滿前，除依第十七點及第十八點規定得提前終止租約外，租賃雙方□得□不得任意終止租約。

依前項約定得終止租約者，租賃之一方應至少於終止前一個月通知他方。一方未為先期通知而逕行終止租約者，應賠償他方最高不得超過一個月租金額之違約金。

前項承租人應賠償之違約金，得由第五點第一項規定之押金中抵充，如有不足，並得向承租人請求給付不足之金額。

租期屆滿前，依第一項終止租約者，出租人已預收之租金應返還予承租人。

十五、租賃住宅之返還

租賃關係消滅時，出租人應即結算租金及第六點約定之相關費用，並會同承租人共同完成屋況及附屬設備之點交手續，承租人應將租賃住宅返還出租人並遷出戶籍或其他登記。

前項租賃之一方未會同點交，經他方定相當期限催告仍不會同者，視為完成點交。

承租人未依第一項規定返還租賃住宅時，出租人應即明示不以不定期限繼續契約，並得向承租人請求未返還租賃住宅期間之相當月租金額，及相當月租金額計算之違約金（未足一個月者，以日租金折算）至返還為止。

前項金額與承租人未繳清之租金及第六點約定之相關費用，出租人得由第五點第一項規定之押金中抵充，如有不足，並得向承租人請求給付不足之金額或費用。

十六、租賃住宅所有權之讓與

出租人於租賃住宅交付後，承租人占有中，縱將其所有權讓與第三人，本契約對於受讓人仍繼續存在。

前項情形，出租人應移交押金及已預收之租金與受讓人，並以書面通知承租人。

本契約如未經公證，其期限逾五年者，不適用前二項之規定。

十七、出租人提前終止租約

租賃期間有下列情形之一者，出租人得提前終止租約，且承租人不得要求任何賠償：

（一）出租人為重新建築而必要收回。

（二）承租人遲付租金之總額達二個月之租金額，經出租人定相當期限催告，仍不為支付。

（三）承租人積欠管理費或其他應負擔之費用達二個月之租金額，經出租人定相當期限催告，仍不為支付。

（四）承租人違反第八點第一項規定，擅自變更用途，經出租人阻止仍繼續為之。

（五）承租人違反第八點第二項規定，違法使用、存放爆炸性或易燃性物品，經出租人阻止仍繼續為之。

（六）承租人違反第八點第三項規定，擅自將租賃住宅轉租或轉讓租賃權予他人。

（七）承租人毀損租賃住宅或附屬設備，經出租人定相當期限催告修繕仍不為修繕或相當之賠償。

（八）承租人違反第十點第一項規定，未經出租人同意，擅自進行室內裝修，經出租人阻止仍繼續為之。

（九）承租人違反第十點第一項規定，未依相關法令規定進行室內裝修，經出租人阻止仍繼續為之。

（十）承租人違反第十點第一項規定，進行室內裝修，損害原有建築結構之安全。

出租人依前項規定提前終止租約者，應依下列規定期限，檢附相關事證，以書面通知承租人。但依前項第五款及第十款規定終止者，得不先期通知：

（一）依前項第一款規定終止者，於終止前三個月。

（二）依前項第二款至第四款、第六款至第九款規定終止者，於終止前三十日。

十八、承租人提前終止租約

租賃期間有下列情形之一，致難以繼續居住者，承租人得提前終止租約，出租人不得要求任何賠償：

（一）租賃住宅未合於所約定居住使用，並有修繕之必要，經承租人定相當期限催告，仍不於期限內修繕。

（二）租賃住宅因不可歸責承租人之事由致一部滅失，且其存餘部分不能達租賃之目的。

（三）租賃住宅有危及承租人或其同居人之安全或健康之瑕疵；承租人於簽約時已明知該瑕疵或拋棄終止租約權利者，亦同。

（四）承租人因疾病、意外產生有長期療養之需要。

（五）因第三人就租賃住宅主張其權利，致承租人不能為約定之居住使用。

　　承租人依前項各款規定提前終止租約者，應於終止前三十日，檢附相關事證，以書面通知出租人。但前項第三款前段其情況危急者，得不先期通知。

　　承租人死亡，其繼承人得主張終止租約，其通知期限及方式，準用前項規定。

十九、遺留物之處理

　　租賃關係消滅，依第十五點完成點交或視為完成點交之手續後，承租人仍於租賃住宅有遺留物者，除租賃雙方另有約定外，經出租人定相當期限向承租人催告，屆期仍不取回時，視為拋棄其所有權。

　　出租人處理前項遺留物所生費用，得由第五點第一項規定之押金中抵充，如有不足，並得向承租人請求給付不足之費用。

二十、履行本契約之通知

　　除本契約另有約定外，租賃雙方相互間之通知，以郵寄為之者，應以本契約所記載之地址為準。

　　如因地址變更未告知他方，致通知無法到達時，以第一次郵遞之日期推定為到達日。

　　第一項之通知得經租賃雙方約定以□電子郵件信箱：　　□手機簡訊□即時通訊軟體以文字顯示方式為之。

二十一、其他約定

　　本契約租賃雙方□同意□不同意辦理公證。

　　本契約經辦理公證者，租賃雙方□不同意；□同意公證書載明下列事項應逕受強制執行：

　　□一、承租人如於租期屆滿後交還租賃住宅。

　　□二、承租人未依約給付之欠繳租金、費用及出租人或租賃住宅所有權人代繳之管理費，或違約時應支付之金額。

　　□三、出租人如於租期屆滿或本契約終止時，應返還承租人之全部或一部押金。

　　公證書載明金錢債務逕受強制執行時，如有保證人者，前項後段第　款之效力及於保證人。

二十二、契約及其相關附件效力

　　本契約自簽約日起生效，租賃雙方各執一份契約正本。

　　本契約廣告及相關附件視為本契約之一部分。

二十三、當事人及其基本資料

　　本契約應記載當事人及其基本資料：

　　（一）承租人之姓名(名稱)、統一編號(身分證明文件編號)、戶籍地址(營業登記地址)、通訊地址、聯絡電話。

　　（二）出租人之姓名(名稱)、統一編號(身分證明文件編號)、戶籍地址(營業登記地址)、通訊地址、聯絡電話。

貳、不得記載事項

一、不得記載拋棄審閱期間。

二、不得記載廣告僅供參考。

三、不得記載承租人不得申報租賃費用支出。

四、不得記載承租人不得遷入戶籍。

五、不得記載應由出租人負擔之稅賦，若較出租前增加時，其增加部分由承租人負擔。

六、不得記載免除或限制民法上出租人故意不告知之瑕疵擔保責任。

七、不得記載承租人須繳回契約書。

八、不得記載本契約之通知，僅以電話方式為之。

九、不得記載違反強制或禁止規定。

# 租賃標的現況確認書

填表日期　　年　　月　　日

| 項次 | 內容 | 備註說明 |
|---|---|---|
| 1 | □有□無包括未登記之改建、增建、加建、違建部分：<br>□壹樓 平方公尺□ 樓 平方公尺。<br>□頂樓 平方公尺。<br>□其他處所： 平方公尺。 | 若為違建（未依法申請增、加建之建物），出租人應確實加以說明，使承租人得以充分認知此範圍之建物隨時有被拆除之虞或其他危險。 |
| 2 | 建物型態：＿＿＿＿＿。<br>建物現況格局：＿ 房(間、室)＿ 廳 ＿ 衛□有□無隔間。 | 一、建物型態：<br>　（一）一般建物：單獨所有權無共有部分（包括獨棟、連棟、雙併等）。<br>　（二）區分所有建物：公寓（五樓含以下無電梯）、透天厝、店面（店鋪）、辦公商業大樓、住宅或複合型大樓（十一層含以上有電梯）、華廈（十層含以下有電梯）、套房（一房、一廳、一衛）等。<br>　（三）其他特殊建物：如工廠、廠辦、農舍、倉庫等型態。<br>二、現況格局（例如：房間、廳、衛浴數，有無隔間）。 |
| 3 | 汽車停車位種類及編號：<br>地上(下)第 ＿＿＿＿＿ 層□平面式停車位□機械式停車位□其他 ＿＿＿＿＿。<br>編號：第 ＿＿＿＿＿ 號停車位 個，□有□無獨立權狀。<br>□有□無檢附分管協議及圖說。<br>機車停車位：地上(下)第 ＿ 層，編號第 ＿ 號車位 ＿ 個或其位置示意圖。 | |
| 4 | □有□無住宅用火災警報器。<br>□有□無其他消防設施，若有，項目：<br>(1)＿＿＿＿＿(2)＿＿＿＿＿(3)＿＿＿＿＿。<br>□有□無定期辦理消防安全檢查。 | 非屬應設置火警自動警報設備之住宅所有權人應依消防法第六條第五項規定設置及維護住宅用火災警報器。 |

| | | |
|---|---|---|
| 5 | □有□無滲漏水之情形，若有，滲漏水處：_____。<br>滲漏水處之處理：<br>□由出租人修繕後交屋。<br>□由承租人修繕。<br>□以現況交屋。<br>□其他_____。 | |
| 6 | □有□無曾經做過輻射屋檢測？<br>若有，請檢附檢測證明文件。<br>檢測結果□有□無輻射異常，若有異常之處理：<br>□由出租人改善後交屋。<br>□由承租人改善。<br>□以現況交屋。<br>□其他_____。 | 七十一年至七十三年領得使用執照之建築物，應特別留意檢測。行政院原子能委員會網站已提供「現年劑量達1毫西弗以上輻射屋查詢系統」供民眾查詢輻射屋資訊，如欲進行改善，應向行政院原子能委員會洽詢技術協助。 |
| 7 | □有□無曾經做過鋼筋混凝土中水溶性氯離子含量檢測（例如海砂屋檢測事項）；若有，檢測結果：_____。<br>□有□無超過容許值含量，若有超過之處理：<br>□由出租人修繕後交屋。<br>□由承租人修繕。<br>□以現況交屋。<br>□其他_____。 | 一、八十三年七月二十一日以前，CNS3090無訂定鋼筋混凝土中最大水溶性氯離子含量（依水溶法）容許值。<br>二、八十三年七月二十二日至八十七年六月二十四日依建築法規申報施工勘驗之建築物，參照八十三年七月二十二日修訂公布之CNS3090檢測標準，鋼筋混凝土中最大水溶性氯離子含量（依水溶法）容許值為0.6 kg /m3。<br>三、八十七年六月二十五日至一百零四年一月十二日依建築法規申報施工勘驗之建築物，鋼筋混凝土中最大水溶性氯離子含量參照八十七年六月二十五日修訂公布之CNS3090檢測標準，容許值含量為0.3 kg /m3。<br>四、一百零四年一月十三日（含）以後依建築法規申報施工勘驗之建築物，鋼筋混凝土中最大水溶性氯離子含量參照一百零四年一月十三日修訂公布之CNS 3090檢測標準，容許值含量為0.15 kg /m3。<br>五、上開檢測資料可向建築主管機關申請，不同時期之檢測標準，互有差異，租賃雙方應自行注意。 |

| | | |
|---|---|---|
| 8 | 本租賃住宅（專有部分）是否曾發生兇殺、自殺、一氧化碳中毒或其他非自然死亡之情事：<br>(1) 於產權持有期間□有□無曾發生上列情事。<br>(2) 於產權持有前<br>□無上列情事。<br>□知道曾發生上列情事。<br>□不知道曾否發生上列情事。 | |
| 9 | 供水及排水□是□否正常，若不正常，<br>□由出租人修繕後交屋。<br>□由承租人修繕。<br>□以現況交屋。<br>□其他 ＿＿＿＿ 。 | |
| 10 | □有□無公寓大廈規約或其他住戶應遵行事項；若有，□有□無檢附規約或其他住戶應遵行事項。 | |
| 11 | □有□無管理委員會統一管理，若有租賃住宅管理費為□月繳新臺幣 ＿＿ 元□季繳新臺幣 ＿＿ 元□年繳新臺幣 ＿＿ 元□其他 ＿＿ 。<br>停車位管理費為□月繳新臺幣 ＿＿ 元□季繳新臺幣 ＿＿ 元□年繳新臺幣 ＿＿ 元□其他 ＿＿ 。<br>□有□無積欠租賃住宅、停車位管理費；若有，新臺幣 ＿＿＿＿＿ 元。 | 停車位管理費以清潔費名義收取者亦同。 |
| 12 | 附屬設備項目如下：<br>□電視 ＿＿ 臺□電視櫃 ＿＿ 件□沙發 ＿＿ 組□茶几 ＿＿ 件□餐桌(椅) ＿＿ 組□鞋櫃 ＿＿ 件□窗簾 ＿＿ 組□燈飾 ＿＿ 件□冰箱 ＿＿ 臺□洗衣機 ＿＿ 臺□書櫃 ＿＿ 件□床組(頭) ＿＿ 件□衣櫃 ＿＿ 組□梳妝台 ＿＿ 件□書桌椅 ＿＿ 組□餐桌椅 ＿＿ 組□置物櫃 ＿＿ 件□電話 ＿＿ 具□保全設施 ＿＿ 組□微波爐 ＿＿ 臺□洗碗機 ＿＿ 臺□冷氣 ＿＿ 臺□排油煙機 ＿＿ 件□流理台 ＿＿ 件□瓦斯爐 ＿＿ 臺□熱水器 ＿＿ 臺□天然瓦斯□其他 ＿＿ 。 | |

出租人：＿＿＿＿＿＿＿＿＿＿＿＿＿＿＿（簽章）
承租人：＿＿＿＿＿＿＿＿＿＿＿＿＿＿＿（簽章）
簽章日期：民國 ＿＿＿＿＿ 年 ＿＿＿＿＿ 月 ＿＿＿＿＿ 日

# 出租人同意轉租範圍、租賃期間及終止租約事由確認書

　　出租人 ＿＿＿ 將後列住宅出租予承租人 ＿＿＿，並於民國 ＿ 年 ＿ 月
＿ 日簽訂住宅租賃契約書在案，茲同意承租人得於租賃期間將住宅轉
租，同意轉租範圍及租賃相關事項如附明細表。但承租人應於簽訂轉
租契約後三十日內，將轉租範圍、期間、次承租人之姓名及通訊住址
等相關資料告知本人。


　　出租人：　　　　　　（簽章）

　　承租人：　　　　　　（簽章）



中　　　華　　　民　　　國　　　年　　　月　　　日


## 出租人同意轉租範圍、租賃期間及終止租約事由確認書

| 租賃住宅標的 | | | | | | | | 轉租之範圍 | 租賃起迄期間 | 有無提前終止租約之約定 | 備註 |
|---|---|---|---|---|---|---|---|---|---|---|---|
| 縣市 | 鄉鎮市區 | 段 | 巷 | 弄 | 號 | 樓 | 室 | | | | |
| | | | | | | | | □全部<br>□一部 | 民國　年　月　日起至民國　年　月　日止 | □有　□無<br>（若有，請註明） | 同意轉租範圍如為一部者，應檢附該部分位置示意圖 |
| | | | | | | | | □全部<br>□一部 | 民國　年　月　日起至民國　年　月　日止 | □有　□無<br>（若有，請註明） | |

附註:原住宅租賃契約於租賃期間，除有第十七點及第十八點得提前終止租約之事由外，其他得提前終止租約之事由如下：　　　　　　　。

# 承租人負責修繕項目及範圍確認書

　　承租人　　向出租人　　承租住宅，並於民國　年　月　日簽訂住宅租賃契約書在案，茲依本契約第　點第　項約定本租賃住宅由承租人負責修繕項目及範圍之確認書如附明細表。（以下僅為例示，應由租賃雙方依實際情形自行約定後確認之）

出租人：　　　　（簽章）

承租人：　　　　（簽章）

中　　　華　　　民　　　國　　　年　　　月　　　日

# 承租人負責修繕項目及範圍明細表

填表日期　　年　　月　　日

| 租賃住宅範圍 | 設備或設施項目 | 數量 | 備註 |
|---|---|---|---|
| 室外 | | | |
| | | | |
| | | | |
| | | | |
| | | | |
| 客餐廳及臥室 | | | |
| | | | |
| | | | |
| | | | |
| | | | |
| 廚房及衛浴設備 | | | |
| | | | |
| | | | |
| | | | |
| | | | |
| 其他 | | | |
| | | | |
| | | | |
| | | | |
| | | | |

附註：
1. 以上修繕項目及範圍請出租人逐項說明填載，並由承租人確認；如附屬設備或設施有不及填載時，得於其他欄填載。
2. 設備或設施未經租賃雙方約明確認由承租人負責修繕者，除其損壞係可歸責於承租人之事由外，由出租人負責修繕。
3. 修繕聯絡方式：
　　□同本契約第　　點出租人基本資料。
　　□租賃住宅代管業：(1) 名　　　稱：＿＿＿＿＿＿＿＿＿＿＿＿
　　　　　　　　　　　(2) 營業地址：＿＿＿＿＿＿＿＿＿＿＿＿
　　　　　　　　　　　(3) 聯絡電話：＿＿＿＿＿＿＿＿＿＿＿＿
　　　　　　　　　　　(4) 電子郵件信箱：＿＿＿＿＿＿＿＿＿＿＿＿
　　□其他聯絡方式：（如有，請另行填載）＿＿＿＿＿＿＿＿＿＿＿＿

中華民國 91 年 1 月 30 日內政部台內中地字第 0910083141 號公告頒行（行政院消費者保護委員會第 86 次委員會議通過）

中華民國 105 年 6 月 23 日內政部內授中辦地字第 1051305386 號公告修正（行政院消費者保護會第 47 次會議通過）

契約審閱權

本契約於中華民國 ____ 年 ____ 月 ____ 日經承租人攜回審閱 ____ 日（契約審閱期間至少三日）

承租人簽章：

出租人簽章：

# 房屋租賃契約書範本

內　政　部　編

中華民國 105 年 6 月

立契約書人承租人 _____，出租人 _____【為□所有權人□轉租人（應提示經原所有權人同意轉租之證明文件）】茲為房屋租賃事宜，雙方同意本契約條款如下：

第一條　房屋租賃標的
一、房屋標示：
（一）門牌 _____縣（市）_____鄉（鎮、市、區）____街（路）____段____巷___弄___號___樓（基地坐落____段____小段____地號）。
（二）專有部分建號____，權利範圍____，面積共計____平方公尺。
1. 主建物面積：
____層____平方公尺，____層____平方公尺，____層____平方公尺共計____平方公尺，用途_____。
2. 附屬建物用途____，面積____平方公尺。
（三）共有部分建號_____，權利範圍_____，持分面積_____平方公尺。
（四）□有□無設定他項權利，若有，權利種類：_____。
（五）□有□無查封登記。
二、租賃範圍：
（一）房屋□全部□部分：第____層□房間____間□第____室，面積____平方公尺（如「房屋位置格局示意圖」標註之租賃範圍）。
（二）車位：
1. 車位種類及編號：
地上（下）第____層□平面式停車位□機械式停車位，編號第____號車位____個。
2. 使用時間：
□全日□日間□夜間□其他 _____。（如無則免填）
（三）租賃附屬設備：
□有□無附屬設備，若有，除另有附屬設備清單外，詳如後附房屋租賃標的現況確認書。
（四）其他：_____。

第二條　租賃期間
租賃期間自民國____年____月____日起至民國____年____月____日止。

第三條　租金約定及支付
承租人每月租金為新臺幣（下同）____元整，每期應繳納____個月租金，並於每□月□期____日前支付，不得藉任何理由拖延或拒絕；出租人亦不得任意要求調整租金。
租金支付方式：□現金繳付□轉帳繳付：金融機構：_____，戶名：_____，帳號：_____。□其他_____。

第四條　擔保金（押金）約定及返還
擔保金（押金）由租賃雙方約定為____個月租金，金額為_____元整（最高不得超過二個月房屋租金之總額）。承租人應於簽訂本契約之同時給付出租人。
前項擔保金（押金），除有第十一條第三項、第十二條第四項及第十六條第二項之情形外，出租人應於租期屆滿或租賃契約終止，承租人交還房屋時返還之。

第五條　租賃期間相關費用之支付
租賃期間，使用房屋所生之相關費用：
一、管理費：
□由出租人負擔。
□由承租人負擔。
房屋每月_____元整。
停車位每月_____元整。
租賃期間因不可歸責於雙方當事人之事由，致本費用增加者，承租人就增加部分之金額，以負擔百分之十為限；如本費用減少者，承租人負擔減少後之金額。
□其他：_____。
二、水費：
□由出租人負擔。
□由承租人負擔。
□其他：_____。（例如每度____元整）
三、電費：
□由出租人負擔。
□由承租人負擔。
□其他：_____。（例如每度____元整）
四、瓦斯費：
□由出租人負擔。
□由承租人負擔。
□其他：_____。
五、其他費用及其支付方式：_____。

第六條　稅費負擔之約定

　　　　本租賃契約有關稅費、代辦費，依下列約定辦理：

　　　　一、房屋稅、地價稅由出租人負擔。

　　　　二、銀錢收據之印花稅由出租人負擔。

　　　　三、簽約代辦費 ＿＿＿＿＿＿＿ 元

　　　　　　□由出租人負擔。

　　　　　　□由承租人負擔。

　　　　　　□由租賃雙方平均負擔。

　　　　　　□其他：＿＿＿＿＿＿＿＿＿＿＿＿＿＿＿＿＿＿＿＿＿。

　　　　四、公證費 ＿＿＿＿＿＿＿ 元

　　　　　　□由出租人負擔。

　　　　　　□由承租人負擔。

　　　　　　□由租賃雙方平均負擔。

　　　　　　□其他：＿＿＿＿＿＿＿＿＿＿＿＿＿＿＿＿＿＿。

　　　　五、公證代辦費 ＿＿＿＿＿＿＿ 元

　　　　　　□由出租人負擔。

　　　　　　□由承租人負擔。

　　　　　　□由租賃雙方平均負擔。

　　　　　　□其他：＿＿＿＿＿＿。

　　　　六、其他稅費及其支付方式：＿＿＿＿＿＿＿＿＿＿＿＿＿＿＿＿＿。

第七條　使用房屋之限制

　　　　本房屋係供住宅使用。非經出租人同意，不得變更用途。

　　　　承租人同意遵守住戶規約，不得違法使用，或存放有爆炸性或易燃性物品，影響公共安全。

　　　　出租人□同意□不同意將本房屋之全部或一部分轉租、出借或 以其他方式供他人使用，或將租賃權轉讓於他人。

　　　　前項出租人同意轉租者，承租人應提示出租人同意轉租之證明文件。

第八條　修繕及改裝

　　　　房屋或附屬設備損壞而有修繕之必要時，應由出租人負責修繕。但租賃雙方另有約定、習慣或可歸責於承租人之事由者，不在此限。

　　　　前項由出租人負責修繕者，如出租人未於承租人所定相當期限內修繕時，承租人得自行修繕並請求出租人償還其費用或於第三條約定之租金中扣除。

　　　　房屋有改裝設施之必要，承租人應經出租人同意，始得依相關法令自行裝設，但不得損害原有建築之結構安全。

　　　　前項情形承租人返還房屋時，□應負責回復原狀□現況返還□其他 ＿＿＿＿＿＿＿＿。

第九條　承租人之責任

　　　　承租人應以善良管理人之注意保管房屋，如違反此項義務，致房屋毀損或滅失者，應負損害賠償責任。但依約定之方法或依房屋之性質使用、收益，致房屋有毀損或滅失者，不在此限。

第十條　房屋部分滅失

　　　　租賃關係存續中，因不可歸責於承租人之事由，致房屋之一部滅失者，承租人得按滅失之部分，請求減少租金。

第十一條　提前終止租約

　　　　本契約於期限屆滿前，租賃雙方□得□不得終止租約。

　　　　依約定得終止租約者，租賃之一方應於□一個月前□ 個月前通知他方。一方未為先期通知而逕行終止租約者，應賠償他方 ＿＿＿＿＿＿ 個月（最高不得超過一個月）租金額之違約金。

　　　　前項承租人應賠償之違約金得由第四條之擔保金（押金）中扣抵。

　　　　租期屆滿前，依第二項終止租約者，出租人已預收之租金應返還予承租人。

第十二條　房屋之返還

　　　　租期屆滿或租賃契約終止時，承租人應即將房屋返還出租人並遷出戶籍或其他登記。

　　　　前項房屋之返還，應由租賃雙方共同完成屋況及設備之點交手續。租賃之一方未會同點交，經他方定相當期限催告仍不會到者，視為完成點交。

　　　　承租人未依第一項約定返還房屋時，出租人得向承租人請求未返還房屋期間之相當月租金額外，並得請求相當月租金額一倍（未足一個月者，以日租金折算）之違約金至返還為止。

　　　　前項金額及承租人未繳清之相關費用，出租人得由第四條之擔保金（押金）中扣抵。

第十三條　房屋所有權之讓與

　　　　出租人於房屋交付後，承租人占有中，縱將其所有權讓與第三人，本契約對於受讓人仍繼續存在。

　　　　前項情形，出租人應移交擔保金（押金）及已預收之租金與受讓人，並以書面通知承租人。

　　　　本契約如未經公證，其期限逾五年或未定期限者，不適用前二項之約定。

第十四條　出租人終止租約

　　　　承租人有下列情形之一者，出租人得終止租約：

一、遲付租金之總額達二個月之金額，並經出租人定相當期限催告，承租人仍不為支付。

二、違反第七條規定而為使用。

三、違反第八條第三項規定而為使用。

四、積欠管理費或其他應負擔之費用達相當二個月之租金額，經出租人定相當期限催告，承租人仍不為支付。

第十五條 承租人終止租約

出租人有下列情形之一者，承租人得終止租約：

一、房屋損害而有修繕之必要時，其應由出租人負責修繕者，經承租人定相當期限催告，仍未修繕完畢。

二、有第十條規定之情形，減少租金無法議定，或房屋存餘部分不能達租賃之目的。

三、房屋有危及承租人或其同居人之安全或健康之瑕疵時。

第十六條 遺留物之處理

租期屆滿或租賃契約終止後，承租人之遺留物依下列方式處理：

一、承租人返還房屋時，任由出租人處理。

二、承租人未返還房屋時，經出租人定相當期限催告搬離仍不搬離時，視為廢棄物任由出租人處理。

前項遺留物處理所需費用，由擔保金（押金）先行扣抵，如有不足，出租人得向承租人請求給付不足之費用。

第十七條 通知送達及寄送

除本契約另有約定外，出租人與承租人雙方相互間之通知，以郵寄為之者，應以本契約所記載之地址為準；並得以□電子郵件□簡訊□其他 ＿＿＿＿＿＿＿＿＿＿＿ 方式為之（無約定通知方式者，應以郵寄為之）；如因地址變更未通知他方或因 ＿＿＿＿＿＿＿＿＿＿＿，致通知無法到達時（包括拒收），以他方第一次郵遞或通知之日期推定為到達日。

第十八條 疑義處理

本契約各條款如有疑義時，應為有利於承租人之解釋。

第十九條 其他約定

本契約雙方同意□辦理公證□不辦理公證。

本契約經辦理公證者，租賃雙方□不同意；□同意公證書載明下列事項應逕受強制執行：

□一、承租人如於租期屆滿後不返還房屋。

□二、承租人未依約給付之欠繳租金、出租人代繳之管理費，或違約時應支付之金額。

□三、出租人如於租期屆滿或租賃契約終止時，應返還之全部或一部擔保金（押金）。

公證書載明金錢債務逕受強制執行時，如有保證人者，前項後段第 ＿＿＿＿＿＿＿＿＿＿＿ 款之效力及於保證人。

第二十條 爭議處理

因本契約發生之爭議，雙方得依下列方式處理：

一、向房屋所在地之直轄市、縣（市）不動產糾紛調處委員會申請調處。

二、向直轄市、縣（市）消費爭議調解委員會申請調解。

三、向鄉鎮市（區）調解委員會申請調解。

四、向房屋所在地之法院聲請調解或進行訴訟。

第二十一條 契約及其相關附件效力

本契約自簽約日起生效，雙方各執一份契約正本。

本契約廣告及相關附件視為本契約之一部分。

本契約所定之權利義務對雙方之繼受人均有效力。

第二十二條 未盡事宜之處置

本契約如有未盡事宜，依有關法令、習慣、平等互惠及誠實信用原則公平解決之。

附件

□建物所有權狀影本

□使用執照影本

□雙方身分證影本

□保證人身分證影本

□授權代理人簽約同意書

□房屋租賃標的現況確認書

□附屬設備清單

□房屋位置格局示意圖

□其他（測量成果圖、室內空間現狀照片）

立契約書人
出租人：
　　　　姓名（名稱）：　　　　　　　（簽章）
　　　　統一編號：
　　　　戶籍地址：
　　　　通訊地址：
　　　　聯絡電話：
　　　　負責人：　　　　　　　　　　（簽章）
　　　　統一編號：
　　　　電子郵件信箱：
承租人：
　　　　姓名（名稱）：　　　　　　　（簽章）
　　　　統一編號：
　　　　戶籍地址：
　　　　通訊地址：
　　　　聯絡電話：
　　　　電子郵件信箱：
保證人：
　　　　姓名（名稱）：　　　　　　　（簽章）
　　　　統一編號：
　　　　戶籍地址：
　　　　通訊地址：
　　　　聯絡電話：
　　　　電子郵件信箱：
不動產經紀業：
　　　　名稱（公司或商號）：
　　　　地址：
　　　　電話：
　　　　統一編號：
　　　　負責人：　　　　　　　　　　（簽章）
　　　　統一編號：
　　　　電子郵件信箱：
不動產經紀人：
　　　　姓名：　　　　　　　　　　　（簽章）
　　　　統一編號：
　　　　通訊地址：
　　　　聯絡電話：
　　　　證書字號：
　　　　電子郵件信箱：

中　　　華　　　民　　　國　　　　　年　　　　月　　　　　日

# 房屋租賃標的現況確認書

填表日期　　年　　月　　日

| 項次 | 內容 | 備註說明 |
|---|---|---|
| 1 | □有□無包括未登記之改建、增建、加建、違建部分：<br>□壹樓＿＿＿平方公尺□＿＿樓＿＿＿平方公尺□<br>□頂樓＿＿＿平方公尺□其他＿＿＿平方公尺。 | 若為違建（未依法申請增、加建之建物），出租人應確實加以說明，使承租人得以充分認知此範圍之建物隨時有被拆除之虞或其他危險。 |
| 2 | 建物型態：＿＿＿＿＿。<br>建物現況格局：＿＿＿房（間、室）＿＿＿廳＿＿＿衛□有□無隔間。 | 一、建物型態：<br>　（一）一般建物：透天厝、別墅（單獨所有權無共有部分）。<br>　（二）區分所有建物：公寓（五樓含以下無電梯）、透天厝、店面（店鋪）、辦公商業大樓、住宅或複合型大樓（十一層含以上有電梯）、華廈（十層含以下有電梯）、套房（一房、一廳、一衛）等。<br>　（三）其他特殊建物：如工廠、廠辦、農舍、倉庫等型態。<br>二、現況格局（例如：房間、廳、衛浴數，有無隔間）。 |
| 3 | 車位類別□坡道平面□升降平面□坡道機械<br>　　　　□升降機械□塔式車位□一樓平面<br>　　　　□其他＿＿＿＿＿＿。<br>編號：＿＿號□有□無獨立權狀。<br>□有□無檢附分管協議及圖說。 | |
| 4 | □是□否□不知有消防設施，若有，項目：<br>（1）＿＿＿＿（2）＿＿＿＿（3）＿＿＿＿。 | |
| 5 | 供水及排水□是□否正常。 | |
| 6 | □是□否有公寓大廈規約；若有，□有□無檢附規約。 | |
| 7 | 附屬設備項目如下：<br>□電視＿台□電視櫃＿件□沙發＿組□茶几＿件□餐桌＿張□餐桌椅＿張□鞋櫃＿件□窗簾＿組□燈飾＿件□冰箱＿台□洗衣機＿台□書櫃＿件□床組（頭）＿件□衣櫃＿組□梳妝台＿件□書桌椅＿張□置物櫃＿件□電話＿具□保全設施＿組□微波爐＿台□洗碗機＿台□冷氣＿台□排油煙機＿台□流理台＿件□瓦斯爐＿台□熱水器＿台□天然瓦斯□其他＿＿＿＿＿＿。 | |

出租人：＿＿＿＿＿＿＿＿＿＿＿＿＿＿＿＿（簽章）
承租人：＿＿＿＿＿＿＿＿＿＿＿＿＿＿＿＿（簽章）
不動產經紀人：＿＿＿＿＿＿＿＿＿＿＿（簽章）
簽章日期：＿＿＿＿＿年＿＿＿＿月＿＿＿＿日

簽約注意事項
一、適用範圍
　　本契約書範本之租賃房屋用途，係由承租人供作住宅使用，並提供消費者與企業經營者簽訂房屋租賃契約時參考使用。
二、契約審閱權
　　房屋出租人為企業經營者，其與承租人訂立定型化契約前，應有三十日以內之合理期間，供承租人審閱全部條款內容。
　　出租人以定型化契約條款使承租人拋棄前項權利者，無效。
　　出租人與承租人訂立定型化契約未提供第一項之契約審閱期間者，其條款不構成契約之內容。但承租人得主張該條款仍構成契約之內容。（消費者保護法第十一條之一第一項至第三項）
三、租賃意義
　　稱租賃者，謂當事人約定，一方以物租與他方使用收益，他方支付租金之契約（民法第四百二十一條）。當事人就標的物及租金為同意時，租賃契約即為成立。為使租賃當事人清楚了解自己所處之立場與權利義務關係，乃簡稱支付租金之人為承租人，交付租賃標的物之人為出租人。
四、房屋租賃標的
　　（一）房屋租賃範圍屬已登記者，以登記簿記載為準；未登記者以房屋稅籍證明或實際測繪結果為準。
　　（二）房屋租賃範圍非屬全部者（如部分樓層之套房或雅房出租），應由出租人出具「房屋位置格局示意圖」標註租賃範圍，以確認實際房屋租賃位置或範圍。
　　（三）為避免租賃雙方對於租賃房屋是否包含未登記之改建、增建、加建及違建部分，或冷氣、傢俱等其他附屬設備認知差異，得參依本契約範本附件「房屋租賃標的現況確認書」，由租賃雙方互為確認，以杜糾紛。
　　（四）承租人遷入房屋時，可請出租人會同檢查房屋設備現況並拍照存證，如有附屬設備，並得以清單列明，以供返還租屋回復原狀之參考。
五、租賃期間
　　（一）房屋租賃之期間超過一年者，應訂立契約，未訂立契約者，視為不定期限之租賃。租賃契約之期限，不得超過二十年，超過二十年者，縮短為二十年。
　　（二）房屋租賃契約未定期限者，租賃雙方當事人得隨時終止租約。但有利於承租人之習慣者，從其習慣。故租賃雙方簽約時宜明訂租賃期間，以保障雙方權益。
六、租金約定及支付
　　（一）土地法第九十七條第一項之規定，城市地方房屋之租金，以不超過土地及其建築物申報總價額年息百分之十為限。
　　（二）土地法第九十七條所稱「城市地方」，依內政部六十七年九月十五日台內地字第八〇五四四七號釋函，係指已依法公布實施都市計畫之地方。又同條所稱「房屋」，依內政部七十一年五月二十四日台內地字第八七一〇三號函釋，係指供住宅用之房屋。
七、擔保金（押金）約定及返還
　　（一）土地法第九十九條規定，擔保金（押金）以不得超過二個月之租金總額為宜，超過部分，承租人得以超過之部分抵付房租。承租人仍得於二個月之租金總額範圍內與出租人議定擔保金（押金）額度，如經約定承租人無須支付者，因屬私權行為，尚非法所不許。有關擔保金額之限制，依內政部一百零二年十月三日內授中辦地字第一〇二六〇三八九〇八號函釋，係指供住宅用之房屋，至營業用房屋，其應付擔保金額，不受土地法第九十九條之限制。
　　（二）承租人於支付擔保金（押金）或租金時，應要求出租人簽寫收據或於承租人所持有之租賃契約書上註明收訖為宜；若以轉帳方式支付，應留轉帳收據。同時出租人返還擔保金（押金）予承租人時，亦應要求承租人簽寫收據或於出租人所持有之租賃契約書上記明收訖為宜。
八、租賃期間相關費用之支付
　　（一）有關使用房屋而連帶產生之相關費用如水、電、瓦斯及管理費等，實務上有不同類型，部分契約係包含於租金中，部分則約定由承租人另行支付，亦有係由租賃雙方共同分擔等情形，宜事先於契約中明訂數額或雙方分擔之方式，以免日後產生爭議。
　　（二）房屋租賃範圍非屬全部者（如部分樓層之套房或雅房出租），相關費用及其支付方式，宜由租賃雙方依實際租賃情形事先於契約中明訂數額或雙方分擔之方式，例如以房間分度表數計算每度電費應支付之金額。
九、使用房屋之限制
　　（一）承租人應依約定方法，為租賃房屋之使用、收益，並應遵守規約所定之一切權利義務及住戶共同約定事項。
　　（二）租賃物為房屋者，依民法第四百四十三條第一項規定，除出租人有反對轉租之約定外，承租人得將其一部分轉租他人。故出租人未於契約中約定不得轉租，則承租人即得將房屋之一部分轉租他人。

（三）本契約書範本之租賃房屋用途，係由承租人供作住宅使用，而非營業使用，出租人得不同意承租人為公司登記、商業登記及營業（稅籍）登記。

十、修繕及改裝
（一）房屋或附屬設備之修繕，依民法第四百二十九條第一項規定，除契約另有訂定或另有習慣外，由出租人負擔。
（二）出租人之修繕義務，在使承租人就租賃物能為約定之使用收益，如承租人就租賃物以外有所增設時，該增設物即不在出租人修繕義務範圍。（最高法院六十三年台上字第九九號判例）
（三）房屋有無滲漏水之情形，租賃雙方宜於交屋前確認，若有滲漏水，宜約定其處理方式（如由出租人修繕後交屋、以現況交屋、減租或由承租人自行修繕等）。

十一、提前終止租約
（一）租賃定有期限者，其租賃關係，於期限屆滿時消滅。未定期限者，租賃雙方得隨時終止契約。故契約當事人於簽訂契約時，請記得約定否於租賃期間終止租約，以保障自身權益。
（二）租賃雙方雖約定不得終止租約，但如有本契約書範本第十四條或第十五條得終止租約之情形，因係屬法律規定，仍得終止租約。
（三）定有期限之租賃契約，如約定租賃之一方於期限屆滿前，得終止契約者，其終止契約，應按照本契約書範本第十一條約定先期通知他方。

十二、房屋之返還
（一）承租人返還房屋時，如有附屬設備清單或拍照存證相片，宜由租賃雙方會同逐一檢視點交返還。
（二）承租人返還房屋時，如未將戶籍或商業登記或營業（稅籍）登記遷出，房屋所有權人得依戶籍法或商業登記法或營業登記規則等相關規定，證明無租借房屋情事，向房屋所在地戶政事務所或主管機關申請遷離或廢止。

十三、出租人終止租約
不定期之房屋租賃，承租人積欠租金除擔保金抵償外達二個月以上時，依土地法第一百條第三款之規定，出租人固得收回房屋。惟該條款所謂因承租人積欠租金之事由收回房屋，應仍依民法第四百四十條第一項規定，對於支付租金遲延之承租人，定相當期限催告其支付，承租人於其期限內不為支付者，始得終止租賃契約。在租賃契約得為終止前，尚難謂出租人有收回房屋請求權存在。（最高法院四十二年台上字第一一八六號判例）

十四、疑義處理
（一）本契約書範本所訂之條款，均不影響承租人依消費者保護法規定之權利。
（二）本契約各條款如有疑義時，依消費者保護法第十一條第二項規定，應為有利於承租人之解釋。惟承租人為再轉租之二房東者，因二房東所承租之房屋非屬最終消費，如有契約條款之疑義，尚無消費者保護法有利於承租人解釋之適用。

十五、消費爭議處理
因本契約發生之消費爭議，雙方得依下列方式處理：
（一）依直轄市縣（市）不動產糾紛調處委員會設置及調處辦法規定申請調處。
（二）依消費者保護法第四十三條及第四十四條規定，承租人得向出租人、消費者保護團體或消費者服務中心申訴；未獲妥適處理時，得向租賃房屋所在地之直轄市或縣（市）政府消費者保護官申訴；再未獲妥適處理時得向直轄市或縣（市）消費爭議調解委員會申請調解。
（三）依鄉鎮市調解條例規定向鄉鎮市（區）調解委員會申請調解，或依民事訴訟法第四百零三條及第四百零四條規定，向房屋所在地之法院聲請調解或進行訴訟。

十六、租賃契約之效力
為確保私權及避免爭議，簽訂房屋租賃契約時不宜輕率，宜請求公證人就法律行為或私權事實作成公證書或認證文書。

十七、契約分存
訂約時務必詳審契約條文，由雙方簽章或按手印，寫明戶籍、通訊住址及統一編號並分存契約，以免權益受損。

十八、確定訂約者之身分
（一）簽約時應先確定簽訂人之身分，例如國民身分證、駕駛執照或健保卡等身分證明文件之提示。如未成年人（除已結婚者外）訂定本契約，應依民法規定，經法定代理人或監護人之允許或承認。若非租賃雙方本人簽約時，應請簽約人出具授權簽約同意書。
（二）出租人是否為屋主或二房東，可要求出租人提示產權證明如所有權狀、登記謄本或原租賃契約書（應注意其租賃期間有無禁止轉租之約定）。

十九、經紀人簽章
房屋租賃若透過不動產經紀業辦理者，應由該經紀業指派經紀人於本契約簽章。

# 租賃事件相關存證信函撰寫例稿

例稿：出租人函告到期不再續約
　　　查　台端與本人於民國（下同）○○年○○月○○日所簽訂之房屋租賃契約（租賃標的物門牌號碼：○○市○○路○○段○○巷○○號○樓），租賃將於○○年○○月○○日屆滿，到期後本人不再續租，希　台端於到期時，依約將房屋騰空回復原狀返還予本人，俾免爭議。

例稿：出租人函告到期應再訂新約，否則不再續租
　　　查　台端與本人於民國（下同）○○年○○月○○日所簽訂之房屋租賃契約（租賃標的物門牌號碼：○○市○○路○○段○○巷○○號○樓），租賃將於○○年○○月○○日屆滿。台端如有意續租，希　台端於○○年○○月○○日前，儘速與本人重新商議訂約事宜並簽妥新約，逾期未簽訂新約者，則不再繼續出租予　台端，希　台端屆時依約將房屋騰空回復原狀返還予本人，俾免爭議。

例稿：承租人通知出租人修繕房屋
　　　查本人前於民國（下同）○○年○○月○○日向　台端承租門牌號碼○○市○○路○○段○○巷○○號○樓房屋，詎料於本人遷入後即發覺廁所內的馬桶阻塞（請依實際情形描寫租賃物瑕疵或損壞），經本人於○○年○○月○○日以電話與　台端聯絡，但至今仍不見　台端積極僱工修復，特再以本函催請　台端於三日內履行民法第429條之修繕義務，逾期則本人將自行僱工修復，至修復費用，本人將逕自本月份租金中扣除，特此通知，希待見覆。

例稿：出租人第一次催告承租人給付租金
　　　查　台端向本人締約承租坐落於門牌號碼○○市○○路○○段○○巷○○號○○樓之房屋，租期自○○年○○月○○日起至○○年○○月□○○日止，為期一年，租金為每月新台幣○○○○元，並定期於每月○日前給付。詎料，台端應給付本人○○年○○月份租金，迄未蒙　台端依約給付，特此催告，請於文到後七日內給付前開租金○○○○元，以為誠信是禱。

例稿：出租人催告承租人給付二期租金，並預告終止契約
　　　查　台端向本人締約承租坐落於門牌號碼○○市○○路○○段○○巷○○號○○樓之房屋，租期自○○年○○月○○日起至○○年○○月□○○日止，為期一年，租金為每月新台幣（下同）○○○○元，並定期於每月○日前給付之。詎料，台端於○○年○○月○○日起即未依約給付租金，迄今欠租積欠總額已達二個月以上，共計○○○○元，為此特以本函催告台端於函到後○日內付清租金，屆期如未付清，租約即行終止，不另通知。

例稿：出租人通知承租人終止租約，並請求遷讓房屋及付清租金
　　　查　台端向本人締約承租坐落於門牌號碼○○市○○路○○段○○巷○○號○○樓之房屋，竟於○○年○○月○○日起即未依約給付租金，迄今尚積欠租金達二個月以上，共計新台幣○○○○元，且雖經本人前於○○年○○月○○日以○○郵局第○○號存證信函定期催告　台端付清租金，惟　台端迄仍未履行，據此爰依法以本函終止租約，請　台端於函到後立即清償租金並遷讓房屋，俾免訟累是禱。

例稿：承租人請求返還押租金之通知函
　　　查本人與　台端於民國（下同）○○年○○月○○日所簽訂之房屋租賃契約（租賃標的物門牌號碼：○○市○○路○○段○○巷○○號○樓），已於○○年○○月○○日屆滿並業經本人依約返還房屋予　台端。次查，本人於簽訂租賃契約時，已交付　台端押租金新台幣○○○○元，則依約　台端即應於租期屆滿返還房屋後退還押租金予本人。惟查，雖屢經本人催告　台端返還前述押租金，台端竟至今仍置之不理，特此函告　台端於函到五日內，返還前述押租金予本人，否則定當依法追究相關法律責任，絕不寬待。

# 夫妻財產制契約登記聲請書

| 登 記 類 別 | | 夫妻財產制契約 | | | | 登 記 |
|---|---|---|---|---|---|---|

| 稱謂 | 姓名 | 出生日期 | | | 住所（載戶籍住所） | |
|---|---|---|---|---|---|---|
| | | 年 | 月 | 日 | | |
| 夫 | | | | | | |
| 妻 | | | | | | |

| 文件送達處所 | |
|---|---|

| 聯絡電話 | |
|---|---|

| 結婚年月日及其地點 | 中 華 民 國　　　　　年　　　　　月　　　　　日<br>　　　　　　　　　　在　　　　　　　　　　結婚 |
|---|---|

## 聲請登記事項

| 夫妻約定<br>財產種類 | □分別財產制<br>□共同財產制<br>□所得共同財產制 |
|---|---|
| 關於特有財產之約定及其價值 | |
| 採其同財產制者其契約約定之內容<br>採分別財產制者其財產管理權之約定 | |

| 變更登記 | 原登記之約定財產制 | 原登記號數 | 變更後之財產制 | 訂立變更年月日 |
|---|---|---|---|---|
| | | | | |

| 廢止登記 | 原登記之約定財產制 | 原登記號數 | 訂立廢止契約之年月日 | |
|---|---|---|---|---|
| | | | | |

| 其　　他 | | |
|---|---|---|

| 附具文件 | 名　　稱 | 件數 | 名　　稱 | 件數 |
|---|---|---|---|---|
| | 夫妻財產制契約書 | | 特有財產目錄 | |
| | 印鑑式或簽名式 | | 聲請人身分證影本 | |
| | 委任書 | | 法定代理人同意書 | |
| | 財產清冊 | | 土地、建物之登記謄本 | |
| | 房屋稅單 | | 戶籍謄本 | |
| | 定存單影本 | | 存款簿影本 | |
| | 股票之持股證明 | | 營利事業登記證影本 | |
| | 買賣契約書影本 | | 代理人身分證影本 | |
| | 股份之股東名冊 | | 機車行照影本 | |
| | 汽車出廠證明影本 | | 汽車行照影本 | |
| | 銀行或郵局之存款證明 | | | |

中　　華　　民　　國　　　　　年　　　　　月　　　　　日

　　此　致

臺灣〇〇地方法院登記處

聲請人　夫

　　　　　　　　　　　　蓋章

　　　　妻

# 夫妻分別財產制契約書

立契約書人夫　　　　　　　　妻　　　　　　　　　今經雙方同意選擇採分別財

產制為夫妻財產制，訂立契約如下：

第壹條：夫妻各保有其財產之所有權，各自管理、使用、收益及處分。

第貳條：夫妻各自對其債務負清償之責。

第參條：夫妻之一方以自己財產清償他方之債務時，雖於婚姻關係存續中，亦得請求償還。

第肆條：本契約應由夫妻共同向管轄法院聲請登記。變更或廢止時亦同。

第伍條：本契約之訂立、變更、廢止登記，不影響依其他法律所為財產權登記之效力。

第陸條：雙方財產如附件財產清冊所載。


訂約人：夫

　　　　　身分證號碼

　　　　　住　所


　　　　　妻

　　　　　身分證號碼

　　　　　住　所

　　　　　電話號碼



中　　　　華　　　　民　　　　國　　　　年　　　　月　　　　日

# 財產清冊

聲請人：夫　　　　　　　　　妻

| 銀行名稱 | 金額（新台幣） | 所有權人 |
|---|---|---|
| | | |
| | | |
| | | |
| | | |
| | | |
| | | |
| | | |
| | | |
| | | |
| | | |
| | | |
| | | |
| | | |
| | | |
| | | |
| | | |

# 財產清冊（動產）

| 名稱 | 單位 | 數量 | 價　值<br>（新台幣） | 所有權人 |
|---|---|---|---|---|
|  |  |  |  |  |
|  |  |  |  |  |
|  |  |  |  |  |
|  |  |  |  |  |
|  |  |  |  |  |
|  |  |  |  |  |
|  |  |  |  |  |
|  |  |  |  |  |
|  |  |  |  |  |
|  |  |  |  |  |
|  |  |  |  |  |
|  |  |  |  |  |
|  |  |  |  |  |
|  |  |  |  |  |
|  |  |  |  |  |
|  |  |  |  |  |
|  |  |  |  |  |
|  |  |  |  |  |

# 財產清冊

## 土地標示

| | | | | |
|---|---|---|---|---|
| 土地坐落 | 鄉鎮市區 | | | |
| | 段 | | | |
| | 小段 | | | |
| 地　　　號 | | | | |
| 地　　　目 | | | | |
| 等則等級 | | | | |
| 面積 | 公頃 | | | |
| | 公畝 | | | |
| | 平方公尺 | | | |
| 權利範圍 | | | | |
| 所有權人 | | | | |

# 建物標示

| 建　　　　　號 | | | |
|---|---|---|---|
| 建物門牌號碼 | | | |
| 土地坐落 | 段 | | | |
| | 小　段 | | | |
| | 地　號 | | | |
| 主　要　用　途 | | | | |
| 主要建築材料 | | | | |
| 平房或樓房及層號 | | | | |
| 權利人所有建物面積（平方公尺） | 層 | | | |
| | 層 | | | |
| | 層 | | | |
| | | | | |
| | | | | |
| | 騎樓 | | | |
| | 露台 | | | |
| | 陽台 | | | |
| | 合計 | | | |
| 建築完成日期 | | | | |
| 權利人所有附屬建物 | 用途 | | | |
| | 主要建築材料 | | | |
| | 面積（平方公尺） | | | |
| 權　利　範　圍 | | | | |
| 所　有　權　人 | | | | |

# 離婚協議書

立離婚協議書人：

甲方姓名：＿＿＿＿＿＿＿＿＿＿＿＿＿（□男性／□女性，下稱甲方）

出生年月日：民國 ＿＿＿ 年 ＿＿＿ 月 ＿＿＿ 日生

身分證編號：＿＿＿＿＿＿＿＿＿＿＿

乙方姓名：＿＿＿＿＿＿＿＿＿＿＿＿＿（□男性／□女性，下稱乙方）

出生年月日：民國 ＿＿＿ 年 ＿＿＿ 月 ＿＿＿ 日生

身分證編號：＿＿＿＿＿＿＿＿＿＿＿

以上雙方因個性不合，無法繼續共同生活，經彼此同意協議離婚，平和結束婚姻關係，二人各奔前程，本次離婚並經見證人二人在場親自見聞確認雙方確有離婚之真意，並同意接受及遵守以下離婚協議條款：

一、甲乙雙方即日起同意離婚，並同意於民國 ＿＿＿ 年 ＿＿＿ 月 ＿＿＿ 日前至戶政事務辦理兩願離婚之登記。雙方並同意嗣後各自再婚嫁娶互不相干，不得有干擾他方之行為。

二、有關夫妻財產之分配：

　（一）不動產：

　　□甲乙雙方於婚姻關係存續中並未購買任何不動產（若無購買請打勾，無需填寫下列資料）

　　1. 特定不動產之分配：

　　　（1）門牌號碼：＿＿＿＿＿＿＿（縣/市）＿＿＿＿＿＿＿（市/區）＿＿＿＿＿＿＿＿路＿＿＿＿＿＿段＿＿＿＿＿巷＿＿＿＿＿＿號＿＿＿＿＿＿樓之建物及其坐落之土地（即 ＿＿＿＿＿＿＿ 段建號：＿＿＿＿＿＿＿、＿＿＿＿＿＿＿ 段地號：＿＿＿＿＿＿＿＿）

　　　（2）＿＿＿＿＿＿＿（縣/市）＿＿＿＿＿＿＿（市/區）＿＿＿＿＿＿＿段地（建）號：＿＿＿＿＿＿＿＿之土地（建物）

　　　（3）＿＿＿＿＿＿（縣/市）＿＿＿＿＿＿＿（市/區）＿＿＿＿＿＿＿＿段地（建）號：＿＿＿＿＿＿＿＿之土地（建物）

　　　　上開特定不動產甲乙雙方同意由 ＿＿＿＿＿＿＿ 方取得所有權，＿＿＿＿＿＿＿方應於離婚協議書簽訂後，積極配合辦理完稅及產權過戶，不得異議。

　　　　但 ＿＿＿＿＿＿＿ 方同意支付 ＿＿＿＿＿＿＿ 方新台幣 ＿＿＿＿＿＿＿ 元整作為補償。

　　2. 除上開不動產外，甲乙雙方同意按各自名義登記之不動產，歸屬於該登記名義人所有，不互為任何請求。

　（二）存款之分配：

　　1. ＿＿＿＿＿＿＿方同意於 ＿＿＿＿＿＿＿ 銀行帳號：＿＿＿＿＿＿＿帳戶內之存款，歸 ＿＿＿＿＿＿＿ 方所有，並應於離婚協議書簽立後當日給付。

　　2. 除上開銀行存款給付之約定外，甲乙雙方之銀行存款均仍歸各自所有，雙方均不得就此為相互請求。

　（三）現金、動產之分配：

　　1. 分配方式約定：

　　　＿＿＿＿＿＿＿＿＿＿＿＿＿＿＿＿＿＿＿＿＿＿＿＿＿＿＿＿＿＿＿＿＿＿＿

　　　＿＿＿＿＿＿＿＿＿＿＿＿＿＿＿＿＿＿＿＿＿＿＿＿＿＿＿＿＿＿＿＿＿＿＿

　　　＿＿＿＿＿＿＿＿＿＿＿＿＿＿＿＿＿＿＿＿＿＿＿＿＿＿＿＿＿＿＿＿＿＿＿

　　　＿＿＿＿＿＿＿＿＿＿＿＿＿＿＿＿＿＿＿＿＿＿＿＿＿＿＿＿＿＿＿＿＿＿＿

2. 除上開分配約定外，日常衣物、飾品、手錶、珠寶等歸屬於通常使用之一方。甲乙雙方之現金、動產均仍歸各自所有，即其他部份之動產均歸屬於該動產所位於之不動產之登記名義人所有或該動產所位於之保險箱之租用名義人所有。車輛部份，則歸屬於車輛登記名義人所有。有價證券及股份投資部份，記名式者，歸屬於該登記名義人所有；無記名式者，歸屬於該有價證券或股份投資所位於之不動產之登記名義人所有或該有價證券或股份投資所位於之保險箱之租用名義人所有。雙方均不得就此為相互請求。

（四）其他對外金錢債權部分：以各自名義對外所享有之金錢債權，歸屬於該名義債權人所有。

（五）債務部分：以各自名義對外所負擔之債務，均由該名義債務人自行負擔；但如有一方為他方對外所負擔之債務提供擔保（無論為他方擔任保證人或提供依本協議書財產歸屬方之財產為擔保）之情事，致將來遭債權人追償保證責任或處分提供之擔保財產者，他方應負責補償因此所受之損失。

（六）依上開約定分配之財產，應於甲乙雙方當事人婚姻關係消滅時起三日內儘速互相點交予對方，如有留存於他方不動產內之己方財產者，應自行搬遷、清空，日後雙方，各均不得以任何理由，要求賠償因婚姻關係消滅所生之任何財產損失。

（七）除本離婚協議書另有約定外，甲乙雙方同意自婚姻關係消滅時起，拋棄依民法第1030條之1（剩餘財產分配請求權）、第1058條（各自取回財產）等對他方請求之相關權利。

三、有關贍養費或生活費之約定：

_____方同意支付贍養費做為_____方之生活費補償，以避免其因離婚而陷於生活困難。_____方依約給付贍養費時，_____方不得再有其他請求。

（一）甲乙雙方同意前開贍養費之支付方式如下：

☐一次給付全部贍養費共新台幣_____元正。

☐每月_____日前支付新台幣_____元正，至民國_____年_____月止。

（二）約定匯款帳號如下：

_____銀行_____分行

戶名：_____

帳號：_____

四、未成年子女親權、探視權及生活教育扶養費用約定：

（一）未成年子女親權：

1. 未成年子女姓名：_____

出生年月日：_____年_____月_____日

身分證編號：_____

其權利義務之行使負擔（親權）由_____方任之。

2. 未成年子女姓名：_____

出生年月日：_____年_____月_____日

身分證編號：_____

其權利義務之行使負擔（親權）由_____方任之。

（二）子女探視權：

在不影響子女正常課業與作息情形之下，___方得探視子女且協議探視方式為以下所列：

1. 非寒、暑假期間：_____方得每月第一周之周六上午10時至行使親權方住處與子女會面交往，並接子女外出，再於同周之周日晚上8點前送回行使親權方住處。

2. 寒、暑假期間：

（1）寒假期間：

經雙方提前約定，由假期中選定一週之時間，子女於該期間內可在_____方住處生活。_____方得於雙方選定之首日上午九點時至行使親權方住處與子女會面交往，並接子女外出。

（2）暑假期間：

經雙方提前約定，由假期中選定二週之時間，子女於該期間內可在_____方住處生活。_____方得於雙方選定之首日上午九點時至行使親權方住處與子女會面交往，並接子女外出。

（3）_____方得利用寒暑假假期中，屬於其和子女共同生活期間，攜子女共赴國外旅遊，每年以一次為限，行使親權方同意配合辦理相關手續，惟行使親權方得自行付費同行，_____方不得拒絕。

（4）為求確實依上述規定探視子女，俾保子女之最佳利益，雙方同意必須將其實際住所、工作場地之地址及連絡電話告知對方，倘若有變動時須於 15 日前通知對方。

（5）於前揭非探視期間，行使親權方同意在不影響孩子正常作息且經子女同意之情形之下，經_____方提前告知探視小孩之時間後，女方即得探視小孩。

（6）除上述約定探視方式外，甲乙雙方於子女住居對方住所期間得以電話、書信、傳真、電子郵件等方式與子女交往，惟不得影響子女之生活、工作、就學。

（三）子女扶養費用之給付：
_____方同意按月支付未成年子女_____、_____之生活費用各新台幣_____元予_____方，並應於每月_____日前支付，直至子女成年為止。

（四）未成年子女其他教育、註冊、生活費用單筆超過新台幣 2 萬元者，_____方同意除扶養費用之給付外，額外分擔該筆支出二分之一。

（五）有關未成年子女其他特別約定：
_____
_____
_____

五、本離婚協議書所訂各條，經雙方同意切實履行，如有違約情事，或非法干擾他方，願受法律之執行。

六、本協議書正本一式三份，甲乙雙方各執乙份為憑，另一份呈戶政機關辦理離婚登記等手續。

（以下空白）

立離婚協議書人及見證人簽署：

甲　　方：_____（親自簽名）

身分證編號：_____

住　　　址：_____

乙　　方：_____（親自簽名）

身分證編號：_____

住　　　址：_____

見　證　人：_____（親自簽名）

身分證編號：_____

住　　　址：_____

見　證　人：_____（親自簽名）

身分證編號：_____

住　　　址：_____

中　　　華　　　民　　　國　　　　　年　　　　月　　　　日

# 子女親權行使、扶養及探視約定條款範本

一、雙方所生之子○○○（○年○月○日出生，身分證統一編號：○○○○○○○○○）由
男方行使親權。

二、在不影響子女正常課業與作息情形之下，女方得探視子女且協議探視方式為以下所列：

（一）非寒、暑假期間：女方得每月第一周之周六上午 12 時至男方住處與子女會面交往，
並接子女外出，再於同周之周日晚上 6 點前送回男方住處。

（二）寒、暑假期間：

1. 寒假期間：經雙方提前約定，由假期中選定一週之時間，子女於該期間內可在女
方住處生活。女方得於雙方選定之首日上午九點時至男方住處與子女會面交往，
並接子女外出。

2. 暑假期間：經雙方提前約定，由假期中選定二週之時間，子女於該期間內可在女
方住處生活。女方得於雙方選定之首日上午九點時至男方住處與子女會面交往，
並接子女外出。

3. 女方得利用寒暑假假期中，屬於其和子女共同生活期間，攜子女共赴國外旅遊，
每年以一次為限，男方同意配合辦理相關手續，惟男方須同行。

（三）為求確實依上述規定探視子女，俾保子女之最佳利益，雙方同意必須將其實際住所、
工作場地之地址及連絡電話告知對方，倘若有變動時須於 15 日前通知對方。

（四）於前揭非探視期間，男方同意在不影響孩子正常作息且經子女同意之情形之下，經
女方提前告知探視小孩之時間後，女方即得探視小孩。

（五）除上述約定探視方式外，男女雙方於子女住居對方住所期間得以電話、書信、傳真、
電子郵件等方式與子女交往，惟不得影響子女之生活、工作、就學。

# 代筆遺囑

　　立遺囑人＿＿＿＿＿＿＿＿，民國＿＿＿＿年＿＿＿＿月＿＿日生，＿＿＿＿＿（縣）市人，
身分證號碼＿＿＿＿＿＿＿＿，茲依民法規定，訂立遺囑如下：

一、座落＿＿＿＿市＿＿＿區＿＿＿小段＿＿＿地號土地及地上建物（即門牌：＿＿＿＿區＿＿＿里
　　＿＿＿鄰＿＿＿街＿＿＿巷＿＿號）＿＿層樓住宅全棟，本人所有持分＿＿＿分之＿＿＿，由
　　長子＿＿＿＿＿＿＿＿（民國＿＿＿年＿＿＿月＿＿日生，＿＿＿＿＿＿＿（縣）市人，
　　身分證號碼＿＿＿＿＿＿＿＿＿＿＿＿＿＿），單獨全部繼承。

二、本人除前項不動產，目前並無其他財產，嗣後如有累積任何財產，也比照第一項規定，
　　由長子＿＿＿＿＿＿＿＿單獨全部繼承。以上意旨，由立遺囑人＿＿＿＿＿＿＿＿＿＿
　　口述，＿＿＿＿＿＿＿＿＿代筆，並宣讀、講解，經立遺囑人可後，按捺指紋，記明年月
　　日如後。

立　遺　囑　人：＿＿＿＿＿＿＿＿＿＿＿＿＿＿

見　　證　　人
　　　　　　　　：＿＿＿＿＿＿＿＿＿＿＿＿＿＿
即　代　筆　人

見　　證　　人：＿＿＿＿＿＿＿＿＿＿＿＿＿＿

見　　證　　人：＿＿＿＿＿＿＿＿＿＿＿＿＿＿

中　華　民　國　１０３　年　１　月　１　日

備註：上開內容僅供參考，遺囑內容得依立遺囑人實際需求調整，但務必由代筆見證人用「筆」
　　　全文記載，並注意見證人之資格限制（民法第1198條）。

代筆遺囑注意事項：
（1）應由遺囑人指定三人以上做為代筆遺囑見證人，其中一人兼代筆人（代筆見證人）。
（2）遺囑人口述遺囑意旨。
（3）由代筆見證人用「筆」記載。
（4）代筆見證人講解遺囑的內容後，經遺囑人了解並親自表示同意內容。
（5）見證人之資格限制：
　　　①未成年人。
　　　②禁治產人。
　　　③繼承人及其配偶或其直系血親。
　　　④受遺贈人及其配偶或其直系血親。
　　　⑤為公證人或代行公證職務人之同居人、助理人或受僱人。

# 公證遺囑（遺囑信託）

　　立遺囑人甲○○於民國○○年○○月○○日生、身分證字號：○○○○○○○○○○，因恐日後不能及時妥善處理遺產分配事宜，特請求臺灣○○地方法院所屬民間公證人○○○○事務所乙○○公證人依民法第1191條規定預立本遺囑，內容如下：

一、本人往生時願將下述全部財產信託登記胞姊丙○○（身分證字號：○○○○○○○○○○）名下迄至民國○○○年○○月○○日止。

　　1. 坐落○○市○○區○○○路○段○○號（○○○○建號，權利範圍：全部）及其持分基地坐落於○○市○○區○○段○小段○○-○○（權利範圍：○○／○○○）、○○-○○（權利範圍：○○／○○○）等二筆地號土地之房地。

　　2. 本人設於○○銀行○○分行綜合存款（戶名：甲○○、帳號：○○○-○○-○○○○○○-○）帳戶內全部款項。

　　3. 本人設於○○銀行○○分行外匯活、定期存款（戶名：甲○○、帳號：○○○-○○-○○○○○○-○）帳戶內全部款項。

　　4. 本人設於○○銀行○○分行綜合活期儲蓄存款（戶名：甲○○、帳號：○○○-○○-○○○○○○-○）帳戶內全部款項。

二、本人除指定胞姊丙○○為遺產信託受託人外，並指定丙○○為本遺囑執行人，依法處理本人遺產分配事宜，並全權辦理本人一切身後相關喪葬事宜，同時指定丁○○律師（身分證字號：○○○○○○○○○○）為本遺產信託監察人。

三、本遺產信託目的旨在託請受託人丙○○於上述信託期間內妥為管理、利用，並期於信託期間屆滿前將本人上述不動產完成出售取得價款，於信託期間屆滿後，將前述不動產出售處分所得價款及銀行全部存款等信託財產，扣除一切應納稅費及報酬後，全部依下列方式交付各繼承人取得之：

　　1. 長男戊○○分配29%（民國○○年○○月○○日生、○○○○○○○○○○）。

　　2. 長女己○○分配29%（民國○○年○○月○○日生、○○○○○○○○○○）。

　　3. 庚○○分配29.5%（民國○○年○○月○○日生、○○○○○○○○○○）。

　　4. 配偶辛○○分配12.5%。

四、信託之報酬為信託遺產收益（即不動產租金、現金存款之孳息）之百分之五，不動產出售處分之價金亦同，其中受託人取得百分之三，信託監察人取得百分之二。

五、本遺產若有其他未列或日後增加之財產，均全數列入本遺囑信託範圍內，並依本遺囑第三條方式分配之。

六、倘受託人丙○○因故不能執行職務時，本人指定另一胞姊壬○○為本遺囑信託第二順位受託人，胞兄癸○○為本遺囑信託第三順位受託人。

七、本遺囑執行人丙○○得單獨辦理繼承登記及遺囑信託登記等相關程序。

八、本遺囑由本人甲○○口述意旨，公證人乙○○筆記、宣讀及講解，經本人甲○○認可後記名年、月、日，並經在場丁○○律師及申○○代書共同見證。

立遺囑人：甲○○

見 證 人：丁○○

見 證 人：申○○

公 證 人：乙○○

中　華　民　國　　○○○　　年　　○○　　月　　○○　　日

# 繼承系統表 【格式一】（繼承人戶籍地址【或送達地址】詳如繼承人名冊）

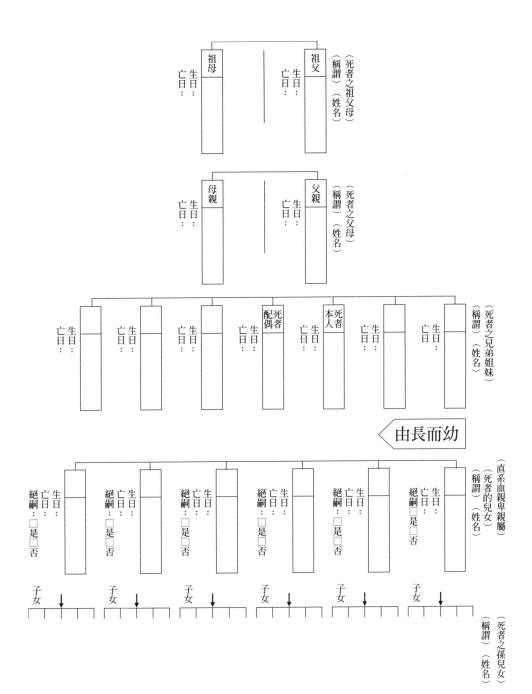

# 繼承系統表【格式二】（繼承人戶籍地址【或送達地址】詳如繼承人名冊）

| 被繼承人： | 配偶： |
|---|---|
| 民國　　年　　月　　日出生<br>於民國　　年　　月　　日死亡 | 民國　　年　　月　　日出生 |

## 第一順位

| 子：<br>民國　　年　　月　　日出生 | 子：<br>民國　　年　　月　　日出生 | 子：<br>民國　　年　　月　　日出生 |
|---|---|---|
| 子：<br>民國　　年　　月　　日出生 | 子：<br>民國　　年　　月　　日出生 | 子：<br>民國　　年　　月　　日出生 |
| 女：<br>民國　　年　　月　　日出生 | 女：<br>民國　　年　　月　　日出生 | 女：<br>民國　　年　　月　　日出生 |
| 女：<br>民國　　年　　月　　日出生 | 女：<br>民國　　年　　月　　日出生 | 女：<br>民國　　年　　月　　日出生 |
| 孫：<br>民國　　年　　月　　日出生 | 孫：<br>民國　　年　　月　　日出生 | 孫：<br>民國　　年　　月　　日出生 |
| 孫：<br>民國　　年　　月　　日出生 | 孫：<br>民國　　年　　月　　日出生 | 孫：<br>民國　　年　　月　　日出生 |
| 孫：<br>民國　　年　　月　　日出生 | 孫：<br>民國　　年　　月　　日出生 | 孫：<br>民國　　年　　月　　日出生 |

## 第二順位

| 父：<br>民國　　年　　月　　日出生 | 母：<br>民國　　年　　月　　日出生 |
|---|---|

## 第三順位

| 兄：<br>民國　　年　　月　　日出生 | 兄：<br>民國　　年　　月　　日出生 | 兄：<br>民國　　年　　月　　日出生 |
|---|---|---|
| 弟：<br>民國　　年　　月　　日出生 | 弟：<br>民國　　年　　月　　日出生 | 弟：<br>民國　　年　　月　　日出生 |
| 姊：<br>民國　　年　　月　　日出生 | 姊：<br>民國　　年　　月　　日出生 | 姊：<br>民國　　年　　月　　日出生 |
| 妹：<br>民國　　年　　月　　日出生 | 妹：<br>民國　　年　　月　　日出生 | 妹：<br>民國　　年　　月　　日出生 |

## 第四順位

| 祖父：<br>民國　　年　　月　　日出生 | 外祖父：<br>民國　　年　　月　　日出生 |
|---|---|
| 祖母：<br>民國　　年　　月　　日出生 | 外祖母：<br>民國　　年　　月　　日出生 |

# 繼承系統表 【格式三】

| 被繼承人 | | | | 配　偶 | |
|---|---|---|---|---|---|
| | | 年　　月　　日死亡 | | | |
| 繼承人繼承順位（民法第1138條） | 直系血親卑親屬（第一順位） | 子女 | | | |
| | | 孫<br>外孫 | 子女 | | |
| | | 曾孫<br>外曾孫 | 子女 | | |
| | 父母<br>（第二順位） | | | | |
| | 兄弟姊妹<br>（第三順位） | | | | |
| | 祖父母<br>（第四順位） | | | | |

註：一、各繼承人不論拋棄與否均須列入。
　　二、已死亡者仍須列入，並加註「○年○月○日死亡」字樣。
　　三、第一順位各繼承人應加註「○年○月○日出生」字樣。
　　四、繼承人戶籍地址（或送達地址）詳如繼承人名冊。

# 家事聲請狀（陳報遺產清冊）

承辦股別：

案號：　年度　　　字第　　　　　號

訴訟標的金額或價額：新台幣　　　　　元

聲請人：

國民身分證統一編號（或營利事業統一編號）：

性別：男／女　　　　　生日：　　　　職業：

住：

郵遞區號：　　　　　電話：　　　　傳真：

電子郵件位址：

送達代收人：

送達處所：

為陳報遺產清冊事：

一、聲請人為被繼承人○○○（最後住所：_____）之繼承人，被繼承人於
　　民國 ____ 年 ____ 月 ____ 日死亡，謹依民法第 1156 條規定，於知悉得繼承之時起三個
　　月內開具遺產清冊陳報法院。請貴院依法為公示催告之公告，俾便釐清所繼承之法律關
　　係。

二、其他繼承人之姓名、性別、出生年月日等資料，臚列如繼承系統表所載。

三、被繼承人之財產狀況及聲請人已知之債權人、債務人如遺產清冊所列。

證物名稱及件數：

一、被繼承人之除戶謄本（或死亡證明書）。

二、全部繼承人之戶籍謄本。

三、繼承系統表。

四、繼承人名冊。

五、遺產清冊（含被繼承人之財產總歸戶清單、土地登記簿、建物登記簿謄本）。

六、其他（如印鑑證明）。

　此　致

○○○○地方法院（少年及家事法院）家事法庭　公鑒

中　華　民　國　　　　　年　　　　　月　　　　　日

具狀人　　　　　　　　　簽名蓋章

撰狀人　　　　　　　簽名蓋章

說明：

一、繼承，依現行民法繼承編之規定，可分為「概括繼承、限定責任」及「拋棄繼承」。

　　1. 概括繼承、限定責任：繼承人僅須以因繼承所得遺產為限，償還被繼承之人債務（民法第1148條第2項）。

　　2. 拋棄繼承：繼承人放棄被繼承人的財產及債務，即繼承人不管遺產償還被繼承人的債務後是否還有剩下的資產，繼承人都不繼承（民法第1174條第1項）。

二、期間：

　　擬「概括繼承、限定責任」者，於知悉得繼承時起3個月內，開具遺產清冊向被繼承人之法院陳報（民法第1156條）。法院因繼承人聲請，認有必要時，得延展。

三、管轄法院：

　　被繼承人死亡時之住所地法院。

四、應備文件：

　　1. 被繼承人之除戶謄本。

　　2. 所有繼承人之戶籍謄本。

　　3. 繼承系統表。

　　4. 繼承人名冊。

　　5. 遺產清冊（檢附被繼承人之財產總歸戶清單、土地登記簿、建物登記簿謄本）

　　6. 其他法院請聲請人提出之文件。

五、繼承人陳報遺產清冊後，應踐行之程序：

　　1. 於收受法院裁定後登報（民法第1157條）。

　　2. 依法定程序清償債務、交付遺贈（民法第1159條、第1160條）。

　　3. 於報明債權期間屆滿後6個月內，向法院陳報償還遺產債務之狀況並提出有關文件（家事事件法第131條）。

　　4. 違反清算程序之責任（民法第1161條、第1162條之1、第1162條之2）：

　　　（1）繼承人違反清算程序，致被繼承人之債權人受有損害者，須負賠償責任（民法第1161條第1項）。

　　　（2）前項受有損害之人，對於不當受領之債權人或受遺贈人，得請求返還不當受領之數額（民法第1161條第2項）。

　　　（3）繼承人未踐行清算程序，亦未依比例清償，被繼承人之債權人得就應受清償而未受償之部分，對該繼承人行使權利（民法第1162條之2第1項）。

　　　（4）繼承人對於前項債權人應受清償而未受償部分之清償責任，不以所得遺產為限；但繼承人為無行為能力人或限制行為能力人，不在此限（民法第1162條之2第2項）。

# 遺產清冊

| | | |
|---|---|---|
| 不動產 | 1 | 坐落地址： |
| | | 地號： |
| | | 建號： |
| | 2 | 坐落地址： |
| | | 地號： |
| | | 建號： |
| 存款 | 1 | 金融機構： |
| | | 金額：＿＿＿＿＿＿＿＿＿＿＿＿＿元 |
| | 2 | 金融機構： |
| | | 金額：＿＿＿＿＿＿＿＿＿＿＿＿＿元 |
| 債務 | 1 | 債權人： |
| | | 金額：＿＿＿＿＿＿＿＿＿＿＿＿＿元 |
| | 2 | 債權人： |
| | | 金額：＿＿＿＿＿＿＿＿＿＿＿＿＿元 |
| 其他 | | |

（以下請自行延伸）

# 家事聲請狀（債權人聲請命繼承人提出遺產清冊）

承辦股別：

案號：　　年度　　字第　　號

訴訟標的金額或價額：新臺幣　　元

聲請人：

國民身分證統一編號（或營利事業統一編號）：

性別：男／女　　　　　　　　　　生日：　　　　　職業：

住：

郵遞區號：　　　　　　　　電話：　　　　傳真：

電子郵件位址：

送達代收人：

送達處所：

為聲請命繼承人提出遺產清冊事：

一、聲請人為被繼承人○○○（最後住所：＿＿＿＿＿＿＿＿＿＿）之債權人，被繼承人於
　　民國 ＿＿＿ 年 ＿＿＿ 月 ＿＿＿ 日死亡，謹依民法第 1156 條之 1 規定，聲請貴院命繼承人於三
　　個月內提出遺產清冊，並依法辦理公示催告程序，俾便釐清所繼承之法律關係。

二、聲請人是上開被繼承人之債權人，執有借據（本票、其他）○紙為證。

證物名稱及件數：

一、借據、本票等。

二、……。

　　此　致

○○○○地方法院（少年及家事法院）家事法庭　公鑒

中　華　民　國　　　　　　年　　　　　月　　　　　日

具狀人　　　　　　　　　　簽名蓋章

撰狀人　　　　　　　　　　簽名蓋章

國家圖書館出版品預行編目資料

圖解實用民事法律／游敏傑著. --二版. --臺北
市：書泉, 2020.11
　面；　公分
ISBN 978-986-451-199-0（平裝）
1.民法　2.民事法
584　　　　　　　　　　109014081

3SC1 超實用圖解01

# 圖解實用民事法律

作　　　者 — 游敏傑　（336.6）

發 行 人 — 楊榮川

總 經 理 — 楊士清

總 編 輯 — 楊秀麗

副總編輯 — 劉靜芬

校對編輯 — 呂伊真

美術設計 — 藍珮文（P. Design視覺企劃）

出 版 者 — 書泉出版社

地　　　址：106台北市大安區和平東路二段339號4樓

電　　　話：(02)2705-5066　　傳　　真：(02)2706-6100

網　　　址：http://www.wunan.com.tw

電子郵件：shuchuan@shuchuan.com.tw

劃撥帳號：01303853

戶　　　名：書泉出版社

總 經 銷：貿騰發賣股份有限公司

電　　　話：(02)8227-5988　　傳　　真：(02)8227-5989

地　　　址：23586新北市中和區中正路880號14樓

網　　　址：www.namode.com

法律顧問　林勝安律師事務所　林勝安律師

出版日期　2017年 9 月初版一刷
　　　　　2020年11月二版一刷

定　　　價　新臺幣420元

# 經典永恆・名著常在

## 五十週年的獻禮——經典名著文庫

五南，五十年了，半個世紀，人生旅程的一大半，走過來了。

思索著，邁向百年的未來歷程，能為知識界、文化學術界作些什麼？

在速食文化的生態下，有什麼值得讓人雋永品味的？

歷代經典・當今名著，經過時間的洗禮，千錘百鍊，流傳至今，光芒耀人；

不僅使我們能領悟前人的智慧，同時也增深加廣我們思考的深度與視野。

我們決心投入巨資，有計畫的系統梳選，成立「經典名著文庫」，

希望收入古今中外思想性的、充滿睿智與獨見的經典、名著。

這是一項理想性的、永續性的巨大出版工程。

不在意讀者的眾寡，只考慮它的學術價值，力求完整展現先哲思想的軌跡；

為知識界開啟一片智慧之窗，營造一座百花綻放的世界文明公園，

任君遨遊、取菁吸蜜、嘉惠學子！